Jango e eu

João Vicente Goulart

Jango e eu
Memórias de um exílio sem volta

3ª edição

Rio de Janeiro
2017

Copyright © João Vicente Goulart, 2016

Foto de capa: Jáder Neves/Instituto João Goulart

Capa e encarte: Estúdio Insólito

Todos os esforços foram feitos para localizar os fotógrafos das imagens reproduzidas neste livro. A editora compromete-se a dar os devidos créditos numa próxima edição, caso os autores as reconheçam e possam provar sua autoria. Nossa intenção é divulgar o material iconográfico de maneira a ilustrar as ideias aqui publicadas, sem qualquer intuito de violar direitos de terceiros.

CIP-BRASIL. CATALOGAÇÃO NA PUBLICAÇÃO
SINDICATO NACIONAL DOS EDITORES DE LIVROS, RJ

G731j
Goulart, João Vicente, 1956-
Jango e eu: memórias de um exílio sem volta/João Vicente Goulart. – 3ª ed. – Rio de Janeiro: Civilização Brasileira, 2017.
336 p.: il.; 23 cm.

ISBN 978-85-200-1092-1

1. Goulart, João, 1918-1976. 2. Brasil – Política e governo – 1961-1964. I. Título.

14-14245

CDD: 981.06
CDU: 94(81)'1961/1964'

Todos os direitos reservados. É proibido reproduzir, armazenar ou transmitir partes deste livro, através de quaisquer meios, sem prévia autorização por escrito.

Texto revisado segundo o novo Acordo Ortográfico da Língua Portuguesa.

Direitos desta edição adquiridos pela
EDITORA CIVILIZAÇÃO BRASILEIRA
Um selo da
EDITORA JOSÉ OLYMPIO LTDA.
Rua Argentina, 171 – Rio de Janeiro, RJ – 20921-380
Tel.: (21) 2585-2000

Seja um leitor preferencial Record.
Cadastre-se e receba informações sobre nossos lançamentos e nossas promoções.

Atendimento e venda direta ao leitor:
mdireto@record.com.br ou (21) 2585-2002

Impresso no Brasil
2017

Dedico este livro a duas grandes mulheres: minha mãe, Maria Thereza, gigante na resistência do exílio, e minha mulher, Verônica, força motriz e incentivadora tenaz para o surgimento deste livro.

Sumário

Prefácio – Tarso Genro	9
Prólogo	13
1. O Uruguai é azul	19
2. Um novo mundo A República Oriental do Uruguai	31
3. Solymar Uma casinha, um sonho e desafios futuros	45
4. Hotel Columbia A preparação após Solymar para enfrentar o exílio	55
5. Um endereço definitivo Leyenda Patria 2.984, terceiro andar, Villa Biarritz	63
6. Os exilados	71
7. Uma nova vida, dia após dia	79
8. Conversas com meu pai	89
9. Os lugares e as lembranças	99
10. As perdas	107
11. Fragmentos: O papa João XXIII e as reformas	121
12. Ventos e raízes	133
13. As esquinas das cidades	149
14. Enfim um passaporte	171

15. Sem adormecer, sem os sonhos acabarem 183

16. Paris: uma válvula de escape 199

17. 1972, 1973: A mudança
A queda da democracia no Uruguai e a perda do sonho
de liberdade 215

18. Gaivotas migram em direção ao condor:
Peregrinação e busca por uma esperança.
Uruguai, Argentina, Paraguai, Londres, Paris 239

19. Londres, a última morada do infindável exílio 297

Apêndice 323

Agradecimentos 349

Prefácio

Tarso Genro

Na escala de respeito e admiração por figuras de relevância pública do país no século XX – a partir das influências que recebi de meus pais e das pessoas com quem mantive um intercâmbio político e intelectual –, posso indicar algumas que talvez não sejam muito do gosto da academia e de nossos historiadores. Entre elas estão dois grandes militares brasileiros: o general Rondon, que recebeu a homenagem da minha turma do Núcleo de Preparação dos Oficiais da Reserva, em pleno regime militar, em meados dos anos 1960, e o general Lott – o general da Constituição.

Outros gigantes políticos de nosso tempo são Luis Carlos Prestes, Jacob Gorender e João Amazonas, figuras que sempre admirei – menos por suas posições nas lutas da esquerda, mais pela coragem pessoal e coerência com que enfrentaram a clandestinidade e seus desafios –, como lutadores honrados ao longo da vida. Juscelino Kubitschek, com sua determinação desenvolvimentista; Leonel Brizola, por sua luta nacionalista e democrática; assim como Getúlio Vargas e Alberto Pasqualini. Entre os intelectuais proeminentes naquelas décadas, Anísio Teixeira, Carlos Nelson Coutinho, Antonio Candido, Leandro Konder e Florestan Fernandes, alguns deles, que tive a honra de conhecer pessoalmente, atravessaram as barreiras do século XX e estão presentes ainda hoje.

Entre essas pessoas admiráveis que me despertaram carinho e admiração está João Goulart, um grande proprietário de terras e o presidente mais avançado, mais democrático, mais à esquerda e mais tolerante de todo o século XX (e, quem sabe, deste também), guardadas as especificidades políticas, em cada época, de cada um de nossos presidentes.

Em 1972, em razão de contingências políticas de exílio, permaneci quase trinta dias na fazenda de Jango, em Tacuarembó, no Uruguai, onde ele me recebeu a pedido de meu pai, seu amigo desde São Borja. Minha ideia originária era dar um "time" e me ir para o Chile, a fim de ajudar, pensava eu, a construir o socialismo "dentro da ordem", em curso lá. A viagem não ocorreu, porque Jango e meu pai conspiraram para me informar que tinham recebido uma carta de Darcy Ribeiro avisando que o governo de Allende iria cair e que "correria muito sangue". A tal carta nunca existiu, como minha mãe depois revelou, mas a previsão era correta e talvez a conspiração dos dois tenha me salvado a vida.

Quase quarenta anos depois do nosso convívio no Uruguai, eu, na qualidade de ministro da Justiça no XX Congresso Nacional da OAB, assinei a anistia do presidente João Goulart. Lembro que o fato teve escassa repercussão nos meios de comunicação nacionais, apoiadores que foram do golpe de 1964 e que mantêm até hoje o mesmo preconceito contra Jango que tiveram durante seu mandato.

O presidente Jango não era socialista nem comunista. Não era dirigido pelos comunistas nem pretendia instaurar uma ditadura de qualquer espécie no país. Defendeu e tentou promover a reforma agrária – declarou serem de utilidade pública, para fins de desapropriação, as terras situadas dez quilômetros à margem das rodovias federais, se estivessem ociosas –, fundou a Eletrobras e nacionalizou importantes refinarias americanas. Fortaleceu a previdência pública e abriu caminho, à época, para vultosos investimentos em infraestrutura.

Jango reescalonou a dívida externa do Brasil, limitou a sangria da remessa de lucros para o exterior, abriu relações com a República Popular da China – então isolada no cenário mundial, política mais tarde seguida pelo presidente Nixon –, pois percebeu o potencial de parcerias comerciais com aquele gigante asiático, e ainda desenvolveu mecanismos legais e creditícios de estímulo à indústria nacional para produzir bens de consumo popular destinados ao mercado interno.

Jango foi vítima de uma campanha brutal de difamações dos grandes veículos de comunicação, da ampla maioria da Igreja Católica, das instituições civis de defesa do latifúndio e dos organismos políticos ligados à CIA e às grandes empresas norte-americanas. Estas, com seu suporte social e político aos partidos de direita e centro-direita, queriam que o Brasil continuasse submisso, atrasado em termos industriais e mero exportador de matérias-primas e produtos agrícolas sem valor agregado. E conseguiram. Motivaram a classe média a apoiar um "golpe", doutrinando as Forças Armadas com as arengas da Guerra Fria. Jango caiu por suas virtudes, não por seus defeitos, e muitas das reformas que ele estimulou – a agrária, a universitária, a do sistema financeiro, a urbana – foram retomadas parcialmente somente depois da Constituição de 1988.

A elite direitista do Brasil detestava esse gaúcho de hábitos simples e que conversava com jovens, banqueiros, trabalhadores comunistas ou não, industriais, intelectuais com a mesma simplicidade e atenção com que falava com os grandes chefes de Estado, como Kennedy, Fidel Castro e Mao Tsé-tung. Mas, sobretudo, derrubaram-no porque ele teve a coragem de querer uma sociedade mais justa, com menos desigualdades, mesmo que isso tivesse consequências sobre seu patrimônio pessoal, como no caso da reforma agrária. Era um social-democrata de esquerda num tempo "errado" e adverso a ideias mais igualitárias, semelhante ao período que vivemos hoje.

Essa postura de Jango irritava bastante as elites privilegiadas do país, que o consideravam "traidor" de seus próprios privilégios, mantidos a ferro e fogo pelas oligarquias, organizadas sobretudo em torno da velha UDN e do PSD. O presidente João Goulart, na verdade, foi vítima de sua honestidade e coerência, pois achava que o capitalismo poderia ser mais justo e que a paz social, garantida pelas reformas, tornaria o Brasil uma nação mais feliz e mais próspera.

João Vicente era esse menino da foto, na capa do livro, quando eu estive por lá, muito jovem, com um presidente que tinha uma saudade enorme de seu país e de seu povo e que, mesmo se sentindo duramente injustiçado, não alimentava nenhum ódio ou revanchismo. Nem se arrependia de ter evitado uma guerra civil, que naquela época poderia ter tornado nosso país um grande Vietnã. Mas um Vietnã sem possibilidades de vitória na guerra contra o império, já que nossas Forças Armadas estavam totalmente alinhadas com o "Ocidente" (americano), tanto nas lutas falsas quanto nas reais, contra o comunismo.

Este livro vai ajudar a lembrar que a historiografia brasileira tem uma dívida com este grande brasileiro: Jango, o presidente das "reformas de base".

Ler *Jango e eu* é lembrar um pouco um Brasil esquecido, por meio de grandes figuras históricas que forjaram nossa democracia e ainda exercem influência, por seu exemplo, na construção de nosso futuro nacional e democrático.

Prólogo

Quando decidimos reconstruir nossa memória, o fizemos por uma causa justa. Trazer novamente a verdade à tona, reviver e repassar as lembranças dos dias de degredo em família com o golpe de 1964. Relembrar os acontecimentos, mergulhando no fundo da memória, para que as novas gerações de brasileiros possam conhecer os difíceis momentos que, há cinco décadas, um menino de 7 anos começou a viver, compreendendo uma nova realidade fora dos palácios presidenciais: o exílio.

Dias que passaram, mas não serão esquecidos. Escrever este livro é como sonhar, viver novamente e despertar o passado. Não pretendo apresentar dados técnicos e históricos, documentos do acervo do Instituto Presidente João Goulart, bibliografia de consulta, nem sequer tese universitária, não tomarei partido do certo ou do errado do golpe de Estado de 1964 que afastou Jango, meu pai, do poder. Quero apenas fechar os olhos e relatar, tal como um vapor subterrâneo de minha consciência emanando lembranças – como um gêiser, um turbilhão de memórias de minha infância junto a meu pai – que brotam do fundo do nosso desterro.

Não nos esqueçamos também de todos aqueles que devem ter seus nomes registrados como heróis da liberdade e da democracia e que tombaram pelo caminho da libertação, da justiça social, da luta pelos menos favorecidos, e que, com suas vidas, abriram caminhos, permitindo-nos estar hoje aqui escrevendo este relato. Os muitos que pagaram o alto preço da morte para impedir que a prepotência continuasse a furtar as almas jovens, que lutaram contra o discurso de que nossa memória é curta, pois que na verdade há apenas o desconhecimento dos fatos que atingiram o país a partir de 1964.

Desde cedo, ao partir com meu pai para o exílio, me senti longe do Brasil. Hoje, com novos fatos sobre os crimes que foram cometidos contra nós pelas ditaduras de direita em busca da manutenção a qualquer custo do *statu quo*, vejo-me no dever de contar a história de meus dias no exílio junto a meu pai, João Goulart, minha mãe, Maria Thereza Goulart, e minha irmã, Denize.

A vocês, leitores, ofereço minhas memórias. Relatarei o dia a dia de uma família refugiada no exílio político. Não a Operação Condor em si, não documentos desclassificados para pesquisa histórica de uma época nebulosa da América Latina, mas fatos que ocorreram nos dias e semanas da expatriação sem fim. Dos dias que não voltam, dos dias que se foram.

Irei me ater, principalmente, ao período de 1964 a 1976, os 12 anos de calvário na vida do personagem principal desta história: Jango. Não pretendo transcrever as realizações de seu curto governo, que foram muitas, pois disso a academia já se encarrega, e não faltam historiadores que assumem esse compromisso. Pretendo fazer o relato de dentro de nossa casa, nossas atribulações, os medos, as saudades e preocupações de uma família peregrina. O exílio nos faz peregrinos.

Embora cooperem entre si, os países, às vezes, deixam de fazê-lo muito rapidamente, quando interesses geoeconômicos e políticos se fazem não circunstanciais, mas ideológicos e de intervenção, nem que seja pelas armas – doa a quem doer –, como se viu na derrubada das democracias latino-americanas. Essa história cruel e real da América Latina, como muito bem nos contou Eduardo Galeano nas *Veias abertas*, chegou até nosso cotidiano dentro de casa, nós o vivenciamos dia após dia.

O relato tem início quando pisamos pela primeira vez na nova terra distante, o Uruguai. Enquanto crescíamos na distância que toca aos perseguidos, criavam-se mais e mais ditaduras e o cerco se fechava. As perseguições constantes aos exilados, os desaparecimentos, as trocas de prisioneiros entre as ditaduras, que os deslocavam como se fossem objetos de contrabando, para serem mortos em seus países de origem.

À medida que os fatos se entrelaçarem e os diálogos, lugares e nomes forem reconstruídos, apresentarei a vocês o doce amargo da injustiça: o fel profundo da amargura mesclado à fé de que o relato acalma o silêncio impetuoso, que desafia nossas almas pelo grito da verdade. Não pretendo ser dono dela. Mas tampouco pretendo deixar que dela alguém nos afaste.

Vivemos em um mundo de mudanças abruptas e recentemente nos vemos diante de um diagnóstico hostil e desesperançoso no que se refere à vitalidade de nossa natureza política, que nos desafia entre ser ou ter, principalmente quando é preciso optar pelo humanismo que não pode tombar diante da fome dos oprimidos.

Este livro tem por finalidade trazer à reflexão a não existência de memórias curtas, mas sim de memórias esquecidas, ressuscitáveis ao mínimo vento de liberdade, que soprará sempre que houver ouvidos receptíveis aos crimes contra a humanidade e que desrespeitem as reivindicações coletivas.

Dizia meu pai quando queria me explicar esses valores: "A liberdade é uma só. Não prestes atenção àqueles que dizem que no meu governo havia excesso de liberdade, pois dessa maneira eles também podem aceitar que é justo pregarem a limitação desse mesmo valor. Ou se é livre, ou não se é, não existe meio-termo. Esse valor que lhe atribuem é para castrá-la, submetê-la, é apenas uma atribuição feita pelos homens que usam da prepotência o caminho para subverter os valores da democracia."

Caminharemos tranquilos pela narrativa, sem medo dos sufocamentos gigantescos que a memória pode esconder dentro da criança que não quer crescer. Botar para fora o grito silenciado do passado é como florescer a alma no espelho da justiça.

Navegar é necessário, mesmo que as águas infinitas dos oceanos nos levem por caminhos às vezes calmos, às vezes em tormentas. É necessário que as velas conduzidas pelos ventos nos mostrem que a rota de uma vida pode ter dificuldades de percurso, um leme quebrado, uma vela rasgada, um naufrágio involuntário e uma ilha no meio do destino. É importante que o trajeto mostre flores, gaivotas, horizontes, noites e auroras de um novo sol que teima em iluminar nosso destino.

Penso, com um infinito respeito, em meus irmãos árabes ou franceses que morreram como Cristo, nas mãos de seus semelhantes, flagelados, torturados, desfigurados pelo desprezo dos homens.

(general Jacques Pâris de Bollardière)

1. O Uruguai é azul

Corria o dia 31 de março de 1964 e os rumores do possível golpe se faziam cada vez mais presentes nos corredores da Granja do Torto. Minha mãe falava sem parar ao telefone; os funcionários estavam agitados e parecia que todos tentavam ser mais atenciosos com Denize e comigo que o habitual.

A tarde caía, mas percebia-se algo no ar, mais pesado que o de costume na capital federal. Os telefonemas eram cada vez mais alarmantes, como vim a saber depois. Darcy Ribeiro, amigo fiel e ministro-chefe do gabinete civil do governo João Goulart, avisou minha mãe, Maria Thereza, de que meu pai estava no Rio de Janeiro e que a situação política era complicada, mas disse que a manteria informada.

Não recordo aquela noite, mas de manhã já havia umas poucas malas arrumadas, carros e motoristas à espera na porta e uma agitação fora do comum, quase correria, para sairmos direto para o aeroporto. Lembro-me de que não foi possível levar alguns dos brinquedos que queríamos, como sempre fazíamos nas viagens ao Rio, a Porto Alegre ou a São Borja. Levávamos tudo o que queríamos, mas nessa viagem, não. Parecia uma viagem diferente. E seria diferente para sempre.

Avelar, que cuidava da roupa do presidente, dizia a minha mãe que se cuidasse. Tempos depois ele passou uma temporada em Montevidéu, quando já estávamos no exílio, mas sofria com saudades do Brasil e meu pai disse a ele que voltasse. Por que Avelar aconselhara cuidado à minha mãe? Afinal, sempre que a família do presidente da República viajava era tratada com todas as pompas, estava cercada de seguranças, contava com motoristas para o deslocamento. Não me lembro de ter ouvido antes que tomássemos cuidado com o que quer que fosse, mas esse dia estava diferente. Muito diferente. Era o início do exílio.

Saímos meio apressados, meio desconfiados, pois o avião da FAB que nos esperava no aeroporto não era aquele em que sempre viajávamos. Haviam conseguido outro às pressas para nos levar a Porto Alegre, talvez de alguma unidade que ainda se mantinha fiel ao presidente – ou melhor, que ainda estava na expectativa se o golpe iria se consumar ou não. Ao sairmos da Granja do Torto, segundo minha mãe, estávamos deixando para trás pertences pessoais que nunca foram devolvidos – tais como quadros, lembranças, joias de minha mãe, que naquele momento não dispunha das chaves do cofre, bem como os carros particulares, dela e de meu pai, além de documentos privados e públicos. Era como se estivéssemos dando uma rápida saída para ir ao supermercado. Só que sem retorno.

Aliás, a grande dificuldade de refazer o acervo de João Goulart é que todos os documentos públicos e privados ficaram lá. Talvez o governo de Jango tenha sido o único governo brasileiro que não preparou sua saída do poder, ficando ao dispor dos golpistas toda a documentação, "límpida como o céu do Rio Grande do Sul", como disse meu pai já do exílio quando os militares nada apuraram e tiveram que lhe devolver o patrimônio que havia sido bloqueado.

O voo para Porto Alegre foi demorado. Não recordo muito bem, pois estávamos cansados, Denize e eu, quando chegamos à capital gaúcha. Não descemos do avião, algumas pessoas entraram e disseram que meu pai estava em Brasília, já a caminho do Rio Grande do Sul.

"Então por que não viemos todos juntos? Por que saímos antes de Brasília?" Tudo se confundia naquelas horas. Meu pai ordenara que seguíssemos viagem até São Borja naquele mesmo dia. "Para que viemos para Porto Alegre, então? Poderíamos ter ido direto para São Borja, terra natal da família." No avião estavam minha mãe, Denize, Virgílio, um cabeleireiro amigo de minha mãe, nossa babá, a Etelvina, e a tripulação da FAB.

Viajávamos em um DC-3, que conseguiu pousar na fazenda do Rancho Grande, no fim da tarde daquele 1º de abril de 1964.

Lá estava Amalio, capataz de meu pai no Rancho Grande, de bombachas, guaiaca e pilcha, como todo gaúcho que está na lide. Contudo, estava armado com um Winchester .30 e com cara de preocupado, na beirada da pista. O restante da peonada também estava por perto. Não houve a habitual campeação nesse dia. A ordem era de alerta. A maioria dos peões armados e os cavalos todos encilhados na volta.

– Recebi um rádio do dr. Jango lá de Brasília, dona Maria Thereza – falou Amalio. – Ele me disse que a senhora chegaria com as crianças e que era para eu ficar por perto. Dizem aqui em São Borja que o regimento estaria se deslocando para a fazenda, mas mandei um peão lá para a encruzilhada de Nhu-Porã e, por enquanto, não tem movimento nenhum – disse Amalio com a voz preocupada.

Quando descíamos do avião, o comandante da FAB disse que teria que decolar antes do pôr do sol para voltar a sua base.

– O dr. Jango também disse que o Maneco chegaria amanhã no avião pequeno, com novas instruções. Falou para que a senhora ficasse tranquila e dormisse hoje aqui no rancho. E para que nós ficássemos "na ronda".

Maneco, como era chamado Manoel Soares Leães, sempre foi piloto particular de meu pai, antes mesmo de ele entrar para a política, em 1946. Nunca tínhamos ficado lá na fazenda sozinhos, sem o pai.

Depois de uma saudosa despedida, o amigo de minha mãe, Virgílio, retornou ao DC-3, que partiu no horário previsto. Etelvina continuou conosco.

A noite caiu. Naquela época, a casa do rancho era relativamente nova, mas permanecia fechada e só era aberta quando a família estava por lá. Segundo minha mãe, foi uma noite longa, quase eterna na solidão dos pampas gaúchos – terra que levaríamos muitos anos para rever.

Os ruídos da noite se confundiam entre os barulhos da natureza, o coaxar das rãs, e a expectativa de acordar no dia seguinte em uma nova realidade. Minha mãe quase não dormiu: "Os quartos do Rancho Grande não pareciam ser o refúgio certo para aquele momento", disse ela. Perguntei-lhe algumas vezes como foi aquela noite, mas sua resposta, sempre subjetiva, não consegue esclarecer como foram nossos últimos instantes no Brasil. Por mais que eu insista, ela só se lembra do dia seguinte, pela manhã, quando, ainda sem notícias do que estava acontecendo no Brasil, esperávamos reencontrar meu pai.

Quando acordamos, Denize e eu soubemos que um jipe militar havia chegado à sede do Rancho Grande. Minha mãe disse que, embora Amalio tenha tentado impedir, os quatro militares conseguiram passar com o veículo pela porteira e levavam instruções do Comando determinando que nos retirássemos em 24 horas. Minha mãe interpretou aquela mensagem como um desafio, sem saber ainda que a democracia brasileira, naquele dia, iria ruir com o golpe que atingiu o Brasil e suas futuras gerações no engodo do servilismo, do entreguismo de nossas riquezas ao capital internacional, promovido pelos Estados Unidos e por nossas elites.

De fato, ao meio-dia, Maneco, nosso piloto particular, pousou na pista gramada do Rancho Grande, levando ordens de meu pai, que estava em Porto Alegre avaliando a situação e tentando resistir. Ele disse para minha mãe:

– Dona Maria Thereza, dr. Jango está em Porto Alegre e não poderá vir hoje para o Rancho Grande. Ele me instruiu a levar a senhora e as crianças para o Uruguai. Disse que a senhora não deve se preocupar, porque em breve ele também estará lá.

Embora minha mãe não dissesse, era claro seu inconformismo com a falta de notícias de meu pai. O cerco estava se fechando, tínhamos que decolar. Ela então pediu a Maneco que esperasse um pouco para que pudéssemos juntar o que poderíamos levar no voo.

Exílio era uma palavra que não constava do nosso vocabulário. Só vim conhecer sua dimensão anos depois. Não me lembro de quanto tempo passamos em Montevidéu, a primeira cidade onde nos exilamos. Mais tarde nos mudaríamos para outros lugares, à medida que os direitos civis eram cerceados, restringindo a liberdade e a justiça social, num crescente que tomaria a América Latina. Aquilo era só o começo. Começava ali o distanciamento da pátria, de nossa terra e dos sonhos de meu pai por um Brasil mais justo, mais igualitário, solidário e soberano.

Ficavam para trás as esperanças e o sonho de uma vida política como a de meu pai, de certa forma meteórica, pois de 1946 a 1964 ele ocupou todos os postos políticos do país. Jango deixou o território nacional como presidente constitucional do Brasil, com 80% da opinião pública a seu favor, segundo dados do Ibope. Foi forçado a sair de seu país aos 45 anos, para nunca mais voltar. A não ser morto pelo abutre do condor, mas nos braços de seu povo, pelo qual tanto lutou e morreu.

•

Enquanto o presidente João Goulart voava do Rio de Janeiro em direção a Brasília, as tropas do general Olímpio Mourão Filho saíam de Juiz de Fora, com a complacência do governador Magalhães Pinto, para derrubar o governo constitucional brasileiro e rasgar a Constituição, pensando que seriam os líderes civis do golpe em andamento. Ledo engano: todos esses pseudolegalistas, com exceção de Magalhães Pinto, governador de Minas Gerais, foram cassados: Adhemar de Barros, governador de São Paulo; Carlos Lacerda, governador da Guanabara, atual Rio de Janeiro. Até aquele momento tudo se sucedia com o silêncio de Juscelino Kubitschek, que iludiu a si próprio apoiando Castelo Branco ao pensar que este convocaria eleições presidenciais em 1965. Os golpistas aliaram-se aos agentes americanos para derrubar um governo legítimo, traindo a própria pátria.

No Rio de Janeiro, ao ver Lacerda mandar cercar o palácio da Guanabara com caminhões de lixo e se entrincheirar lá dentro, enquanto as tropas de Mourão se aproximavam da cidade, Jango decidiu ir para Brasília. Ao chegar, foi diretamente para a Granja do Torto e depois para o Palácio do Planalto. Reuniu-se com seus colaboradores mais próximos: Darcy Ribeiro, Waldir Pires, Doutel de Andrade, Raúl Riff, Bocaiúva Cunha, entre outros.

Em Brasília as tropas estavam aquarteladas, mas não na Esplanada. O general Nicolau Fico, comandante de Brasília, estava presente, dando tranquilidade a Jango, e informou que as tropas estavam "apenas" em alerta. A tensão tomava conta do Congresso Nacional. Soubemos depois que os mais de 170 parlamentares financiados pela CIA estavam presentes e conspirando contra os interesses nacionais e populares.

Depois da longa reunião, o presidente Jango chegou à conclusão de que não conseguiria impedir o golpe se permanecesse em Brasília. Ficou acertado, então, que ele deveria ir para o Rio Grande do Sul, onde ainda havia tropas legalistas. No entanto, naquele momento ainda não se sabia quantas divisões estavam aceleradamente aderindo ao golpe. A certa altura da reunião, informaram a Jango que o caminho até o aeroporto já estava sendo tomado.

— General Fico, o senhor garantiu a permanência das tropas dentro dos quartéis. O que é isso? — perguntou meu pai.

— É só prevenção, presidente. Sob meu comando, meus soldados são legalistas — respondeu o general.

Meu pai começava a desconfiar da traição do corpo militar, que já se consolidava. Até o general Amaury Kruel, comandante do Segundo Exército, traiu o governo e aderiu ao golpe, apesar de meu pai ser padrinho de um de seus filhos. Para deter o golpe e continuar no poder, ele queria que meu pai aceitasse fechar os sindicatos, o Congresso e prendesse Brizola e Miguel Arraes. Não conhecia o caráter de Jango. Meu pai preferiu entrar para a história a trair seus princípios; preferiu o exílio ao sofrimento e derramamento de sangue. "O poder, a presidência", dizia ele, "é predestinação. Ficar ao lado da história é destino. O altruísmo é legado dos homens, a traição é dos covardes."

Era preciso tomar uma decisão imediata, e ele resolveu ir para o aeroporto, de onde seguiria para Porto Alegre. Atribuiu a Darcy, chefe da Casa Civil, a tarefa de redigir um documento informando o Congresso Nacional de que iria ao Rio Grande do Sul para resistir na legalidade. Doutel, seu líder, foi o encarregado de levar a mensagem. Ficou acertado que iriam ao aeroporto levar o presidente e retornariam ao Palácio para acertar as articulações necessárias para a defesa da democracia brasileira. No Congresso, falava-se em impeachment, mas Doutel, Darcy e Waldir tinham certeza de não haver número para que essa manobra fosse adiante. Contudo, havia um cheiro de artimanha no ar.

O avião do presidente sequer conseguia decolar. Possivelmente, já estava em andamento uma sabotagem por parte da Aeronáutica. Depois de aguardarem uma hora dentro do avião, o presidente não queria mais esperar que a "pane" fosse resolvida e ordenou que desembarcassem. Mandou o comandante preparar um Avro, avião mais antigo de dois motores turbo-hélice, que estava ali na base aérea. Decolaram depois de quase uma hora e meia. Às seis e meia da noite do dia 31 de março de 1964, Jango finalmente seguia rumo a Porto Alegre. Nessa mesma hora, minha mãe, eu e minha irmã estávamos pousando no Rancho Grande, em São Borja.

Quando retornaram do aeroporto, Darcy e Waldir constataram imediatamente a traição do general Fico, ao ver as tropas, que deveriam permanecer aquarteladas como combinado com o presidente, já cercando o Congresso Nacional. Com maestria covarde e antipatriótica, foi feita a legalização do golpe por meio da declaração de vacância da presidência da República, pelo senador Áureo Moura de Andrade, que encerrou a sessão em seguida.

Áureo Moura é o mesmo senador que, dias antes, caminhou lado a lado do padre Peyton, o sacerdote da CIA, na "marcha da família" em São Paulo. O senador covardemente passou para a história com sua declaração, tendo em vista que o presidente da República se encontrava em território brasileiro, onde ainda permaneceria por mais quatro dias, até nomearem Ranieri Mazzilli, consolidando assim o golpe de Estado.

Jango chegou a Porto Alegre no auge da crise. Após vários encontros com políticos e militares e de longas conversas para avaliar se haveria condições ou não de resistência, preferiu partir para o exílio, depois de constatar que resistir naquelas precárias condições logísticas seria ocasionar inutilmente um derramamento de sangue entre brasileiros, o que levaria o país a uma guerra civil de proporções inimagináveis, provocando, possivelmente, até a divisão territorial da nação.

Sua atitude, sem dúvida, foi a mais acertada, mesmo que as diferentes forças políticas, de esquerda e de direita, continuassem a criticá-lo duramente por não resistir. Por que essa crítica seria dirigida apenas a ele?, eu me pergunto. Por que o Partido Comunista não resistiu? Por que Brizola não resistiu? Por que os sindicatos não resistiram? Por que as Ligas Camponesas não resistiram? Por que Arraes não resistiu? Ora, Jango seria o único a se submeter? E onde estavam aqueles que o criticavam?

Jango sempre foi legalista. Alguns setores da esquerda – entre os quais estava Brizola –, que desejavam impedir o avanço da direita, é que queriam dar o golpe. Criavam-se dificuldades. O caso da encampação da ITT – que teve seu início quando Brizola ainda era governador do Rio Grande do Sul – foi um grande entrave nas negociações econômicas com os Estados Unidos. Segundo meu pai, foi ele, na condição de vice-presidente no final do governo Juscelino, que arrancou a assinatura do presidente a bordo de um avião, a pedido de Brizola, para a desapropriação da companhia.

Enquanto as elites enraizadas em seus privilégios enveredavam para o colo dos Estados Unidos por intermédio de Lacerda, Magalhães Pinto e Adhemar de Barros, que tinham financiamento direto dos americanos, a esquerda irresponsável queria um avanço muito mais rápido do que as reformas de base e lançavam nas ruas suas campanhas presidenciais. "Cunhado não é parente, Brizola presidente", Arraes articulava-se no Nordeste; JK, com o slogan "Juscelino 65", chegou ao cúmulo de votar em apoio a Castelo Branco para ser candidato em 1965, ignorando o golpe que veio a cassá-lo posteriormente. Brizola queria que Jango extrapolasse os limites constitucionais. Pregava o avanço, mesmo que pela força ou pela ruptura institucional antes do golpe de direita, o que acabou ocorrendo.

No entanto, as práticas da esquerda não condiziam com a retórica. Jango teve que retirar a mensagem do estado de sítio, um instrumento legalista e constitucional, por falta de apoio da esquerda. Começava então sua difícil tarefa de aglutinação das massas em torno das reformas. Mas estava sozinho, tanto de um lado quanto de outro. "Jango caiu não por seus erros, e sim por seus acertos", como disse Darcy Ribeiro, muito pragmaticamente, em suas declarações sobre o golpe.

Na noite de 1º de abril, em Porto Alegre, em uma reunião conturbada com o general Ladário Telles, que o informava da situação do Terceiro Exército, já dividido e fragmentado, Brizola queria ser nomeado ministro da Justiça e indicar o general Ladário para ministro da Guerra. Alguém acha sinceramente que aquela era hora para bravatas?

Os comandos militares praticamente já haviam aderido ao golpe. O Terceiro Exército também, pois, ao chegar a Porto Alegre, o presidente quis que a reunião fosse realizada dentro do comando, porém foi informado de que lá seria preso. Prevendo resistência, a quarta frota americana estava posicionada na costa brasileira com fuzileiros navais, petroleiros, submarinos e porta-aviões de última geração carregando a bordo armas atômicas. O plano era criar um segundo Vietnã. Àquelas horas, o golpe estava praticamente consolidado. Lyndon

Johnson comunicava ao seu embaixador, Lincoln Gordon, que horas depois já iria reconhecer o novo governo. O apoio externo era total. Jango sabia disso e não jogaria seu povo numa resistência fratricida em nome do poder. Sua atitude preservou a paz da nação brasileira, e, principalmente, nosso território.

Dali ele seguiria para o exílio, mas não sem antes passar em sua terra, São Borja, no dia 2 de abril de 1964. Foi lá, tendo que se esconder de fazenda em fazenda, que Jango esperou até que outro presidente fosse empossado, caracterizando o golpe de Estado.

•

Minha mãe, Denize e eu estávamos acordando na fazenda em São Borja.

Iríamos decolar do Rancho Grande no dia 2 de abril, Maneco sabia o destino: Uruguai.

Segundo ele, as *démarches* já haviam sido feitas como em uma espécie de sondagem ao governo uruguaio para a nossa chegada. Saímos cedo, entre oito e nove horas da manhã, depois de arrumarmos nossos poucos pertences. Minha mãe perguntava com frequência sobre meu pai a Maneco.

– Eu mesmo vou deixá-los em Montevidéu e retorno no outro dia para buscá-lo – informou Maneco. – Ele está em Porto Alegre, tentando contornar a situação, que é muito difícil. Às cinco da manhã de hoje, me autorizou a decolar para vir pegá-los aqui em São Borja. Ele já falou com dom Alonso Mintegui, em Montevidéu, para avisar às autoridades uruguaias que vocês passarão uma curta temporada lá, só até que a situação se acalme no Brasil.

Essa curta temporada transformou-se em sua expatriação. Já em seus últimos anos de vida, parecia prever os acontecimentos, como disse a Pinheiro Neto em 1974: "Pinheiro, bons amigos como tu têm vindo aqui no Uruguai me recomendar que cuide da saúde para preparar-me para a volta. Mas tenho dito a Maria Thereza que se prepare para retornar ao meu país viúva e com netos, pois acho que esta jornada está se tornando longa demais e eu não retornarei."

Naquele voo, ninguém imaginava que a saída do Brasil nos traria tristeza, solidão, ingratidão e traições; mas também daria a todos nós, sobreviventes, a têmpera do orgulho, da dignidade e da certeza de que o destino quis o melhor para Jango: a morte no exílio.

Denize e eu dormimos o voo inteiro, e só acordamos quando o avião começou a se aproximar do aeroporto de Melilla, um aeródromo para aviões pequenos nas cercanias de Montevidéu.

Minha mãe estava nervosa, pois não sabia nem onde ficaríamos aquele dia. Dom Mintegui estaria lá para nos receber. Antes de chegarmos, perguntei novamente:

– Mãe, para onde estamos indo?

– Para o Uruguai, João Vicente – respondeu ela.

– Uruguai, mãe? Onde é isso?

– É outro país, meu filho.

Segundo ela, fiquei longos segundos pensativo antes de disparar:

– Mãe, de que cor é o Uruguai?

Ainda sonolenta, minha irmã perguntou, com fome:

– Tem banana no Uruguai, mãe?

Foi naquele momento que minha mãe se deu conta da distância a ser percorrida, dos dias na presidência, de seu casamento em São Borja, de sua infância. Pensou profundamente no que diria para aquela criança. Olhou para o céu aberto e profundo de um dia claro. Era possível ouvir o barulho das hélices. As lágrimas caíram no seu rosto, mas, sem se perturbar, ela se virou para mim e falou:

– O Uruguai é azul, João Vicente. É azul.

2. Um novo mundo
A República Oriental do Uruguai

Sem bananas, sem chiclete PingPong, sem doce de abóbora, goiabada ou guaraná. O Uruguai era azul, mas era diferente. Essa foi a impressão que tivemos nos primeiros dias e a lembrança de certas coisas bem brasileiras que não veríamos mais.

O pequeno aeródromo de Melilla se tornaria um velho conhecido nosso, pois dali iríamos decolar várias vezes no longo exílio, nos intermináveis dias longe do Brasil. Sentimos a diferença assim que chegamos, era tudo novo para duas crianças que não entendiam o idioma e muito menos o estilo de vida e comportamento da sociedade uruguaia. Aquelas palavras ininteligíveis passariam a estar presentes em nosso cotidiano e dia mais, dia menos, fariam parte de nosso vocabulário e de nossa convivência. Foi naquela nova língua que fomos alfabetizados.

Ao dar início ao procedimento de aterrissagem, Maneco comunicou pelo rádio à torre de Melilla que levava a bordo a família do ex-presidente da República do Brasil e que o Ministério do Interior já tinha conhecimento de nossa chegada, pois o presidente Fernandez Crespo havia autorizado que Jango se exilasse em território uruguaio.

Soubemos depois que as autoridades uruguaias estavam nos aguardando no Aeroporto Internacional de Carrasco e que Melilla sequer tinha conhecimento da chegada dos familiares do ex-presidente brasileiro. Os velhos funcionários do aeródromo não sabiam do golpe, nem do paradeiro de Jango, além de não entender nada de concessão de exílio. Como havíamos decolado direto de uma fazenda para outro país, não havíamos passado pela alfândega ao sair do Brasil, ou seja, éramos clandestinos, sem origem, quando entramos no país estrangeiro.

À medida que o tempo passava, do pequeno muro e das ruas semidesertas e desajeitadas podíamos ver os pequenos aviões cobertos por lona estacionados perto do pátio do pequeno prédio, e outra casa pequena, onde se localizava o bar-restaurante daquele aeroporto. Não havia muita coisa à venda: as bebidas estavam quentes, uma vez que a geladeira estava quebrada, havia umas *medialunas* de mortadela – um sanduíche típico do Uruguai, que, tempos depois, nos acostumaríamos a comer no recreio da escola – que aparentavam estar velhas e com moscas voando ao redor.

Alguém, enviado pelo Ministério do Interior, foi a Melilla para liberar nossos documentos pessoais. Maneco tinha que voltar ao Brasil via São Borja, para retornar dois dias depois trazendo meu pai e o general Argemiro de Assis Brasil, que o acompanhou até o exílio.

Por um tempo ficamos sozinhos naquele aeródromo, com pessoas que nunca havíamos visto, num país onde não conhecíamos ninguém, quase sem malas e sem roupas e com o pouco dinheiro que havia sido entregue em um envelope por um emissário na passagem por Porto Alegre alguns dias antes. Observamos o Cessna 310 pilotado por Maneco decolando rumo ao norte azul do Uruguai, embrenhando-se nas nuvens brancas daquele céu, e conforme o avião ganhava altitude, perdíamos nossa única referência com o Brasil. Aquele pequeno ponto no horizonte iria buscar meu pai, que permanecia no Brasil, mesmo depois de Mazzilli já ter sido alçado a presidente da República. Enquanto isso, os militares tentavam prendê-lo e os americanos festejavam o primeiro golpe contra a democracia brasileira, reconhecendo o governo ilegítimo implantado pelo golpe apenas duas horas depois do ocorrido.

Minha mãe recostou-se num muro do aeródromo de Melilla, e ficamos do seu lado resmungando e pedindo respostas que ela não tinha naquele momento. Do lado de fora do aeroporto, esperávamos qualquer coisa que não acontecia. Em 1964, Montevidéu era muito diferente do Brasil. A sensação era que havíamos entrado numa espécie de túnel do tempo e voltado uns vinte anos. Ainda hoje se veem carros velhos em Montevidéu, mas, naquela época, havia poucos automóveis circulando pela cidade, e os que existiam tinham mais de vinte anos. Em vez de táxi, era comum chamar carros de 1946, 1947, quase sempre dirigidos por um senhor bonachão, que atendia turistas ou outras pessoas que os alugavam por um dia inteiro ou metade do dia para várias tarefas.

O dia a dia era diferente da nossa vida em Brasília. Montevidéu era mais pacata e seus moradores ficavam com a garrafa térmica embaixo do braço, tomando chimarrão, enquanto conversavam, andavam de bicicleta e jogavam uma espécie de bilhar.

Tudo era novo, estranho, como um sonho que muda a realidade de noite e o dia não surge mais, o pesadelo torna-se eterno e acordar é uma realidade distante, distante de nós.

O aeródromo de Melilla fica um pouco afastado do centro da cidade. Para chegar lá, é necessário atravessar vários bairros de Montevidéu, que se revelou uma cidade cinzenta, como as vestimentas das pessoas, os humores, as esquinas, os carros e, de alguma maneira, os destinos de quem vivia ali, sobretudo o nosso, que estava apenas começando naquele lugar.

Tínhamos o endereço de um amigo de meu pai, dom Alonso Mintegui, que havia anos vivia e trabalhava no consulado brasileiro. Estávamos sozinhos e necessitávamos chegar à casa dele, no centro de Montevidéu. Ele morava na Plaza Independencia, em um edifício ao lado do Palacio Salvo, onde, meses depois, viria morar o "tio Leonel".

Depois de muita espera, chegou um carro velho, acho que um Plymouth dos anos 1950, com aqueles para-brisas divididos em dois, e lá estava um amigo de dom Alonso Mintegui, seu primo na verdade, Domingos Mintegui, que depois trabalharia com meu pai na compra de artefatos e insumos rurais que ele necessitaria para desenvolver seus negócios do setor primário nas fazendas.

Colocamos as poucas bagagens no carro e empreendemos o trajeto até o centro de Montevidéu. Tudo era novo mas, ao mesmo tempo, velho. Novo porque tudo era diferente, as pessoas, as casas, as avenidas, aqueles carros velhos, os ônibus da British Leyland, já muito velhos em 1964, com uma plataforma aberta na traseira que depois meus colegas de escola e eu chamávamos "La Catraca de CUTCSA".

Montevidéu tinha pouco mais de um milhão de habitantes, mas era, e ainda é, uma cidade muito espalhada, sem grandes edifícios altos e muitas casas. À medida que o velho Plymouth ia avançando, eu observava pela janela aqueles bairros distantes da avenida Melilla, o bairro de La Tablada, a avenida Rivera, uma das maiores, que corta toda a cidade, e assim íamos nos aproximando de uma área mais movimentada. Lembro quando dobramos a avenida Rivera e chegamos ao Palacio Legislativo, imponente edifício de mármore onde funciona o Congresso do Uruguai, muito antigo e tradicional e, na época, ainda muito democrático e com uma profunda tradição de legalidade.

Ao final daquela ampla via entramos na avenida 18 de Julio, a principal do centro de Montevidéu, e dobramos à direita rumo à Ciudad Vieja, onde está a Plaza Independencia e onde se localizava o edifício de dom Alonso Mintegui, que nos acolheria no Uruguai enquanto aguardávamos Jango.

Não tínhamos notícia alguma de nosso pai e a expressão de minha mãe era de extrema preocupação, pois não havia respostas para nossas perguntas: por que estamos aqui?, para onde vamos?, estamos com fome, o que vamos comer?, onde está o meu pai?, por que não entendo o que as pessoas estão falando?, quando vamos voltar para casa? Eu tinha apenas 7 anos e não compreendia o que estava acontecendo.

Mintegui não estava em casa. Ele havia ido ao aeroporto de Carrasco, pois recebera a informação de que chegaríamos por lá, o que não aconteceu. Minha mãe disse ao porteiro que iríamos esperar. Então subimos ao quinto andar e ficamos sentados na escada até que chegasse alguém ao apartamento.

Dali do corredor do prédio era possível ver a praça, os carros velhos, as pessoas atravessando a grande esplanada – na qual, ao centro, se via um homem montando bravamente um grande cavalo – e, ao fundo, um imenso portal. Não sabia que, na escola, estudaria por muito tempo as façanhas libertárias daquele herói uruguaio, José Gervasio Artigas. Posteriormente vim a saber que aquela era a Puerta de la Ciudadela, a entrada da antiga Montevidéu, na época em que a Ciudad Vieja era cercada por um muro.

●

Estávamos meio sonolentos quando vimos o elevador chegar ao andar com dom Alonso Mintegui e a esposa, dona Nela. Dom Mintegui me impressionou na hora: figura imponente, calvo, e com os cabelos restantes, nas laterais da cabeça, acentuadamente negros, assim como o bigode fino; vestia tradicionalmente terno e gravata e segurava um charuto numa das mãos e um sobretudo na outra, bem acomodado junto a um chapéu de feltro preto ou azul. Dona Nela, baixinha, usava um vestido clássico, saltos altos e o cabelo arrumado em coque. Os dois saíram esbaforidos do elevador, por causa da confusão dos aeroportos:

– Dona Maria Thereza, mas que barbaridade nosso desencontro! Eu estava com a Nela desde cedo no aeroporto de Carrasco à sua espera e só vim a saber, pelo consulado, que vocês já haviam chegado por Melilla. Então mandei o Domingos imediatamente providenciar um *remise* de um amigo dele para ir buscá-los lá. Ele aguardava comigo em Carrasco com outro carro para levá-los a Solymar, onde a minha casinha de praia está à disposição de vocês, conforme instruções lá de Porto Alegre – explicou Mintegui.

Domingos, então, se apresentou à minha mãe e se colocou a nossa disposição. Em seguida, entramos no apartamento de Mintegui, onde comemos bolachinha e tomamos leite, enquanto minha mãe conversava com ele.

– Seu Mintegui, estou cansada, à beira da exaustão. Mas não é isso que está me preocupando e sim as últimas notícias do Brasil. Desde ontem que não recebo informações sobre o Jango, nem sei o que está acontecendo. Estamos num país diferente, não sei o que fazer sem a orientação do meu marido. Sei que hoje, dia 2, empossaram o presidente da Câmara, o deputado Ranieri Mazzilli, como presidente do país, e não sei onde meu marido está. O Exército brasileiro já está caçando o Jango em São Borja. Ontem, antes de decolarmos da fazenda do Rancho Grande, alguns militares apareceram em um jipe e me avisaram de que não deveríamos permanecer por lá. Se isso é verdade, é claro que a esta altura o Jango deve estar pulando de lugar em lugar, sem saber se os militares vão prendê-lo ou não. O que não entendo é como as Forças Armadas de nosso país não respeitam nossas leis, nossa Constituição.

– Dona Maria, o presidente tem muitas informações e determinou que vocês viessem para cá. Isso já é um sinal de que ele não deve resistir a essa quartelada, que, entendemos, deve ser passageira, até que os ânimos se acalmem. Depois, é tentar negociar politicamente essa crise civil-militar que pegou o Brasil de assalto com a deposição do nosso Jango. Não fique nervosa, se quiser, pode ficar aqui conosco mais uns dias, até a situação se acalmar e sabermos do destino do Jango. Mas acredito que o Maneco saiba onde ele está e foi por isso que decolou assim que vocês desembarcaram e estavam seguros em território uruguaio e ele pôde ir ao encontro de Jango – disse Mintegui.

– Seu Mintegui, que as instruções foram essas e dom Domingos vai ficar conosco até recebermos novas informações, é melhor irmos para essa sua casinha de praia em Solymar, certo, seu Domingos? – perguntou minha mãe.

Domingos, que não falava português, respondeu:

– *Sí, señora, sí! Estoy a sus ordenes y si quiere podemos salir ya para Solymar.*

– Seu Mintegui, estou com seu telefone e qualquer coisa manteremos contato por intermédio do seu Domingos – falou minha mãe.

– Dona Maria, só não vou com vocês porque estou em contato com o consulado para obter novas informações, mas amanhã cedo irei lá com Nela para levar-lhe novas informações e ver como estão as coisas.

Descemos para a garagem do prédio, onde seu Domingos havia deixado o carro para nos levar a Solymar. Era uma caminhonete antiga, fabricada pela Commer, branca e marrom, onde pusemos nossa bagagem e nos acomodamos. Domingos era uma pessoa afável, um senhor de 60 e poucos anos naquela época. Como não entendia o que ele falava, eu achava tudo engraçado, e me diverti ouvindo-o dizer todas aquelas palavras ininteligíveis, gesticulando.

•

Pela primeira vez vi o mar do Uruguai. Quando saímos da Plaza Independencia, descemos em direção à Rambla, que é uma avenida beira-mar que costeia toda a cidade de Montevidéu ao sul. Foi uma sensação diferente, pois até então tinha visto apenas casas velhas nas ruas e avenidas.

Ventava bastante. Aliás, o clima de lá era muito diferente do nosso. Em abril soprava um vento plácido e frio do sul. Naquele começo de tarde, a temperatura estava em torno de 20°C, mas a sensação térmica era bem inferior. Nós observávamos aquele lugar completamente novo, as pessoas andando de bicicleta na rua, usando cachecol, carregando a garrafa térmica para o chimarrão embaixo do braço. Muitas gaivotas sobrevoavam as pedras e alcantilados do mar, com aquele cheiro característico de maresia, enquanto vários homens pescavam nas amplas calçadas da Rambla. Era uma verdadeira aquarela para nossos olhos, no céu azul do Uruguai e na água daquele mar bem marrom devido ao rio da Prata.

Na verdade, muitos daqueles lugares por onde íamos passando naquele dia viriam se tornar comuns em nosso dia a dia ao longo dos anos: o parque Rodó, a imponente embaixada americana, o cassino, a Playa la Estacada, onde Denize seria atropelada dois anos depois, a Playa Pocitos, a Playa del Buceo, a Playa Malvín e a Playa Carrasco.

Ao final da Playa Carrasco, passamos por Puente Carrasco e entramos no Departamento de Canelones, onde se localiza o aeroporto internacional e a estrada que se dirige ao Este, as praias do Este e, centenas de quilômetros depois, Punta del Este. Por enquanto nosso destino era o pequeno balneário de Solymar, a uns sessenta quilômetros de Montevidéu.

Quando se sai da estrada Interbalnearia, entra-se em um bairro dentro de um bosque, cheio de pinheiros, com ruas de terra, porém bem transitáveis. À medida que íamos adentrando o balneário, as pequenas casas de veraneio iam se desenhando a nossa frente, e o cheiro de mato característico daquela região ia penetrando devagar nossos pulmões, para imprimir definitivamente aqueles odores que até hoje me fazem lembrar do Uruguai e me transportam até lá. Lembro-me vagamente de que estávamos tentando achar a casa, pois dom Domingos não conhecia muito bem o caminho. As ruas são numeradas e as casas não têm números, e sim nomes. Fizemos duas paradas em dois estabelecimentos pequenos, perguntando onde ficava a casa de dom Alonso.

Depois de muito procurar, já era quase fim do dia quando avistamos a casa. Ela ficava em um lugar muito isolado, havia apenas uma outra residência ao lado, e no resto da quadra só existiam terrenos ainda sem construções. Já estava bem frio e queríamos entrar, estávamos cansados, com fome e muito incomodados com aquela viagem que parecia não ter fim. Ao abrir a porta, minha mãe viu que a casa era bem simples e estava desabitada havia tempo, pois era uma residência de verão e este já havia terminado em fevereiro. Havia alguns móveis, uma mesa de almoço, chão frio de cimento queimado, dois quartos com os colchões de pé virados para a parede e poucos lençóis e cobertores, que aquela hora já se faziam necessários.

Minha mãe pediu um litro de leite e bolachas à vizinha, uma senhora que lá morava e cujo marido trabalhava em Montevidéu e chegava sempre mais tarde. Lembro que comemos e caímos exaustos naquelas camas. Acordamos de madrugada, com frio, e no dia seguinte de manhã tentamos uma melhor acomodação na casa. Foi uma noite longa, mas nada em comparação com a longuíssima noite, de 21 anos de ditadura, que viria a se instalar no Brasil.

•

Os raios de sol e o trilar dos pássaros começaram a nos despertar. Embora houvesse dois quartos na casa, dormimos todos juntos em um só. Fui acordando aos poucos e já meio com fome despertei minha mãe, que estava deitada ao meu lado.

– Mãe, estou com fome. Vamos levantar para ver se meu pai chegou!

Aos poucos fomos levantando, notando a estranheza em tudo à nossa volta: a casa, o clima, o silêncio, os ruídos da natureza. Vestimos as poucas roupas que tínhamos levado e minha mãe se preparou para começar aquele que seria então nosso primeiro dia no exílio. O dia estava lindo e fresco naquela manhã de abril, e os raios de sol atravessavam o manto de sombra dos pinheiros.

Minha mãe abriu a porta da frente, que dava para uma pequena varanda, para onde alguns curiosos já olhavam. Ela foi até o muro dos fundos e pediu bolachas e leite à vizinha, que a atendeu. Como ainda não conhecíamos a localidade, deveríamos esperar a chegada de Domingos ou de dom Mintegui para novas notícias, em vez de sair procurando um comércio para comprar coisas e abastecer a casa.

Algumas pessoas do governo uruguaio entraram em contato com minha mãe e com dom Mintegui, que chegara com a esposa de manhã. Um policial de moto ficou de prontidão para cuidar dos curiosos, e também apareceram alguns jornalistas, que no dia anterior tinham ido aguardar nossa chegada ao aeroporto de Carrasco, e descobriram que estávamos hospedados ali.

Os noticiários davam informações desencontradas; nem dom Mintegui, que mantinha contato com Maneco e com outras pessoas ligadas ao meu pai, sabia precisamente o que estava acontecendo.

– Falei rapidamente com o presidente hoje de manhã, dona Maria. Ele ainda estava em Porto Alegre. Ele já sabe que vocês chegaram bem, conforme relatado por Maneco, mas não confirmou que viria para o Uruguai. Só perguntou se eu tinha a confirmação do colegiado uruguaio sobre sua chegada, mas não falou se estava a caminho.

– Seu Mintegui, o Jango não está em perigo, está? O Congresso já empossou outro presidente ontem, e algumas rádios aqui do Uruguai informaram à noite que o Exército brasileiro estava quase prendendo o Jango. Como o senhor falou com ele de manhã, e ele já estava acompanhado do Maneco, então deve ter ido para outro lugar de avião. O senhor não sabe para onde ele pode ter ido? – perguntou minha mãe.

– Não se preocupe, dona Maria Thereza, o Domingos vai ficar aqui com a senhora e as crianças. Vou voltar a Montevidéu e de lá telefonarei para alguns amigos em Porto Alegre que estavam com o presidente e devem saber mais detalhes. Como aqui não tem telefone, vou pedir ao Domingos que vá ao posto telefônico aqui perto, de duas em duas horas, para me ligar. Assim vou lhe passando as informações, sejam elas boas ou más.

– Por favor, seu Mintegui, não deixe de me informar. As crianças perguntam o tempo todo pelo pai, e não sei o que dizer. Quero saber de tudo. O Jango vai dar notícias. Ele deve estar preocupado conosco.

– Nela vai ficar em Solymar, na casa de uns amigos a três quadras daqui. O Domingos sabe onde fica, e mais tarde eu mesmo virei para cá para lhe dar informações e vou dormir lá, para estar pronto para ir buscar o doutor Jango ou seguir as instruções dele, sejam elas quais forem.

Seguimos com minha mãe e seu Domingos de carro para conhecer o bairro, trocar uns dólares que ela tinha e depois passar no mercado para comprar alguns itens, como leite, bolachas, pão e arroz.

A notícia de que a família do ex-presidente democrata do Brasil, João Goulart, estava em Solymar não demorou a correr. Quando voltamos para a casa com as compras, havia um batalhão de repórteres querendo nos entrevistar e especulando que acontecera o pior com meu pai. As informações que cada um trazia não batiam, e minha mãe, que nada sabia com exatidão, ficou muito nervosa e começou a chorar. Toda emoção contida naqueles últimos dias brotou em lágrimas incontroláveis. Meu pai nunca fez tanta falta como naqueles momentos de desespero e aflição.

Depois de se recompor, minha mãe saiu da pequena casa e deu a primeira entrevista a repórteres e jornalistas do mundo inteiro. Ela sabia que, se não falasse com a imprensa, eles não a deixariam em paz e não teríamos sossego durante a noite. Aquela talvez tenha sido a entrevista mais triste que ela já deu, pois sequer sabia onde meu pai estava. Tudo era uma grande incógnita. Mas ela estava sozinha ali e tinha de ser forte.

Durante a entrevista, aproveitei para ir correndo falar com um policial que estava de moto, a serviço do governo uruguaio, cuidando de nossa segurança. Tanto insisti que consegui que ele me levasse para um passeio de moto por Solymar. Até hoje me lembro daquele policial uruguaio e de seu lindo pastor-alemão. Lembro-me também do cachorro da dona Margot – a vizinha que nos deu leite e bolachas tinha um cachorro, mistura de pastor e collie –, que passou a me acompanhar e virou meu primeiro amigo do exílio.

Depois da entrevista, entramos na casa para esperar novas informações. Minha mãe pediu a seu Domingos que fosse ao posto telefônico ligar para dom Mintegui. Aguardamos a volta dele juntos, na solidão fria da pequena casa, em alerta e preocupados com as notícias que ele traria.

Ao retornar, seu Domingos falou baixinho com minha mãe, e informou que o contato de dom Mintegui em Porto Alegre havia confirmado que o meu pai não estava mais naquela cidade. Minha mãe sentiu um alívio momentâneo e entendeu que ele deveria estar em outro lugar, fora do alcance das Forças Armadas, que já noticiavam sua detenção.

Situações como aquela posteriormente forjariam em mim e em minha irmã, já adolescentes, os valores de legalidade, democracia e justiça. Faria-nos refletir sobre como, quando e por que tínhamos que viver no exílio, se os militares brasileiros é que haviam sido responsáveis por derrubar o governo legítimo presidido por meu pai.

Para entrar no ginásio, tive que jurar a bandeira e a Constituição uruguaias, cantar o hino daquele país, o que eu não havia feito pelo Brasil, e por isso, hoje, considero o Uruguai minha segunda pátria. Minha terra ficava cada vez mais distante de mim.

Naquela noite, fomos dormir mais otimistas e mais esperançosos. Depois do jantar, minha mãe nos disse que iria cedo ao posto telefônico ligar para o Brasil a fim de saber notícias.

Naquela época, os serviços de telefonia no Uruguai eram bem lentos. Se a telefonista avisasse que a chamada demoraria duas horas para ser completada, podia-se considerar sorte. Muitas vezes, com mau tempo, era impossível determinar quanto tempo levaria para a ligação ser feita.

•

A manhã do dia 4 de abril nos brindou com um céu azul brilhante e límpido de outono. Fazia frio, mas o sol acariciava e esquentava nossa pele. Era um daqueles dias típicos em que acordamos com mais vontade de viver, com ainda mais energia para seguir em frente e superar os desafios.

Quando saímos da casa, percebi que havia mais gente do lado de fora. Minha mãe conversava com dom Mintegui e dona Nela em um canto da varanda. Agitação e expectativa pairavam no ar, e minha mãe, esperançosa, insistia em perguntar se havia possibilidade de meu pai chegar.

Dom Mintegui não quis afirmar, mas deu a entender que se os planos não tivessem sofrido nenhuma mudança, ele de fato poderia chegar.

Enquanto outras providências seriam tomadas, fomos almoçar na casa de um dos vizinhos de dom Mintegui em Solymar. Ele iria à Base Militar de Pando, onde pousaria a aeronave que possivelmente estaria trazendo o ex-presidente, segundo informações do governo uruguaio. Só então o Ministério do Interior poderia fornecer a proteção de "exilado político" ao cidadão João Belchior Marques Goulart.

•

Quando voltamos para a casa depois do almoço, um mar de jornalistas e curiosos nos aguardava. Nunca houve tanta movimentação naquele balneário. Descemos do carro e alguém gritou que meu pai tinha chegado e que já estava dentro da casa nos esperando.

Corri imediatamente para dentro de casa e me agarrei na perna de meu pai, que estava sentado à mesa de jantar na pequena sala. Enfim estávamos todos juntos.

Reencontrar meu pai fez reacender em nós a esperança de viver novamente em segurança, deixando de lado o temor pelo que poderia ter acontecido com ele, dias antes, quando não sabíamos de seu paradeiro.

Ele nos abraçou e disse.

– Não se preocupem, agora estamos todos juntos!

E assim começou o exílio da nossa família.

3. Solymar
Uma casinha, um sonho e desafios futuros

No dia seguinte, Jango esperou que eu e Denize acordássemos e nos preparou café com leite para bebermos juntos antes de sair para dar entrevistas aos jornalistas que se amontoavam lá fora. Tranquilo, acariciou nossas cabeças e tentou explicar, de uma maneira simples, o que havia acontecido nos últimos dias.

– Teca, traz as bolachinhas daí da cozinha e senta aqui para falarmos com as crianças – disse meu pai.

Sentamos os quatro na pequena sala, enquanto, da porta de casa, seu Domingos definia uma ordem para os jornalistas que em seguida iriam entrevistar meu pai.

– Olhem, meus filhos, houve um conflito político no Brasil e nós vamos ter que passar um tempo aqui até podermos voltar. Mas não se preocupem, porque o pai e a mãe estarão aqui com vocês.

– Mas, pai, tu não és mais presidente, então? Quer dizer que vamos poder pescar por mais tempo? Tu tinhas me dito que só sairias da presidência quando eu tivesse 9 anos, e saíste antes.

– É, meu filho, acontece que o Congresso lá no Brasil me deu uma licença para sair antes e agora teremos mais tempo para ficar juntos.

– Mas por que não trouxemos para cá o Bacon e a Pinky, que ficaram em casa? Eu queria que eles estivessem aqui. O cachorro do policial que fica aí fora na moto ainda não vem comigo e o de dona Margot só fica lá na casa dela.

– Com o tempo ele vai vir, João Vicente.

– Meninos, vamos comer e tomar o leite. Depois daremos uma volta para conhecer a praia – disse minha mãe, tentando deixar meu pai mais à vontade para dar as entrevistas.

Antes de sairmos, vi meu pai conversando com Maneco.

– Presidente, o senhor me desculpe, mas eu não podia mais receber a sua ordem de voltar para o Brasil. Não havia mais condições técnicas de retornar. O senhor seria preso; acabei de receber notícias de que a pista de grama da Granja São Vicente, em São Borja, foi lavrada com tratores e tomada pelos militares.

– Não te preocupes não, Maneco. Agiste bem. Falei aquilo no auge da emoção e o Assis Brasil também apoiou tua decisão. Aliás, fala com o Mintegui para providenciar a volta dele, para que os golpistas não o declarem desertor. Ele só veio até aqui cumprir sua missão constitucional.

Conforme conversas posteriores que tive com Maneco, soube que a viagem de meu pai foi muito agitada. Depois de nos deixar no aeródromo de Melilla, Maneco voou por mais duas horas e meia, direto para uma fazenda de Santa Luiza, no interior do Rio Grande do Sul. Era lá que meu pai estava, desde o dia anterior, na companhia do general Assis Brasil, esperando a posse de Ranieri Mazzilli, para assim configurar o golpe de Estado, enquanto o presidente constitucional ainda estava em território nacional. Ao saber por Maneco que nossa chegada a terras uruguaias tinha corrido bem, ele ficou mais tranquilo e retomou a conversa com todos em volta do fogo de chão, escutando as ponderações do general e de Maneco.

– Presidente, minha obrigação como chefe da Casa Militar é acompanhá-lo até o exílio, voltar e apresentar-me ao novo governo. Acho que o senhor não pode mais permanecer em território nacional. As unidades militares já estão em operação de prendê-lo; em dois ou três dias chegarão aqui – disse o general Assis Brasil.

– Pois é, Assis, tu sempre foste um militar digno, mas faltou uma comunicação mais transparente sobre a situação militar. Olha só onde nós estamos, eu e tu, sozinhos, perseguidos por teus companheiros de farda, acuados como delinquentes e correndo o risco de ser presos. E tu nada sabias dessa conspiração! Eu vou seguir o meu caminho, mas acho melhor o Maneco te deixar perto de alguma estrada amanhã para que possas voltar e apresentar-te ao quartel – argumentou meu pai.

– Presidente, eu vou até o exílio com o senhor, é minha obrigação.

– Mas acho que ainda vou ficar no Brasil mais um tempo. Tenho uma terrinha perto de Goiás que não conheces; acho que vou passar um tempo lá, enquanto a situação política não se esclarece – falou Jango.

– O senhor vai ser preso entre hoje e amanhã, se não sair imediatamente do país. O Ranieri Mazzilli já foi empossado de madrugada, já temos outro presidente – afirmou ele.

– Mas essa foi uma manobra ilegal, Assis. Sabes que o Congresso não podia ter feito isso. Antes de sair de Brasília, o Darcy comunicou, a meu pedido e através do Doutel, que ainda me encontro dentro do território nacional.

– Presidente, até o avião que o traria a Porto Alegre foi sabotado em solo e o senhor teve que partir em um bimotor a hélice. A FAB poderia abatê-lo! O senhor ainda acha que tem condições de permanecer aqui no Brasil?

– Pois é, Assis, esta noite ainda vamos esperar algumas notícias pelo rádio de onda curta. Amanhã decidimos o que fazer – disse meu pai.

– Maneco, como estás de combustível no 310?

– Fiz abastecimento completo em Melilla, presidente, estamos com 4h15 de autonomia.

– Vamos ver, então. Traz o rádio, Maneco, e vamos ficar ouvindo as notícias madrugada adentro.

Quase não dormiram nessa noite. A casa da fazenda ainda não tinha sido concluída e eles ficaram nos quartos dos galpões escutando aquele rádio Zenith. Ainda me lembro do meu pai ouvindo esse rádio lá em Solymar.

Ao amanhecer, tropeiros foram avisar que no dia anterior tinham ouvido movimento de jipes e caminhões militares na costa do Iguariaçá, rio que fazia divisa com a fazenda de minha tia Regina e perto de onde eles estavam, portanto, não era recomendável permanecer mais tempo na Santa Luiza.

Meu pai, então, pediu a Maneco que decolasse para o "Pesqueiro", uma pequena área de terra na beira do rio Uruguai, onde ele costumava descansar e pescar. Maneco ponderou que a pista de 400 metros e de chão batido era curta para aterrissarem com o bimotor Cessna 310, com os tanques cheios. O risco maior não era pousar, e sim decolar, e qualquer erro poderia ser fatal. Não haveria outro avião e a saída para o exílio ficaria comprometida. Meu pai disse a ele que queria ir lá para tomar um banho e colocar gravata, para a eventualidade de ter que ir para outro lugar. Mesmo sendo contra, Maneco aceitou, e os dois, acompanhados do general Assis Brasil, decolaram para o "Pesqueiro".

O pouso foi perfeito, pois o vento estava favorável no sentido da pequena pista. Meu pai ficou olhando o rio Uruguai por um tempo, tomou banho na pequena casa de madeira e disse a Maneco e ao general que queria ir até outra fazenda em Itaqui e só depois decidir seu destino. Eram meio estranhas essas idas e vindas de fazenda em fazenda. O tempo estava se esgotando, e o cerco, se fechando.

Decolou à tarde para a Cinamomo, uma fazenda só de gado e com uma casa velha onde ficavam os peões. O general estava inquieto, assim como Maneco, pois as notícias da madrugada davam a entender que a captura de Jango era iminente. Segundo Maneco, naquela

JANGO E EU, MEMÓRIAS DE UM EXÍLIO SEM VOLTA

última noite, o semblante do meu pai estava tomado pela melancolia. Seu olhar perdia-se pelos Pampas gaúchos, e ele estava calado, coisa rara para ele.

Jango talvez estivesse revendo flashes de sua vida: a infância no campo; na casa em São Borja com a mãe Vicentina, com o pai Vicente e com os irmãos, Fida, Yolanda, Tarcila, Neuza, Ivan e Maria; na cálida e confortável vida familiar do interior; na morte do pai e, depois, quando assumiu os negócios da família; na amizade com Getúlio Vargas; quando passou um dia na fazenda do presidente, em Itu, e onde aprendeu a conviver com o político, que o levou a entrar na política vinte anos antes.

Talvez estivesse recordando sua carreira meteórica, cujo início se deu como deputado estadual constituinte. E, depois, secretário do Interior e Justiça do governo Vargas, presidente do PTB-RS, deputado federal, ministro de Estado, presidente do PTB nacional, duas vezes eleito vice-presidente da República, presidente da República e defensor inabalável dos direitos dos trabalhadores, pelos quais havia lutado. Foi ele, na condição de ministro, que dobrou o salário mínimo; e em seu governo outorgou o 13° como obrigação de resgate da cidadania.

Naquela noite as estrelas brilhavam na Cinamomo, enquanto pensava em seu destino e no futuro do povo pelo qual nunca renunciou à luta. Não poderia imaginar que não o veria mais e que, 12 anos depois, entraria para a história daquele país.

Muitas vezes os homens captam os sinais de seu destino. Quem sabe, naquele momento, Jango estava se preparando espiritualmente para trilhar o caminho que lhe seria imposto à força?

Ao tentar ir para outro estado, ao evitar embarcar para o exílio, parecia que não queria ter as raízes arrancadas de sua terra.

– Vamos, presidente? As estrelas de ontem tendem a não permanecer no céu. Está entrando uma frente com vento norte e temos que partir para evitar imprevistos na rota até Montevidéu.

– Vamos, sim, Maneco. Está na hora!

Subiram no Cessna 310 e meu pai lançou um último olhar para sua terra. Só restou a esperança de um dia retornar. Foi a esperança que o manteve vivo no exílio, foi ela que lhe garantiu a sobrevivência. A esperança de voltar era uma janela. Longínqua, porém aberta, que ele esperava um dia atravessar.

A viagem ao Uruguai foi agitada e marcada por diálogos nervosos em razão da imprevisibilidade dos acontecimentos.

Maneco, após decolar novamente de uma fazenda no meio do Rio Grande do Sul, manteve o bimotor em baixa altitude, sobrevoando as estradas muitas vezes trilhadas por Jango em sua adolescência, para não ser visto por aviões da base de Santa Maria. Passados cerca de cinquenta minutos, ao atravessar a fronteira do Uruguai, ele exclamou:

– Presidente, já estamos em território uruguaio! Não podem mais nos abater!

– Pois é, Maneco, vai saber o que nos espera daqui para a frente!

Maneco então subiu para 8.500 pés e comunicou às autoridades uruguaias que levava a bordo o ex-presidente do Brasil. Pediu também instruções de voo e de rota, uma vez que, até aquele momento, encontrava-se fora do corredor aéreo e sem plano de voo.

Voaram por uma hora e meia até se aproximarem do aeroporto de Carrasco, onde Maneco entrou em contato com o controle de tráfego aéreo para saber das instruções.

Surpreendentemente, o controle do aeroporto não autorizou que o pouso fosse feito ali e deu instruções para aterrissagem na Base Aérea Militar de Pando, onde as autoridades civis e militares aguardavam o ex-presidente e dariam prosseguimento às formalidades de entrada no país e concessão de exílio.

– Que é isso, Maneco? Volta imediatamente para o Brasil! Se tenho que me entregar aos militares uruguaios, prefiro me entregar no Brasil! – ordenou meu pai.

– Agora é impossível, presidente, nunca deixei de obedecer uma ordem sua, mas esta eu não vou cumprir. Não temos mais condições de retornar ao Brasil.

O general Assis Brasil também tentou tranquilizar meu pai, dizendo que aquela mudança devia ser um procedimento de praxe para alguma formalidade.

– Que formalidade que nada, Assis, só falta agora eu ser preso aqui no Uruguai – disse meu pai.

Em 4 de abril, o avião que levava a bordo o ex-presidente do Brasil pousou em solo uruguaio. No aeroporto militar de Pando estavam inúmeras autoridades, que desviaram a rota do bimotor não para prendê-lo, mas sim para homenageá-lo.

O Uruguai nos recebeu de braços abertos, quase com orgulho, dada a sua longa tradição democrática. Lá, naquela época, se respirava democracia e legalidade, e o povo uruguaio nos recebeu com carinho e admiração pela luta de Jango a favor dos humildes.

•

Quando saímos para a varanda da pequena casa de veraneio em Solymar, os repórteres fizeram fila e foram se acomodando para a primeira entrevista do ex-presidente no exílio. Eu, minha irmã e minha mãe escapamos de fininho e tomamos a rua de terra que nos levaria até a praia e ao sol de abril.

Pegamos alguns poucos apetrechos de praia, pois não havíamos levado nada na viagem. Como aventureiros, caminhamos entre os pinheiros – ali, muitas pombas e pequenos pardais – rumo à areia e às dunas de Solymar. Ainda não sabíamos, mas a paisagem da praia passaria a habitar o cotidiano de nossa família – até mesmo no inverno. No frio, usávamos os *pinos* de Solymar para atear o fogo da lareira. Foram invernos duros os que viveríamos, com eles, bravos pinheiros, que nos fizeram companhia e nos aqueceram no exílio. A praia de Solymar é uma das minhas mais preciosas lembranças do Uruguai.

Depois de caminhar entre as dunas e os pinheiros, chegamos ao mar. Com a brisa relativamente fria de abril, a praia estava nua, deserta sob o sol cálido daqueles dias de Solymar. Logo a comparamos com as praias do Rio de Janeiro. A areia de Solymar era mais grossa, continha mais restos de conchas e, ao pisar nela, afundávamos mais os pés, o que dificultava a caminhada. A maresia era muito mais forte e a vista se prolongava muito mais naquele pequeno balneário.

A água é escura e agitada naquele ponto do rio da Prata, estuário que banha Montevidéu e Buenos Aires após o delta dos rios Uruguai e Paraná, dirigindo-se ao mar e chegando a Punta del Este, onde deságua no oceano Atlântico. Um mar agitado, na sua essência e mais ainda em minha memória.

Recordo-me de minha mãe, de mim e minha irmã observando aquele mar, brincando naquelas areias grossas, olhando a distância infinita como se a nossa visão pudesse avistar a costa brasileira. Esse desejo do retorno à pátria alimentou a nossa fé e nos deu força para esperar pelo retorno. Essa esperança nos acompanhou durante 12 anos e meio e nunca nos abandonou.

À tarde, de volta à pequena casa, meu pai ouvia as notícias do Brasil pelo rádio e já pensava em nos levar para Montevidéu. O golpe era uma realidade e nós éramos uma família desterrada. Mas a vida tinha que continuar. O Uruguai seria nossa segunda pátria.

Não podíamos mais permanecer na pequena e aconchegante casa daquele balneário de Solymar. Tudo o que era novo tornou-se ânsia e preocupação. A vida era uma incógnita. Os dias se sucediam e as notícias se complicavam. O Brasil ficava cada vez mais distante. Já não era mais uma quartelada, e vários atos institucionais foram decretados pelo regime militar.

Meu pai agradeceu muito a dom Mintegui e disse que precisava estar mais perto das notícias. O balneário de Solymar ficaria para sempre gravado na nossa memória, assim como nossa chegada ao Uruguai. Guardaríamos as lembranças do cheiro da mata, das sombras e das luzes misturadas às imagens da areia, dos pombos, dos pequenos roedores típicos de lá, dos cogumelos de pinheiros que tirávamos das árvores e botávamos em vinagre.

4. Hotel Columbia
A preparação após Solymar para enfrentar o exílio

O Hotel Columbia era novo e imponente naquela época. Tinha muitos ambientes, como bares, restaurantes, espaço para shows no subsolo e estava localizado em frente ao rio da Prata. Foi lá que ouvi tango pela primeira vez e me apaixonei pelo argentino Carlos Gardel e pelo uruguaio Julio Sosa.

O Hotel Columbia foi nossa segunda casa no exílio. Ficamos instalados em dois quartos com vista para o mar, lado a lado, um para meu pai e minha mãe, e outro para mim e Denize. Às vezes uma visita do Brasil ficava hospedada em nosso quarto.

Até hoje tenho saudades do velho Columbia. Há mais de dez anos passei por lá e ele continuava igual. Hoje está reformado, um pouco diferente, mais moderno, como me contou meu filho Marcos, que mora em Montevidéu com meus netos uruguaios João Martín e Júlia Goulart.

Nunca esqueci as fotos de várias capitais do mundo que havia em todos os andares, ao lado dos elevadores. Num deles havia a foto do Rio de Janeiro, minha cidade natal, e eu sempre parava nesse andar para admirá-la. Era como se, com a distância, eu começasse a dar valor à cidade, sem saber que voltar a ela sem meu pai seria tão doloroso. Era como se eu pressentisse as dificuldades que estariam por vir. Eu, apenas uma criança, já começava a entender o que era a saudade de casa. O exílio, discretamente, começava a cochichar em nossos ouvidos que o futuro não seria nada fácil.

•

A entrada do hotel curiosamente não era de frente para a Rambla, e sim na rua de trás, na Ciudad Vieja. Para ir até a Rambla, era preciso descer de elevador até o subsolo e ir até a praia. Havia muitos diques e o mar encostava-se nos muros da Rambla. É um dos lugares mais pertos do porto de Montevidéu, uma espécie de Malecón cubano naquela altura, mas era bonito de caminhar, apesar do vento gelado e do frio que enfrentaríamos dali para a frente nos invernos.

Era fim de abril. Eu tinha 7 anos, e meu pai queria caminhar e falar comigo, talvez conversar sobre tudo o que estava acontecendo, por se sentir um Golias abatido em uma odisseia muda.

– Sabes que tu e tua irmã vão ter que começar a ir ao colégio aqui no Uruguai. Mas não te preocupes, João Vicente, estaremos sempre juntos. Por enquanto a situação no Brasil não me permite voltar. Nós somos uma família e vamos ficar um tempo no Uruguai, até a situação melhorar. Estão fazendo comigo uma injustiça, mas não é por isso que eu vou voltar ao Brasil.

– O que fizeram contigo, pai? Eu sei que não és mais presidente, mas não vamos nunca mais poder voltar ao Brasil?

– Não, por enquanto. Sobre não ser mais presidente, tenho que esperar as resoluções do novo governo – como te disse, é uma licença. Não sei até quando terei que ficar aqui. Vocês e sua irmã terão que esperar comigo e tua mãe. As coisas vão ficar mais apertadas, não sei até quando. Mas o Uruguai é um país muito amigo e que está nos recebendo muito bem. Vais ver que aprenderás a falar espanhol, mas vais ter que começar a ir a um colégio por aqui, conhecer novos colegas e construir novas amizades.

– Mas e meu colégio, Dom Bosco, não vou poder mais ir lá?

– Não, João Vicente. Vais ter que estudar em um colégio aqui no Uruguai até que as coisas se amansem, mas não vai demorar. Tu por enquanto não vais entender o que está acontecendo com o teu pai, mas esteja certo de que eu sempre te amarei e te protegerei, mesmo aqui no Uruguai e não mais sendo presidente do Brasil. Essas coisas vão e vêm, o importante em nossas vidas é sermos pessoas que entendem sempre o que são as injustiças.

Na hora não entendi a dimensão do que meu pai falava. Talvez até hoje o sentido esteja muito além daquele momento profundamente injusto, de um fel que, apesar do amargor, não se transformaria em ódio ou incompreensão – mas sim em altruísmo de alguém que, como ele, sabia de seu destino. Talvez, desde o início, meu pai entendesse que o tempo existe para os fortes, que não temem os desígnios da história e são contra a prepotência dos covardes que soterram a liberdade e a democracia. Ele continuou:

– O trabalho é a força do homem, meu filho. Nada tirarão de mim que eu não possa recuperar com trabalho. Se tiver que cavar com uma enxada, estarei cavando com os camponeses brasileiros. Se tiver que arrancar lajes ou pedras com as mãos, com as mãos estarei do lado dos pedreiros. Se tiver que defender os estatutários, estarei defendendo o Estado Brasileiro. E se tiver que voltar à lide dos rebanhos, vou lembrar sempre de meu pai, o coronel Vicente, que me ensinou a ser campeiro e estar ao lado dos humildes, no galpão, tomando um chimarrão com a peonada, antes da campeada.

O frio realmente chegava aos ossos, durante aquela caminhada pela Rambla. Hoje, lembro-me de suas palavras e me agiganto, ao recordar, de nós dois, naquele frio e naquele vento. Ele me dizia:

– Se tiver que pegar numa enxada, eu pego!

O Uruguai sempre será semente de nossas conquistas. Naquele momento, era preciso reconstruir a vida. Nossos bens no Brasil estavam todos bloqueados.

●

No início do exílio, estar hospedado no Hotel Columbia permitia ao meu pai receber vários exilados que iam chegando a Montevidéu. A ditadura no Brasil ia cassando, banindo e excluindo todos aqueles que tinham lutado no governo João Goulart pela implantação das reformas de base, todos aqueles que resistiram e se posicionaram a favor da liberdade, do direito e do desenvolvimento social. Meu pai conversava com quem chegava lá na clandestinidade, e a organização dos exilados de certa forma começou ali.

Algumas vezes fui com meu pai e dom Domingos ao café Sorocabana, na 18 de Julio, onde encontrávamos muitos brasileiros que buscavam uma forma de resistir à ditadura. Falava-se de tudo: luta armada, luta política, conspiração etc.

É claro que o Sorocabana logo passou a ser vigiado pela espionagem brasileira, que começava a temer o surgimento de algum movimento de resistência a partir do Uruguai.

Lembro-me de meu pai, em reunião com alguns amigos brasileiros no hotel, dizendo que estava na hora de começarem a trabalhar, a reconstruírem a vida, enquanto aguardavam notícias melhores do Brasil e sentiam sua esperança definhar.

Desde criança, meu pai teve contato com o setor primário, trabalhou na fazenda e com criação de gado, onde construiu sua vida antes de entrar na política.

Em 1944, Jango já entregava para a Swift Armour, em Livramento, 30 mil novilhos gordos de sua propriedade. Desde muito moço era invernador de gado. Não gostava de cria, só de boi. Ali em Montevidéu não havia quem conhecesse mais sobre pecuária do que ele. Sabia de longe o peso de uma rês só de olhar para ela, errava no máximo cinco quilos para mais ou para menos.

•

No Brasil, as Forças Armadas já haviam dado início às investigações contra Jango, e todos os seus bens e negócios estavam *sub judice*. Ele estava preocupado em como iríamos sobreviver dali para a frente.

Teve bons amigos que, apesar de não quererem aparecer, o ajudaram naquele momento, como seu ex-ministro Moreira Salles, que lhe emprestou dinheiro naqueles primeiros meses.

Todos pensavam ainda que o exílio seria curto, talvez até o ano seguinte, quando haveria uma nova eleição, de acordo com a promessa feita por Castelo Branco.

Isso, no entanto, não aconteceu. Vários políticos que esperavam essa eleição para se candidatarem se autoflagelaram e foram cassados também. O próprio Juscelino Kubitschek, que havia votado em Castelo Branco, passou a ser vítima da ditadura.

Jango sabia que aquela não era apenas mais uma quartelada, e sim um golpe de Estado com envolvimento dos Estados Unidos, cuja quarta frota havia sido deslocada para a costa brasileira a fim de combater uma possível resistência, que não houve, pois Jango preferiu evitar derramamento de sangue entre seus conterrâneos. Aliás, esse é um de seus grandes méritos, pois, se tivesse resistido, haveria uma luta prolongada e muito provavelmente o país seria dividido entre Norte e Sul, como era praxe na política da Guerra Fria praticada pelos Estados Unidos. Foi o que ocorreu, por exemplo, na Coreia, no Vietnã e também na Alemanha após a guerra. Jango conservou a territorialidade de nossa pátria com um ato gigantesco que pegou até os americanos de surpresa: a renúncia a si mesmo em nome do Brasil.

À medida que o regime ditatorial se consolidava no Brasil, foi diminuindo a quantidade de amigos que ele recebia para reuniões no Hotel Columbia. Alguns deixaram de ir por medo, outros, por conveniência mesmo. Ser amigo de Jango era perigoso e podia levar a pessoa a ser tachada de subversiva.

Por muito tempo eu ouvi amigos e colegas dizerem que meu pai era subversivo, comunista, derrocado, perseguido por autoridades brasileiras, banido de sua terra. Se voltasse, seria preso por atos ilícitos praticados contra a pátria. Ouvia todas essas coisas em silêncio, pensativo. Algumas vezes perguntei a ele se aquilo tudo era verdade, e ele sempre tinha uma palavra de carinho e uma explicação correta dos desígnios da vida para me oferecer. Jango sempre esteve convicto de sua luta pelos trabalhadores brasileiros e pelos mais humildes e me explicou que esse era o preço a ser pago pelos que lutam por justiça social, econômica e política.

Tempos depois me questionei da realidade sobre a palavra subversivo, quem eram os verdadeiros subversivos, meu pai ou aqueles que subverteram nossa Constituição, ferindo-a, rompendo-a, traindo-a e desrespeitando-a nos mais elementares princípios democráticos da autodeterminação de seu povo, derrubando um governo legítimo pela força e prepotência dos coturnos e fuzis e implantando uma ditadura feroz, que matou, perseguiu, torturou e fez pessoas desaparecerem em nome do Estado brasileiro, fechou o Congresso Nacional, implantou a censura e perpetuou-se no poder. Temiam o voto. Temiam os democratas progressistas. Temiam Jango.

Por anos, uma pesquisa feita pelo Ibope foi escondida nos escaninhos da Unicamp. Segundo ela, quando ocorreu o golpe, Jango tinha aprovação da maior parte da população brasileira, e, se pudesse concorrer em 1965, venceria as eleições, perdendo para Juscelino apenas em Belo Horizonte e Fortaleza.

Mas deram o golpe de Estado, no começo chamado de "Revolução", levando à derrota do comunismo, que comia criancinhas e iria socializar os meios de produção. Arrancaram o governo democraticamente estabelecido e privaram o povo de sua liberdade. Foram necessários 21 anos para restaurar a democracia. Então, quem eram os subversivos?

Eu era apenas uma criança que não entendia por que teria que aprender a ler em outra língua que não era a minha e demorei a chegar à resposta. A verdadeira história, para aqueles que não a conheciam, demorou a ser contada, mas veio à tona. Lamentavelmente, meu pai, Jango, já não estava mais aqui para ver.

5. Um endereço definitivo
Leyenda Patria 2.984, terceiro andar, Villa Biarritz

Ficamos hospedados no Hotel Columbia por uns dois meses, até alugarmos um apartamento no bairro de Pocitos, onde moramos até 1971, quando compramos uma casa no Parque de Los Aliados. O Columbia ia ficando para trás. Não éramos turistas nem residentes, não podíamos voltar, mas não tínhamos documentos e precisávamos levar a vida adiante.

Acho que o velho Hotel Columbia ficou para sempre na memória de meu pai. Muito tempo depois, mesmo já estabelecido em Montevidéu, Jango, de vez em quando, saía de carro comigo e ia ao Columbia tomar um uísque perto daquele janelão com vista para o mar. Seu olhar se perdia no infinito, enquanto ele conversava sobre coisas sem muita importância, como se isso pudesse esconder o seu olhar distante e vago.

Nesses papos superficiais, ele costumava falar sobre futebol. Perguntava por que eu torcia para o Nacional. Eu me exaltava e defendia meu time tricolor uruguaio e argumentava que a equipe era a melhor. Ele virou Peñarol.

Lembro que ele ria, gostando do debate que eu inocentemente defendia. Eu estava empolgado com a vida no Uruguai, com os novos amigos e o colégio, e ele me olhava com doçura, embora sentisse saudades do Brasil e dos amigos que tinha deixado por lá.

Depois das conversas no bar, descíamos para assistir às apresentações de tango, e ficávamos horas vendo os casais dançando. Seus passos harmoniosos pareciam mágicos e nos encantavam.

No exílio pude conhecer melhor meu pai e seu jeito humano de tratar as pessoas, seu olhar peregrino e a imensa saudade que ele sentia de sua terra natal.

No Uruguai muitos o chamavam de *doctor Goulart, ex-presidente del Brasil*. E ele carinhosamente chamava os garçons de "gordo". Muitos dos amigos brasileiros que o visitavam no exílio sumiram, e isso era muito doloroso para ele, embora não o demonstrasse.

No exílio, há uma diferença entre pais e filhos. Eu e Denize fazíamos amigos a cada dia na escola, e essas amizades permanecem vivas até hoje em nossa memória. Meus pais, por outro lado, em vez de fazer novos amigos, os perdiam.

Leocádio Antunes foi o amigo de meu pai que conseguiu o apartamento onde viemos a morar durante muito tempo na rua Leyenda Patria 2.984, Edifício Fontaineblau. Ele tinha alugado o imóvel e cedeu o contrato para nós. Leocádio foi um amigo sincero que sofreu por manter a amizade com meu pai, mas nunca desistiu dele, nem demonstrou medo ou agiu com covardia. Nunca o esquecemos.

Deixamos o Hotel Columbia e nos instalarmos num apartamento em Villa Biarritz, que ainda hoje continua sendo um lugar aprazível. Lá estávamos perto de muitos amigos, como Waldir Pires, Darcy Ribeiro, Maneco Leães, Amaury Silva entre outros, que foram morar nas redondezas após o golpe. Entre a Leyenda Patria e a Rambla existia vida, existia um recomeço que abraçamos com todas as forças que o exílio permitia.

Em Villa Biarritz havia um parque repleto de árvores grandes, que até hoje estão lá, como o umbuzeiro com um grande buraco no tronco, no qual passávamos horas escondidos brincando. Doces lembranças. Havia também um clube em construção, o Biguá de Villa Biarritz, do qual viramos sócios e onde brincamos e praticamos alguns esportes. Bem na frente do apartamento havia duas quadras de saibro, em que tentei aprender tênis por vontade de minha mãe. Como não gostava muito do esporte, logo desisti.

Até hoje Pocitos é um bairro de classe média alta de Montevidéu, e foi lá que recomeçamos nossa vida, diferente de tudo com o que estávamos acostumados. Teríamos que aprender a ser uruguaios, não por opção turística ou vontade própria da liberdade, que permite a quem quer que seja mudar de país para buscar uma alternativa de vida.

A região Parque Villa Biarritz é bonita. A rua Leyenda Patria se estende desde as esquinas de Ellauri e 21 de Setiembre e atravessa um parque enorme, chegando à rua Vásquez Ledesma, onde morava o dr. Waldir Pires com os filhos Christina, Waldimir, Lidia, Vivian e Francisco, nossos amigos até hoje.

Waldimir, primeiro filho homem do dr. Waldir, ainda era muito novo quando a família partiu para o exílio. Após sair do Uruguai com o dr. Waldir e morar alguns anos na França, voltou ao Brasil. Bastante abalado emocionalmente, o rapaz acabou cometendo suicídio. Só nós, amigos de fé e de infância, podemos imaginar o porquê.

Lembro que fomos matriculados na Erwy School. Um colégio inglês rígido, onde no turno da manhã era cumprido o currículo oficial do Ministério da Educação uruguaio e no turno da tarde eram ministradas aulas em inglês.

Fomos matriculados em regime de semi-interno: íamos de manhã para as aulas do ensino primário, almoçávamos e à tarde assistíamos às aulas em inglês. Recordo que naquela época senti muita diferença do sistema de ensino do Colégio dom Bosco, no qual estudava em Brasília.

Na Erwy cursei novamente o primeiro ano, porque precisava aprender espanhol, e não foi nada fácil. Entre o quinto e o sexto ano, consegui fazer a prova de ingresso ao ginásio e pulei o sexto primário.

Em nosso primeiro dia de aula na escola, Jango acompanhou a mim e a Denize, junto com minha mãe.

Não era um presidente que levava os filhos para a escola, e sim um homem comum, um pai amoroso, e até hoje guardo essa imagem com carinho no coração.

O calor do beijo que hoje transmito aos meus filhos, sem dúvida, é a grande herança que tive do calor humano de meu pai.

•

A escola Erwy tinha arquitetura antiga, tradicional, e era rígido comparado aos padrões brasileiros. Lembro que tive dificuldade de me adaptar ao uniforme, composto de calça curta azul-marinho, camisa celeste, gravata azul e paletó também azul-marinho. No frio, usava-se um suéter de gola em V por baixo do paletó, o que me incomodava.

Às sete e meia da manhã, o ônibus escolar, que chamávamos de o "ônibus de José", passava para nos pegar. Ia com uma assistente, Miss Mary, que nos levava todos os dias para o colégio e nos trazia de volta para casa de tarde.

Devíamos chamar todas as professoras de "miss". No começo estranhamos a comida e a rigidez dos métodos, como a formação da fila para cantar o hino da escola diariamente. A diretora e dona do colégio, Illa Erwy de Fernández, era uma fera, e, de vez em quando, aparecia antes do hino para dar algum sermão. Quem não fazia silêncio enquanto ela falava era obrigado a fazer flexões de braço. Na época achávamos chato, mas até hoje fazemos parte de uma turma da Erwy School que se reúne duas ou três vezes por ano em Montevidéu.

•

Montevidéu ainda hoje é uma cidade muito tranquila, e pouca coisa mudou com o tempo. Quando vou para lá, caminho pela Leyenda Patria e relembro detalhes dos momentos que vivi, dos buracos nos troncos das árvores e dos perfumes de cada lugar. As ruas, as calçadas, a ebulição interna da alma vão enchendo a memória e os cheiros nos transportam ao passado, aproximando-nos dos amigos que se foram, mas estão presentes no vento, nas cores e na cálida memória que nos abraça.

Eu ainda não falava espanhol e estava com o seu Domingos caminhando em uma manhã de sol na praia La Estacada, pulando de pedra em pedra, quando conheci o Gabriel, que se tornou meu primeiro amigo uruguaio. Ele estava pescando com a mãe. Não dava para tomar banho naquela praia, pois, além das pedras, havia muitos anzóis perdidos. Uma das manias dos guris era recuperar anzóis perdidos nas pedras e nos mexilhões que existiam ali.

Em geral, pescavam-se corvinas, papa-terras, sargos e tainhas, dependendo da salinidade da água. Como ali é o rio da Prata, de acordo com a estação do ano e com os ventos havia mais ou menos água salgada.

Por intermédio do Gabriel fui conhecendo outros amigos do bairro: Germán, Román, Julio César e outros que não iam ao meu colégio, mas ao Suárez, uma escola pública na rua Ellauri.

No Uruguai, as escolas públicas são tão boas quanto as particulares, ou até melhores, e oferecem transporte gratuito aos alunos. Na passagem do sexto ano primário para o ginásio, os alunos do sistema público não precisam se submeter à prova oficial para ingresso. O Uruguai construiu um sistema educacional sério e, já naquela época, não tinha índices de analfabetismo, o que é motivo de muito orgulho para seu povo.

•

A sala do apartamento da rua Leyenda Patria vivia cheia de políticos uruguaios, de gente que trabalhava no Brasil com Jango, de exilados fugindo da perseguição da ditadura, de pessoas que meu pai nem conhecia e que iam oferecer negócios mirabolantes, porque achavam que ele estava com muito dinheiro. E também de jornalistas e curiosos.

Apesar da inquietação com o retorno ao Brasil, meu pai era uma pessoa tranquila e alugou um escritório no centro, na rua Cerro Largo, para começar a trabalhar em alguma coisa. Castelo Branco havia prometido eleições para 1965, o que gerou expectativa sobre a volta ao país. Se houvesse essa eleição, mesmo Jango estando cassado, o novo presidente democraticamente eleito, uma vez empossado, teria que anular os atos institucionais e retomar os caminhos da democracia. Talvez tenha sido por isso que ele esperava tomar uma decisão só depois que essas promessas fossem cumpridas pela ditadura. No entanto, isso nunca aconteceu, e os ditadores se perpetuaram 21 anos no poder. Mas, no começo, havia a esperança de que tudo mudasse rapidamente. E foram chegando outros exilados, como Darcy Ribeiro, Neiva Moreira, Amaury Silva, Waldir Pires, Ivo Magalhães, Cláudio Braga, Cailar e outros.

Alguns não encontravam emprego e as dificuldades se multiplicavam. Muitos retornaram e se expuseram às consequências; outros não eram exilados ou cassados, mas temiam ser perseguidos por terem participado do governo João Goulart, mesmo em cargos que não eram do primeiro nem do segundo escalão.

Ao chegar, eram recebidos por esse grupo de exilados principais e, uma vez sondadas as informações militares do Brasil, eram convencidos a retornar, pois nada havia contra eles. O coronel Azambuja, conhecido como Cocota, que havia sido um dos oficiais no gabinete presidencial de Jango, tinha trânsito livre entre o Brasil e o Uruguai e atuava como uma espécie de termômetro na área militar. Foi ele, por exemplo, que em 1973 me conduziu a Porto Alegre para fazer meu alistamento militar no Brasil, pois meu pai queria saber o que aconteceria, em vez de ir ao consulado brasileiro em Montevidéu.

Com o passar do tempo, fizemos mais amigos e nos acostumamos à nova vida no Uruguai. Para mim e minha irmã, o Brasil ia ficando cada vez mais distante e íamos esquecendo nossa vida pregressa. Nossos pais, entretanto, sofriam muito com a saudade de casa. Para nós não havia tragédia, e sim esperança e futuro, e em pouco tempo nos sentimos uruguaios.

No fim de 1964, como os inquéritos policiais militares não provaram nada contra Jango, os militares tiveram que devolver aos procuradores de meu pai todos os bens que haviam sido bloqueados logo após o golpe.

Jango contava com uma equipe de procuradores: o Bijuja, em São Borja; o dr. Waldir Borges, em Porto Alegre; o dr. Wilson Mirza, o advogado que o defendia nos processos políticos instaurados pelos militares; o Carlos Cunha, que cuidava de algumas coisas dele no Rio de Janeiro; o Luthero Fagundes, que cuidava dos terrenos urbanos de São Borja. Todos passaram a ir a Montevidéu com frequência para organizar o exílio, que, tudo levava a crer, se estenderia por mais tempo que o esperado.

Meu pai sempre aconselhava aos amigos exilados que se mantivessem firmes e dizia que os ajudaria a trabalhar, pois sabia que enlouqueceriam no exílio sem fazer nada. Outros preferiam conspirar contra o regime brasileiro, ao que meu pai sempre se opunha, até porque é ilegal conspirar dentro do país que lhe concedeu a condição de exilado.

Meu pai autorizou o Bijuja a vender a fazenda Tacuarembó, em Santiago, Rio Grande do Sul. Ele decidiu que não esperaria mais por nenhum sinal de abertura política no Brasil, porque, de certa forma, já sabia que o regime militar se prolongaria e que não haveria eleições em 1965.

E assim foi que, no início de 1965, com o dinheiro da venda da fazenda brasileira, Jango comprou sua fazenda do exílio, à qual deu o nome de El Rincón, e começou a trabalhar naquilo que fazia comercialmente desde guri: criar e invernar novilhos.

6. Os exilados

No começo, tudo era esperança para os brasileiros que aportavam na República Oriental do Uruguai. Muitos que haviam tentado se exilar na Iugoslávia, na Tchecoslováquia, no México, no Peru e em vários outros países acabavam indo para o Uruguai, por não encontrarem muitas formas de reconstruírem a vida nesses lugares. O Uruguai foi o país que recebeu o maior número de exilados, e, portanto, foi lá que a discussão política entrou em ebulição.

Eram tantos expatriados que muitas vezes não cabiam na sala de nossa casa, e precisavam se reunir em outro lugar.

Jango pediu ao Ivo Magalhães, ex-prefeito de Brasília, que depois veio a ser seu procurador no Uruguai, que se encontrasse com alguns empresários locais e buscasse uma solução para abrigar tanta gente que chegava por lá e não tinha onde ficar, onde comer, onde encontrar um trabalho caso preferissem ficar definitivamente no país. Um amigo de Ivo Magalhães, o Pedoja, conseguiu trazer um negócio que atenderia àquelas dificuldades e tornou-se sócio do empreendimento.

A solução foi arrendarem um hotel antigo na Ciudad Vieja, o Hotel Alhambra. Assim, o local abrigaria os companheiros que chegavam meio desorientados por aquelas bandas. Meu pai, todos os meses, enviava dinheiro para pagar as despesas do hotel para os exilados.

Jango pediu a Ivo que desse também uma mão ao Cláudio Braga, ex-deputado por Pernambuco, que participou, junto com Pedoja, do arrendamento. O Hotel Alhambra deve ter conquistado um lugar na memória de muitos brasileiros que passaram por lá.

Com no máximo duas estrelas, o hotel ficava em um edifício muito antigo – acho que mais velho que a maioria dos carros e casas de Montevidéu naquela época. No subsolo havia um grande salão, onde se faziam reuniões, muitas vezes acaloradas e com opiniões das mais diversas sobre como derrubar a ditadura brasileira. Acho que fui lá uma vez, acompanhando meu pai, e outra, uns dois ou três anos depois, para um baile de aniversário com a turma da Erwy School. Estava na quarta série primária, com 12 ou 13 anos, e a garotada começava a gostar de dançar com as colegas.

Acho que meu pai me levou à primeira reunião para, de certa forma, coibir os ânimos dos companheiros que queriam que ele aderisse à luta armada. Ele ia às reuniões, escutava, ponderava e não concordava, porque não aceitava o risco de colocar companheiros na luta fratricida e desigual enquanto ele estava no exílio.

A conspiração estava a pleno vapor em 1965. Conspirava-se a céu aberto, ou melhor, conspirava-se alto e bom som no Café Sorocabana, a quatro quadras do Hotel Alhambra. É claro que não podia dar certo, pois não demorou muito para os serviços de espionagem brasileiros passarem a frequentar o local e passar as informações daquele "grande núcleo de revolucionários" que queria derrubar a ditadura com cinco fuzis, duas armas de chumbo e muita coragem.

Hoje debatemos essas atitudes e lembramos historicamente o quanto Jango foi discriminado, tanto pela esquerda quanto pela direita. A direita o considerava um comunista feroz, amigo de Nikita Kruschev – com quem reatou relações diplomáticas e fez do Brasil um país independente – e de Mao Tsé-tung – com quem havia estado anos antes como primeiro líder ocidental a visitar a velha e desconhecida China, pregando a união dos povos asiáticos, africanos e latino-americanos. Dez anos depois, Nixon, então presidente americano, foi visitar a China comunista, pois dali para a frente seu país capitalista não poderia ignorar um mercado consumidor de um bilhão de habitantes. Nixon também foi acusado de comunista?

Para a esquerda, na época, Jango era um titubeante, que não queria fechar o Congresso Nacional na lei ou na marra nem passar por cima da Constituição, como queria a "frente nacionalista" de ações parlamentares, que pregava a ruptura institucional para levar as reformas adiante. Mas Jango era um democrata, tinha convicções legalistas e proposta reformista, e isso não combinava com propostas golpistas, nem da direita nem da esquerda, diante da nação a qual o Congresso da época não queria representar.

O senador Áureo Moura Andrade, presidente do Congresso Nacional, legitimou o golpe de Estado em um dos atos mais tristes, perpetrados por um representante do povo brasileiro, de nossa história republicana. Uma vergonha e uma mancha em nossa democracia e soberania, derrubadas por um brasileiro que havia sido eleito pelo povo. Traiu o presidente deposto e a história democrática da pátria.

Naquela altura pululavam histórias de coragem e também de traições. Misturavam-se ações hipotéticas, homens, momentos, fatos, versões e inacreditáveis episódios de heroísmo que nunca chegaram a ser confirmados ou descartados. Eram apenas relatos como os nossos que muitas vezes vazavam em fronteiras e em revistas dos companheiros a quem permitiam seguir em frente. Mas vigiados dali para a frente, aqueles que conversavam e afirmavam serem valentes haviam passado pelo crivo da fronteira, detidos, revistados, alguns cooptados e dali passavam novamente no Café Sorocabana a conspirar para derrubar a ditadura. Pobre de nós, exilados e crédulos, que iríamos vencer um muro intransponível.

•

Lembro que, meses depois, o tio Leonel Brizola e a tia Neuza chegaram ao Uruguai e foram morar no mesmo edifício do dom Mintegui, na Plaza Independencia, para onde fomos no primeiro dia em Montevidéu.

Certa vez, enquanto conversávamos perto da lareira em casa, meu pai me contou como ele e o tio Leonel romperam relações. No dia 2 de abril, na casa do general Ladario, Jango decidiu não resistir ao golpe e Brizola queria que ele o nomeasse ministro da Justiça e o general Ladario ministro da Guerra. Jango não quis, e Brizola disse que ficaria no Brasil para lutar e morrer, porque não concordava em renunciar à luta e ir para o exílio.

Brizola, no entanto, não conseguiu viabilizar a resistência no Rio Grande do Sul e teve que se esconder em vários lugares. A Polícia e o Exército já estavam anunciando publicamente que o haviam cercado e que sua prisão se daria em poucas horas.

Meu pai, então, chamou o Maneco, o piloto que havia nos trazido do Brasil, e falou:

– Olha, Maneco, já estamos aqui há algum tempo, e tu sabes de meu apreço por ti, mas hoje tenho que falar uma coisa muito séria contigo.

– Podes falar, dr. Jango, o senhor sabe que um pedido teu é uma ordem que eu atendo com o maior prazer.

– Mas o que vou te pedir, Maneco, envolve um risco muito grande e tu tens toda a autonomia para refugar a missão, pois é perigosa e envolve também a família.

– Podes falar, dr. Jango, estou aqui para o que puder ajudar.

– Então senta aí, Maneco, e escuta bem. Recebi informações fidedignas de que os militares estão prestes a prender o Leonel no Rio Grande do Sul. O Ajadil de Lemos e o Sereno Chaise deram sinais de que a situação apertou muito e estão muito perto dele, por isso temos que dar um jeito de tirá-lo de lá. Sei que é perigoso, mas eu só confio em ti para esta missão.

– Dr. Jango, eu aceito. O senhor sabe que estamos juntos e eu vou arriscar tudo. Se algo acontecer comigo, só lhe peço que cuide de minha família, da Odila e dos meninos. Temos que ver como faremos isso.

– Olha, Maneco, podes ficar tranquilo quanto à tua família. Estamos juntos desde 1945 e não vai ser agora, em uma situação dessas, que nos separaríamos. Tu me conheces, eu não abandono os companheiros por nada. De acordo com as informações que recebi, Leonel está escondido no litoral gaúcho. Por isso terás que pegá-lo em uma das praias do Rio Grande do Sul.

– Tenho que estudar as marés, presidente. Dependendo do dia e da lua, a água chega até as dunas e não teríamos a faixa molhada e dura entre o mar e a areia fofa para aterrissar. Temos que usar o Cessna 310, que tem autonomia para ir e voltar sem reabastecimento, porém é mais pesado que o Skylane 180, que seria o ideal.

– Maneco, o pessoal do Brasil está pensando na praia do Imbé, mas tu é que sabes. Pensa e conversamos amanhã, o tempo está se acabando.

E assim foi feito, pois o cerco a Brizola estava se fechando e seus outros esquemas de sair do Brasil não haviam funcionado. Combinaram que a operação seria feita três dias depois, com algumas modificações, entre elas o lugar de pouso, que foi realizado na praia de Pinhal.

Às cinco da manhã, Maneco decolou no escuro de Punta del Este para cumprir a missão. Tinha algumas senhas e instruções que não poderiam ser ignoradas. No lugar estabelecido na praia deveria haver três carros e dois caminhões de areia como senha de que tudo estava em ordem. Após um voo rasante sobre eles, ele aterrissaria para recolher o ex-governador, que estaria vestido com uniforme da Polícia Militar.

Maneco seguiu uma rota triangular sobre o mar, voando a baixa altitude, para não ser detectado pelos aviões da FAB quando entrasse em território brasileiro. Às sete da manhã em ponto, já estava na praia de Pinhal. Quando saiu do mar sobre o local combinado, os caminhões de areia não estavam posicionados como prometido. Quem falhou nos caminhões foi o Azmúz, ex-presidente do Internacional de Porto Alegre e empresário fornecedor de areia de construção para as grandes obras públicas do Rio Grande do Sul. Lamentavelmente, medroso, tremeu nas bases e não mandou os veículos. Mesmo assim, Maneco não voltou mar adentro como havia combinado. Já estava ali e resolveu dar o rasante mesmo com o risco de ser abatido ou de descobrirem o plano de resgate. Quando passou acima dos carros, o tio Leonel saiu correndo de trás de uma duna e Maneco o reconheceu. Imediatamente baixou os trens de pouso, os flaps de contenção e pousou na areia. Sem desligar os motores da aeronave, abriu a porta e Brizola prontamente subiu na cabine e fechou a porta. Decolou novamente no raso mar adentro, refazendo a rota triangular rumo ao exílio. E assim, ele conseguiu chegar vivo ao Uruguai.

No começo, os exilados conversavam, conspiravam, armavam esquemas de tomar o poder novamente e iam sobrevivendo a uma expatriação que estava longe de ser curta. Para alguns, como meu pai, foi eterna, e a saudade de sua terra foi sua companheira constante.

Os mais próximos eram Darcy Ribeiro, que morava na Rambla; Waldir Pires, que chegou com Darcy em um pequeno avião Cessna 170, que Rubens Paiva lhes conseguira para sair do Brasil; Amaury Silva; depois vieram Cailar, Ivo Magalhães, Cláudio Braga, e assim todos começavam a se acomodar para sobreviver ao desterro.

Depois de algum tempo houve a ruptura entre Jango e Brizola, por várias causas, mas principalmente porque Jango não concordava com a luta armada que Brizola queria implantar no Brasil. Os exilados se dividiram entre brizolistas e janguistas. O coronel Dagoberto, o Jefferson e o Neiva Moreira eram do grupo do tio Leonel, e Darcy, Waldir, Amaury e outros eram mais ligados a Jango.

Esse rompimento também foi motivado por desacordos patrimoniais. Muito tempo antes, quando ainda estava no Brasil, Jango havia comprado a parte da herança concernente a minha tia Neuza em São Borja, na fazenda Iguariaçá, que era de meu avô. Já no Uruguai, quando meu pai quis escriturar as tais terras, o tio Leonel não aceitou, pois alegava que haviam valorizado muito e afirmou que teria que haver compensação financeira, apesar de o compromisso de compra e venda ter sido quitado havia muito tempo.

No exílio aprendemos que alguns parentes preferiram ficar ao lado do novo governo do que prestar solidariedade a meu pai. Os cunhados Pombo Dornelles e Miguel Macedo, casados com minhas tias Maria e Fida, respectivamente, após a derrubada do governo e a deposição de Jango, entraram com uma ação retroativa ao inventário de meus avós, Vicente e Vicentina Goulart, que morreram em 1944 e em 1963. Por que não fizeram isso enquanto Jango era presidente?

Seus filhos montaram uma agência de propaganda, a MPM, uma das primeiras do Brasil, com apoio do governo João Goulart, mas, enquanto ele estava no exílio, nunca foram lhe dar um abraço; ao contrário, montaram uma ação fajuta para dizer que eram adversários e que não poderiam se encontrar com ele.

Tal ação acabou arquivada. Depois de um tempo, minhas tias Landa e Sila levaram tia Maria ao Uruguai para abraçar o irmão, e, na segunda vez que ela foi, levou junto tio Pombo, que pediu desculpas ao meu pai. Os dois se abraçaram e, pelo menos com eles, meu pai morreu tranquilo. Mas tia Fida e o Macedo não foram, nunca mais se falaram. Jango fez as pazes com Brizola pouco tempo antes de morrer. Eles passaram um longo período sem se falar, mas, quase no fim, meu pai pôde levar consigo para a eternidade o momento da reconciliação.

O dr. Waldir Pires passou pouco tempo no Uruguai, mas durante o tempo que esteve lá se preparou muito, como professor catedrático, estudando francês, e partiu para Paris, onde foi dar aula, através de um concurso de direito internacional. Darcy ficou mais um pouco, pois foi convidado a fazer a reforma acadêmica da Universidad de la República no Uruguai.

E se passaram dias, meses, anos.

7. A nova vida, dia após dia

À medida que fomos crescendo no exílio, entendemos os motivos de viver em um país que não era o nosso. Em casa, diariamente conversávamos, tanto com adultos quanto com amigos da escola, sobre as razões pelas quais não podíamos voltar ao Brasil.

Ser exilado ou filho de exilado muitas vezes gera uma profunda desconfiança nas pessoas que não têm conhecimento político suficiente ou não entendem realmente o processo de lutas de classe. As pessoas com frequência nos confundem com criminosos fugidos de nossos países de origem e deduzem que estamos escondidos no país deles; não entendem por que um país precisa acolher esses cidadãos indesejáveis em seu território. E isso acontecia mesmo sendo os uruguaios muito mais politizados que a maior parte da população brasileira. Aliás, após o golpe, o povo brasileiro se tornou ainda mais alienado, principalmente na geração subsequente a 1964, por força da censura e das perseguições a professores e alunos, quando a ditadura implantou uma educação altamente tecnicista e voltada aos interesses americanos. Esse, a meu ver, é um catastrófico legado que a ditadura deixou para nossas gerações de jovens em nome da meritocracia e da voraz competência de mercado, sem falar nos sequestros, casos de tortura e assassinatos e na consequente impunidade de autoridades que agiram sob a proteção do Estado brasileiro. Não pensar no coletivo, não pensar em uma nação de todos – desde que eu tenha meu espaço, não importa que as riquezas de meu país estejam nas mãos dos competentes gestores do capital internacional. Colaborando ainda mais com a diferença abismal de renda e de classes sociais em nosso país.

No Brasil existe uma elite com instrução, dinheiro e poder econômico que se compara à da Suécia, da Dinamarca, da Suíça. Ao mesmo tempo, lamentavelmente, ainda existem milhões de brasileiros vivendo abaixo da linha da pobreza, com índices de desenvolvimento mais baixos que os de Serra Leoa. Esse é o modelo social que nos foi imposto, até culturalmente, e que nos faz desprezar valores coletivos, sejam políticos ou socioeconômicos.

Mesmo exilados, crescemos debatendo justiça social, liberdade e soberania com aqueles que frequentavam nossa casa no Uruguai. Em nenhuma das conversas com meu pai, senti que ele nutria arrependimento pelo que tinha feito ou deixado de fazer. Jango tinha convicção absoluta de sua luta e de sua trajetória e acreditava que a história um dia lhe faria justiça.

Lembro-me de dois jornalistas que durante uns dois ou três dias o entrevistaram para uma matéria que seria publicada no Brasil. A certa altura, um deles perguntou:

– Senhor presidente, agora, daqui do exílio, o senhor acha que ainda não era hora de implantar as reformas de base no Brasil? O senhor acha que se precipitou, que se adiantou no tempo em questões muito reformistas e que a sociedade brasileira ainda não estava preparada para lidar com elas?

Lembro como se fosse hoje: antes de falar, meu pai olhou para eles e meditou profundamente em um rápido silêncio. Seus olhos foram para longe dali, como se ele estivesse mergulhado em lembranças. Alguns segundos depois, falou:

– O que vocês acham que estou fazendo aqui, exilado no Uruguai e longe de minha terra? Acham que eu estaria aqui, sofrendo com minha família no exílio, se não acreditasse que poderia realizar uma mudança estrutural para diminuir as profundas diferenças sociais no Brasil? Acham que eu me deixaria ser vilipendiado e derrubado da presidência, se não acreditasse que há uma necessidade real de mudanças para concretizar o projeto de nação em que as elites dominantes não ataquem brutalmente nossas riquezas?

Sem que os repórteres falassem nada, ele continuou:

– Caí porque era hora de mudar. Não recuei um milímetro de nossas convicções de reformar o Estado brasileiro. Tenham certeza: eu caí de pé. Quem impediu que acontecessem as reformas foram as elites empresariais, acostumadas com seus privilégios, e os militares reacionários, que não entenderam as propostas nacionalistas de um povo submetido aos interesses estrangeiros.

Com essa resposta, os dois jornalistas mudaram o rumo das perguntas e passaram a ser mais objetivos.

Nossas conversas com frequência se estendiam madrugada adentro. Eu lhe perguntava:

– Pai, podes me explicar o que eram as reformas?

– Olha, filho, nosso país tem uma estrutura social arcaica, valores morais e éticos excludentes que privilegiam apenas os poderosos. Essas elites pensam que o Estado e suas estruturas devem estar a seu serviço e que as riquezas do país devem servir a seus privilégios. Isso é profundamente injusto, pois devemos pensar no bem-estar coletivo e gerar oportunidades iguais para todos. Claro que devemos dar valor ao mérito pessoal, àqueles que conquistaram e construíram seus patrimônios com o próprio esforço, mas temos que oferecer oportunidades iguais de estudo, de trabalho, de dignidade e de consciência nacional a todos. O Estado tem compromisso com todos os cidadãos brasileiros, e não somente com aqueles que vêm de famílias abastadas e querem usufruir os bens do Estado como se fossem seus: a educação estatal; a poupança pública para financiar o desenvolvimento de todos e não apenas de algumas empresas; o uso da arrecadação pública para a criação de um sistema digno de previdência e saúde pública. Mexer na estrutura bancária que recolhe o dinheiro público da poupança e a circulação tributária da nação, deixando de priorizar os créditos somente para as macro e grandes empresas, e destinando parte das verbas também à iniciativa individual é um profundo desafio, pois toca na chaga do sistema capitalista, que quer exclusivamente dirigir esse capital para seus interesses e investimentos, sejam eles produtivos ou especulativos. O sistema capitalista ainda mede a riqueza dos povos em números absolutos de resultados econômicos e financeiros, não em resultados humanos.

– Como assim, meu pai?

– Verás um dia que o mundo não poderá mais conviver com esses parâmetros. Um país rico não é necessariamente aquele medido por seu Produto Interno Bruto, o PIB, por suas reservas monetárias ou por sua balança comercial. Um país realmente rico é aquele em que seu povo é feliz, tem saúde, não existe analfabetismo, oferece oportunidades, educação, cultura e, principalmente, dignidade.

Naquela época, ainda não existia o que hoje chamamos de Índice de Desenvolvimento Humano, o IDH. Ele continuou:

– Vou te contar uma coisa, João Vicente, que vai te surpreender: o ouro é um dos metais mais vagabundos que existe.

– Meu pai, é o mais valioso! Como podes dizer uma coisa dessas?

– Não como metal, pois se fizerem uma ponte com ouro, sem dúvida ela vai cair. O ouro só tem valor porque os homens fizeram um acordo e convencionaram o seu preço, mas, como metal, não cumpre sua função: é mole, não suporta peso e deforma-se com uma força inferior à do ferro. O próprio dólar americano, que era lastreado em ouro, já não é mais, pois os americanos precisavam emitir papel-moeda para sustentar sua indústria bélica e, forçados pelo presidente De Gaulle, deixaram de fazer essa equivalência – explicou meu pai.

– O que o De Gaulle fez, pai?

– Depois da guerra, os americanos tinham estabelecido normas internacionais para gerir a economia mundial e lastrearam o dólar americano para que fosse a moeda padrão para transações comerciais entre os países, como é até hoje. Ao perceber que o Banco Central da França estava entupido de dólares, só que em papel, De Gaulle enviou dois cargueiros da Força Aérea francesa aos Estados Unidos e exigiu a conversão do lastramento em ouro, ou seja, trocou papel por ouro e, a partir daí, os americanos deram fim a esse procedimento. Mas tiveram que entregar o ouro ao De Gaulle.

– Mas e as reformas no Brasil, por que foram tão atacadas?

– Era uma série de reformas, meu filho, mas a que mais doeu na classe alta foi a reforma agrária, pois atingiria os interesses dos poderosos. As elites nacionais são tão retrógradas que entendem que a terra é um ativo financeiro, independentemente de ser produtiva ou não, se cumpre a sua função social, que é produzir alimentos, ou não. A classe abastada quer as benesses retrógradas que o direito de propriedade eternamente protege e ampara por lei. Para elas, os menos favorecidos podem passar fome, pois em sua terra não entram nem para plantar uma espiga de milho; se quiserem, que comam sabugo. Mesmo não produzindo, queriam receber à vista, caso houvesse uma desapropriação de terras. Mas as reformas tinham que ser feitas, e a agrária foi uma das que atiçou o golpe, mas não me arrependo de ter me posicionado do lado dos mais fracos.

Sem dúvida, esse foi o calcanhar de aquiles da luta de Jango. Uma reforma agrária que há cinquenta anos se arrasta sem ser concluída no país. Hoje ela é tão ou mais necessária do que na época em que Jango a propôs.

Naquele tempo, 75% da população vivia no campo e apenas 25%, nas cidades, e mesmo assim já era difícil para as elites da oligarquia rural engolirem a perda de suas propriedades improdutivas. Imaginem como ficou essa relação hoje, em que os números se inverteram, e as grandes massas populacionais estão na periferia das grandes metrópoles, sem direito a educação, dignidade, emprego e assistência social.

A reforma agrária se faz perto dos grandes centros urbanos, nas estradas e ferrovias federais valorizadas pelo investimento público, perto dos centros de consumo para incentivar o escoamento de produção e a distribuição alimentar. É necessário defender essa iniciativa, que trará paz e desenvolvimento ao campo, desafogando as grandes metrópoles e diminuindo a violência, a escassez de emprego e a falta de oportunidades nas cidades. É uma luta imprescindível ao desenvolvimento social de nosso imenso país.

Seu pensamento social me acompanha até hoje. Temos que mudar a postura da sociedade baseada na meritocracia: Jango, Paulo Freire, Darcy Ribeiro, Celso Furtado, Josué de Castro, Evandro Lins e Silva, San Tiago Dantas, Wilson Fadul, Armando Monteiro Filho, Raul Riff, Waldir Pires, Almino Afonso, Luis Salmerón e Hermes Lima tinham razão. Todos os integrantes do governo João Goulart, considerados incapazes pela ditadura, caíram de pé, caíram por seus acertos, pois não tinham apenas um projeto de governo, mas sim um projeto de nação.

•

Em outra oportunidade, regressando do colégio, entrei em casa e vi meu pai escrevendo sozinho na sala. Havia várias anotações que não sei se eram sobre política ou instruções de negócios que costumava fazer, como anotações de cabeças de gado na invernada, providências de vendas, projeção de quilos de lã a serem tosquiadas do rebanho etc.

Ao me ver entrar de uniforme, parou de escrever e me chamou para perto dele:

– João Vicente, vem cá, vamos conversar um pouco. Como foi a aula?

– Fui bem, pai, apesar de hoje ter tido um monte de matérias. Tinha estudado bastante para a aula de história e fui chamado para expor a matéria à turma. Tirei a nota máxima.

– E sobre o que era a matéria, meu filho?

– Medos e Persas, da história das civilizações antigas.

Puxou-me para junto dele, no sofá, acariciou minha cabeça e disse:

– Sabes que às vezes penso que não é tão ruim vocês estarem estudando aqui no Uruguai. Aqui o ensino é muito mais avançado que no Brasil. Sabias que outro motivo por que os militares brasileiros se revoltaram contra meu governo foi por eu ter tentado mudar a proposta acadêmica do ensino brasileiro através de uma educação mais solidária? Darcy Ribeiro, junto com Paulo Freire e Anísio Teixeira, queria dar um sentido mais humanitário e coletivo à educação no Brasil, e propusemos, então, a reforma educacional.

– Como assim, pai?

– Filho, a educação é o maior bem social que um governo pode legar ao seu povo. Queríamos que ela fosse um instrumento de luta e avanço social das classes menos favorecidas, para que pudessem ter mais chances e oportunidades iguais às dos abastados. Foi por isso que implantamos no meu governo a primeira universidade independente do Estado, a UNB, a fim de humanizar a educação no sentido social e coletivo, dando à universidade pública as mesmas capacidades tecnológicas, com investimentos acadêmicos do melhor quadro que existia no momento, para criar uma consciência de nação, de coletivo, de desenvolvimento social e de valores mais próximos do ser humano do que o do lucro capitalista. E isso não nos perdoaram, por dar educação de primeira aos pobres e desamparados. O Paulo Freire hoje é um dos homens mais odiados pelos milicos brasileiros, talvez até mais do que eu.

Eu escutava com atenção o que meu pai falava, e, após uma breve pausa, ele continuou:

– Aqui tu estás tendo uma educação muito boa, aos moldes da enciclopedista francesa, que o Uruguai adotou há muito tempo e é a mesma tanto nas escolas públicas quanto nas privadas, de excelente qualidade. No Brasil estão desqualificando a educação, transformando-a em um negócio. Além de a tratarem como uma mercadoria, querem adaptá-la aos seus interesses, forjando no aluno conceitos do maquiavelismo de mercado.

Não entendi muito bem o que ele queria dizer e perguntei, inocente:

– Mas, pai, pode-se vender educação?

– Não deveriam, mas é o que estão fazendo. É como se a educação fosse um produto vendido no mercado. No comércio de mercadorias, tu podes vender um cinzeiro de metal por um preço mais alto, porque esse metal o faria durar mais, mas também poderias vender bem mais barato um cinzeiro de plástico duro, que, com o passar do tempo, se deterioraria e não prestaria para mais nada. É mais ou menos isso que estão fazendo com a educação brasileira, fingindo que ensinam e ganhando dinheiro com isso.

●

Meu pai era uma pessoa muito simples, extremamente humana e intuitiva. De certa maneira, tinha aversão a situações muito fora do contexto social, e nos educava de acordo com a vida do homem comum, com as questões enfrentadas no dia a dia. Era corriqueiro brincarmos com os filhos dos peões da fazenda, no meio da lama, no curral ou no galpão, e almoçarmos todos à mesma mesa. Não havia segregação.

Aliás, comer com a peonada era uma das coisas de que ele mais gostava. Conversava de igual para igual com eles, dava risadas e conhecia a realidade em que viviam. Essa qualidade ele herdou de seu pai desde muito moço, quando tropeavam por semanas os rebanhos de bois do coronel Vicente, de São Borja até Santana do Livramento, onde entregavam os bois para o abate no frigorífico Armour.

Ele não gostava das festas da alta sociedade, nem de pessoas que falavam só de si, de seus investimentos, costumes e bens. É claro que, na presidência, não podia evitar as recepções a chefes de Estado e delegações, mas esse tipo de ocasião definitivamente não era de seu gosto. Preferia sair com seus amigos e beber uísque por horas conversando sobre política.

•

Foi lá na fazenda El Rincón, em Tacuarembó, observando meu pai em silêncio enquanto ele olhava para a lareira da sala, que eu pensei se algum dia ia ficar sem ele. Eu era menino ainda, tinha uns 12 anos, mas já entendia que essa é a sequência natural da vida. Não sabia, é claro, que ele não voltaria ao Brasil que tanto amava e do qual tantas saudades sentia. Recordo como se fosse hoje da música "Mi viejo", do cantor argentino Piero. Eu a ouvi muitas vezes e me perguntava se ele havia escrito a letra em homenagem a meu pai. A parte que mais gosto é assim:

> *Viejo, mi querido viejo,*
> *ahora ya camina lerdo,*
> *como perdonando al viento.*
> *Yo soy tu sangre, mi viejo;*
> *soy tu silencio y tu tiempo.*
> *Yo soy tu sangre, mi viejo;*
> *yo soy tu silencio y tu tiempo.*

Ter saudades é viver, ter esperança é sobreviver e ter amor é ter a certeza da eternidade.

8. Conversas com meu pai

Já no fim de 1964, todos os amigos que estavam no Uruguai haviam se convencido de que a temporada por lá não seria curta e cada um foi tentando encontrar o que fazer.

Uns tinham projetos em outros países; outros tentaram permanecer, mas não encontravam espaço. Todos sabiam que não podiam ficar parados.

Na época do rompimento com Brizola, Darcy Ribeiro, Ivo Magalhães, Amaury Silva, Cláudio Braga e Waldir Pires continuaram fiéis a Jango, embora lamentassem a ruptura no grupo de exilados.

José Gomes Talarico, Julio Madeira, José Vechio, Josué Guimarães, Orpheu dos Santos Salles, Roberto Alves, Waldir Borges, Raul Riff e Wilson Mirza também costumavam nos visitar e passar temporadas conosco. Outros, como Bijuja (Deoclécio Motta), Arthur Dornelles, Adão Dornelles, Tijolinho (apelido do dono do Cartório de São Borja, senhor Dornelles), Mario de La Vechia, os Gattiboni e Luthero Fagundes mantinham relações comerciais com meu pai e também o visitavam na fazenda.

Meu pai começou sua vida de fazendeiro no exílio depois de vender uma fazenda que tinha no Rio Grande do Sul, com a liberação de seus bens no Brasil, e comprar El Rincón.

El Rincón era grande, tinha 7 mil hectares, mas era muito mal explorada. Ir até lá era uma aventura, pois não havia estrada nem luz. No inverno o acesso era precário, pois o caminho ficava tomado pelo barro e cheio de atoleiros e buracos.

Nas férias de julho íamos para lá com amigos meus e amigas de Denize. Era uma grande aventura, e ainda não estávamos acostumados ao frio do Uruguai. Foi preciso muita lenha dura na lareira e cobertores para aguentar os invernos em El Rincón. Banho por lá era muito escasso, pois o frio era de rachar. No verão eram os mosquitos que tiravam a gente do sério e precisávamos de mosquiteiros. À noite, quando se apagavam as luzes e o reflexo da lua penetrava no mosquiteiro, o vento batia na parte superior da armação do véu e tínhamos a sensação de que eram pequenas nuvens dançando.

Ir para a fazenda em Tacuarembó, naquela época, era uma odisseia. No começo meu pai comprou duas caminhonetes Toyota e um Chevrolet Custom com caçamba e toldo. Ainda estavam abrindo a Ruta 5, que hoje liga o norte do Uruguai ao sul, com 504 quilômetros de extensão.

Nas primeiras viagens à fazenda, saíamos de Montevidéu ao anoitecer, viajávamos a noite toda nessa estrada em construção e chegávamos de manhã à cidade de Tacuarembó. Era uma festa para a gurizada que ia na caçamba. Fazíamos *la cucha*, uma espécie de buraco com mantas de campanha, que seria a cama dos meninos, geralmente eu e mais dois amigos, o Gabriel e o Peruano, ou o Hasse e o Waldimir, filho do dr. Waldir. Lidia e Vivien, também filhas do dr. Waldir, iam com Denize, mas nunca na caçamba. Às vezes meu pai dirigia e depois dava o volante para alguém que nos acompanhava, como dom Domingos Mintegui; depois, mais tarde, o Maneco Bigode, sobrinho do Bijuja, que passou tempos no Uruguai conosco. Minha mãe algumas vezes ia também, embora não gostasse muito.

El Rincón se tornou o refúgio de meu pai. Lá ele desenvolveu novos pastos para invernar os bois, redividiu o terreno em potreiros menores, refez os aramados e por fim construiu ali a primeira barragem de irrigação de arroz no Uruguai. Hoje isso é muito comum, e o país se tornou grande exportador de arroz, embora o povo não tenha o costume de consumir esse grão.

Muitos amigos de São Borja iam visitá-lo na fazenda. A casa era muito antiga, em estilo espanhol, com um pátio interno onde ficavam os quartos, que davam para um parreiral com um poço de água no centro, de onde era retirada a água para preparar os alimentos.

No começo, à noite, obtínhamos luz por meio de um molinete permanente que girava com o vento em cima do telhado da casa e alimentava um dínamo de 12 volts, essa carga era armazenada em um monte de baterias bem grandes depositadas em um quarto nesse pátio interno. É claro, só era possível ligar algumas poucas lâmpadas na casa, que iam ficando mais amareladas e descarregadas conforme o uso.

Como não havia força para alimentar uma geladeira elétrica, havia uma de querosene que funcionava relativamente bem, desde que não fosse aberta muitas vezes. O problema era que a gurizada sempre abria a geladeira para tomar água e refrigerantes, e invariavelmente derretia o gelo que o meu pai havia levado no isopor para tomar com seu uísque ao anoitecer, depois de suas tarefas campeiras.

Sempre me lembro de quando chegavam à fazenda em Tacuarembó, os amigos Bijuja, Arthur Dornelles, Luthero Fagundes e outros que trabalhavam com meu pai em São Borja – uns plantavam soja, outros cuidavam de gado no Brasil. Vinham para ficar dias, às vezes semanas conosco. Conversa vai, conversa vem, lembro-me de meu pai dizendo:

– Como foi a viagem, tchê? Demoraram. Estão muito ruins as estradas até a fronteira? O que estão achando dos campos por aqui? Melhor que muitos do Brasil, não é? Vou pedir ao Tito que arrume as camas para vocês. Enquanto isso, podem descarregar a caminhonete e irem se acomodando. Tenho que falar com o capataz sobre as lides de amanhã. – Animado com as visitas, perguntou: – Luthero, trouxe uma cachaça boa lá do Brasil?

– Trouxe sim, dr. Jango, e da boa! – respondeu o amigo.

– Então vai fazendo aí uma caipirinha para todos, vamos matar as saudades e conversar um pouco.

Rapidamente Luthero retirou as coisas da caminhonete e começou a fazer a caipirinha:

– Ainda trouxe um limão galego do meu pomar, dr. Jango.

– Que bom, Luthero! Vai preparando a bebida, vou lá no escritório terminar uma separação de potreiros para desterneirar os machos amanhã.

Em seguida, foi para a sala. Naquela época, por incrível que pareça, nas fazendas uruguaias não havia luz, mas tinha telefone. O nosso era um aparelho muito antigo, de parede, acoplado a uma caixa com uma bateria e uma manivela para chamar a central, que atendia cerca de cinco ou seis fazendas da região. Era preciso ter muita paciência. O telefone não tinha disco, de maneira que todas as ligações tinham que ser solicitadas à central. Após virar a manivela umas duas ou três vezes, Dom Braga, o operador da telefônica, cumprimentava quem estivesse solicitando a ligação e providenciava a chamada. Às vezes, para falar em Montevidéu, aguardávamos uma ou duas horas. Quando o operador dizia que a demora era indeterminada, podia-se esperar dez ou doze horas. Quando o tempo não estava bom, não era recomendável falar por telefone, pois o cabo era de bronze e havia o risco de uma descarga elétrica. Rivero, piloto de meu pai, certa vez, tomou um choque que o deixou desacordado.

Já era de noitinha. Todos estavam se acomodando, depois de um banho de balde que limpou a poeira da viagem. Conversavam na sala e acendiam o fogo na lareira. O pai saiu do escritório, e Luthero e Bijuja foram logo falando:

– Dr. Jango, a caipirinha está dando laçaço de tão boa, não é, Bijuja? Prove aqui um pouquinho.

Meu pai, muito educadamente, mas com aquele sorriso maroto disse ao Luthero:

– Me dá aqui, vamos ver! Está boa mesmo Luthero, mas está muito doce, e o médico me proibiu de ingerir muito açúcar. Mas vão tomando, que eu vou pegar lá no meu quarto um uísque que eu trouxe para tomar com vocês.

Foi ao quarto, pegou sua garrafa de Old Parr e a colocou na mesinha ao lado dos amigos. Conversaram por horas sobre o Brasil, sobre São Borja, sua terra natal, e a saudade. Garantiu, assim, seu combustível – o que queria beber –, sem riscos de desabastecimento.

Ele era assim, jamais diria que só tinha uma garrafa e que iria tomar sozinho. Naquela noite, bebeu com os amigos e trouxe para perto o alívio momentâneo das saudades de sua terra.

•

El Rincón foi palco de muitos acontecimentos durante nosso exílio, como fatos políticos, atentados, desilusões e chantagens.

Foi lá que meu pai remoeu as amarguras do desterro e também onde se manteve ocupado e esperançoso de um dia voltar a seu país.

No exílio nos tornamos aves migratórias, pois nunca sabemos qual será o próximo destino. Na fazenda ele alimentou seus pensamentos e se preparou para os desígnios do destino. Poucos sabem esperar e enfrentar esses desígnios com serenidade e paz interior como Jango em seus momentos mais duros. Ele enfrentou traições, chantagens, armações, injustiças, sem poder se defender, mas com valentia e a certeza de que a história lhe devolveria seu lugar de direito.

Certa vez estávamos na porteira da fazenda, embaixo de um imbuzeiro, quando escutamos o barulho de um avião sobrevoando a coxilha ao lado da outra fazenda, procurando um lugar para pousar.

A pista de pouso da fazenda, por assim dizer, ficava na frente das casas, uma planície de uns 700 metros com uma leve inclinação até o aramado. Apenas teco-tecos pousavam lá, e, mesmo assim, um peão campeiro precisava sair correndo da sede para tirar eventuais animais que estivessem na pista onde o avião pousaria.

Ao ouvir esse avião rondando, meu pai mandou o caseiro tirar o gado da frente, cogitando que ele quisesse pousar ali. Dito e feito. Depois de sobrevoar a fazenda vizinha e constatar que não poderia pousar lá, o avião deu dois rasantes sobre as casas da sede e aterrissou.

Meu pai não estava esperando ninguém e ficou intrigado, aguardando o desembarque dos passageiros e do piloto daquele monomotor, um Cessna 180 com matrícula brasileira.

Ele perguntou, sentado no chão bem à vontade, de bombachas e alpargatas, tomando mate e conversando com o Percy Penalvo, também exilado e que era seu administrador na fazenda:

– Quem será, Percy, que está chegando aqui nesse avião brasileiro sem avisar?

– Fique tranquilo, doutor. Eu estou armado e vou na frente ver quem é. Percy se levantou e foi na frente.

Meu pai e eu nos levantamos e nos dirigimos à entrada principal da fazenda, onde havia um arvoredo e um caminho até chegar ao portão do pátio interno, e nos sentamos nas espreguiçadeiras à espera de Percy.

Percy se aproximou e disse:

– Doutor Jango, é seu amigo Maneco Vargas, filho do dr. Getúlio. Veio do Brasil para falar com o senhor.

– O que o Manequinho veio fazer aqui em Tacuarembó, Percy?

– Não sei, doutor. O que faço?

– Diz a ele que eu vou atender. Leva ele lá para a sala, que já vou.

Nesse momento vi seu semblante se fechar e seu olhar novamente buscando o infinito. Foi com essa atitude reflexiva que se levantou e me falou:

– João Vicente, Maneco é filho do dr. Getúlio, meu grande líder. Foi criado comigo em São Borja, quase como um irmão, mas estou surpreso com sua visita.

Em seguida foi até a sala onde estava Maneco Vargas. O piloto ficou do lado de fora, tomando mate com o Percy.

Fiquei perto deles na sala e presenciei a cena.

– Janguinho, como estás? Faz tanto tempo. Me dá um abraço – disse Maneco.

– Até que enfim vieste me visitar no exílio, né, Maneco? Mas eu estou bem aqui, apesar de estar longe da minha terra.

– Pois é, Janguinho, tu sabes que agora estou trabalhando com a Swift, frigoríficos gerais no Brasil, e ando comprando gado em todo o Rio Grande do Sul e Santa Catarina. Eles estão exportando muito para a Europa e eu sou comprador representante deles.

– Sim, Maneco, e aí?

– Neste ano estão aumentando o parque de matanças e precisam de fornecedores permanentes para garantir as cotas de exportação. Oferecem um preço muito atrativo e retorno de novilhos precoces, pagos em dólar, com financiamento de recria automático ao criador. Acho que pode ser um grande negócio para nós, pois entraríamos com um pedido de recria com teus campos e novilhos e poderíamos obter um bom retorno na operação. Além disso, sei que tens 1.500 novilhos gordos, prontos para entrega lá em São Borja, e, em nome de nossa amizade, gostaria que tu me desses essa preferência.

Novamente vi no rosto de meu pai uma profunda indignação. Naquele momento, talvez suas lembranças fossem mais fortes que qualquer negócio ou lucro que seu interlocutor pudesse imaginar.

– Olha, aqui, Maneco – disse meu pai muito duramente. – Há mais de três anos que estou no exílio e tu foste incapaz de vir até aqui me dar um abraço, em nome de nossa amizade. Estou aqui sofrendo pela causa trabalhista que enfrentei em nome do povo brasileiro e do desenvolvimento social que o país merece, e tu nunca lembraste isso? Éramos como irmãos nos velhos tempos de luta do PTB, companheiros de muitas jornadas, e tu nem vieste demonstrar tua solidariedade? E agora tu apareces aqui, desces do teu avião aqui na minha solidão e vens me propor um negócio?

– Mas Jango, não fica assim comigo – disse Maneco, querendo mudar o motivo da visita.

– Fazes um favor, Maneco, pega o teu piloto e volta agora para o Brasil, pois em nome de nossa amizade me permite lembrar de ti como era antes. Essa tua atitude não é digna de amigos. Percy, vens aqui com o piloto do Maneco e leva-os até a pista. Eles estão de saída.

O avião decolou e o silêncio voltou a tomar conta de El Rincón. Jango pediu um uísque ao Tito (empregado doméstico que atendia meu pai) e ficou sozinho por um longo tempo, olhando as coxilhas uruguaias, talvez comparando aqueles contornos marcados pelo entardecer com os de sua terra natal.

•

Em geral passávamos de uma semana a dez dias em Tacuarembó, principalmente nas férias.

Mas meu pai também se reunia com os amigos exilados em Montevidéu.

O dr. Waldir, que morava do outro lado do parque Villa Biarritz, era um amigo que se encontrava com meu pai frequentemente para conversar sobre política e as alternativas políticas que iam acontecendo. O dr. Waldir começou a estudar francês, pois tinha decidido ir para a França procurar um meio de vida melhor do que estava tendo no Uruguai.

O dr. Ivo Magalhães se tornou procurador de meu pai nos negócios do Uruguai e, com ele, tinha alugado o Hotel Alhambra, onde se hospedavam vários exilados brasileiros. Como ficava pouco no hotel, quem cuidava de lá era o Cláudio Braga e o uruguaio Pedoja, também sócio do arrendamento do hotel.

Amaury Silva estava muito deprimido no exílio e meu pai tinha um carinho especial por ele. Ajudou-o a montar o restaurante Cangaceiro, à beira-mar em Montevidéu, onde aconteciam muitos encontros divertidos. O local se tornou um sucesso, com música e comida brasileira, e era o único do gênero na capital uruguaia.

Lembro-me das brincadeiras deles com Amaury a respeito de sua visão, pois naquela época ele havia feito um transplante de córnea em Montevidéu.

A brincadeira se devia não ao transplante em si, mas à sua origem. Houve um assalto a banco no centro de Montevidéu. Um grupo fortemente armado se entrincheirou dentro da agência bancária durante horas, trocando tiros com a Polícia. Em um lugar pacato como o Uruguai, esse caso de violência, que acabou com três dos cinco assaltantes mortos, chocou o país. A córnea de uma das vítimas foi doada para o Amaury num transplante bem-sucedido. E essa era a razão das brincadeiras. O Darcy dizia que só assim o Amaury estava pronto para voltar ao Brasil e enfrentar os gorilas da ditadura. Com a nova córnea, ele não erraria um tiro sequer.

Outros exilados continuavam a conspirar para derrubar o governo brasileiro, montavam guerrilhas dirigidos por Brizola e se distanciaram do grupo janguista no Uruguai.

– O exílio é uma invenção do demônio, Darcy – dizia meu pai. – Nós estamos aqui e não sabemos quando voltaremos; nós respiramos, mas não sabemos se estamos vivos; nós falamos, mas nossas palavras são ignoradas e não chegam ao povo brasileiro. Até quando, Darcy? Até quando?

– É, Jango, mas um dia eles saberão que estávamos com a razão.

9. Os lugares e as lembranças

Quando meu pai não estava em El Rincón, passava vários dias em Montevidéu conosco e nos levava a restaurantes. Eu e Denize adorávamos as pizzarias perto do Rodó, um parque de diversões que existe até hoje e aonde costumávamos ir nas horas de folga.

Logo que chegamos ao Uruguai, íamos muito a um restaurante antigo chamado Sorrento, na Plaza Independencia, bem em frente ao Palácio Salvo. Era um restaurante de massas, onde serviam diversos tipos de massa, entre os quais talharim, espaguete, tortelloni e os famosos nhoques à bolonhesa, que eram uma delícia.

Os garçons do Sorrento, funcionários já muito antigos na casa, eram extremamente profissionais e estavam sempre atentos aos clientes. Naquela época era permitido fumar nos restaurantes e, quando alguém tirava um cigarro do maço, o garçom imediatamente se aproximava da pessoa e se oferecia para acendê-lo.

Tanto no Uruguai quanto na Argentina, os sindicatos dos garçons são muito atuantes e as pessoas têm orgulho da profissão que exercem. É bastante comum encontrar garçons com mais de trinta anos de profissão.

Também íamos com frequência ao Hotel Alhambra a pé, pois só precisávamos atravessar a Puerta de la Ciudadela, arco da antiga entrada na cidade que ficou preservado como monumento. No hotel, os exilados costumavam ter estada garantida por sessenta dias, até que pudessem encontrar trabalho ou outro destino. Muitos ficavam no Uruguai até averiguarem como realmente estava sua situação no Brasil, e então retornavam.

Meu pai gostava de chamar todos para tomar café no Sorocabana. Quando chegávamos à cafeteria, os garçons já sabiam que mais pessoas iriam aparecer e juntavam mesinhas ao lado. Ficavam horas ali tomando café e às vezes conhaque para diminuir o frio, conversando sobre o que estava ocorrendo no Brasil. Cada um deles contava uma história diferente e Jango ouvia pacientemente cada uma delas. Posteriormente, meu pai deixou de frequentar o Sorocabana, pois naquela época já havia a suspeita de que o Serviço Nacional de Informação (SNI) monitorava e infiltrava brasileiros no café.

Manoel Pio Corrêa fora escolhido a dedo para ser o embaixador brasileiro no Uruguai e transformou nossa embaixada em um verdadeiro covil de espionagem e perseguição. Foi ele quem criou o CIEX, um órgão de controle, monitoramento, espionagem e auxílio ao terrorismo de Estado praticado pela ditadura brasileira, responsável pelo desaparecimento e pela morte de vários brasileiros exilados no exterior.

Depois de nos aventurarmos pelo centro e na Ciudad Vieja, tínhamos o costume de passar pelo Cangaceiro e conversar com o Amaury, o Darcy e outros amigos e só então voltávamos para casa.

Quando estava em casa, meu pai ficava trabalhando no escritório, e de dia gostava de ler e de escrever.

Nunca lia textos importantes à noite ou quando estava na fazenda, só lia romances e livros de faroeste. Ele lia até pegar no sono e apagar a luz.

Recomendava que eu lesse obras escritas por seus amigos, como *O processo civilizatório*, de Darcy Ribeiro, *Geografia da fome*, de

Josué de Castro, *A pré-revolução brasileira*, de Celso Furtado, entre outros. Além disso, líamos também *O pequeno príncipe e Fernão Capelo Gaivota*.

•

Quando queria conversar mais reservadamente com alguém, ele ia ao restaurante El Galeón, que ficava a umas duas quadras do apartamento. Doutel de Andrade, seu líder ainda no Brasil antes do bipartidarismo, e Raul Riff, fiel amigo e articulador político de Jango, eram alguns desses amigos. Uma grande figura, Riff era muito intuitivo e pragmático, e com profundo raciocínio analítico, fatores que encantavam todos que conviviam com ele.

Doutel tinha uma inteligência fora dos padrões e sua retórica discursiva, que soava como música, encantava quem o ouvia. Ele falava com vigor e convicção quando se tratava de convencer seus interlocutores.

Certa vez, acho que no início de 1968, estávamos em nosso apartamento e Doutel e Riff haviam chegado a Montevidéu para falar com meu pai.

A conversa seria longa e saímos os quatro para almoçar no El Galeón.

– Mas como está o Brasil, Doutel? – perguntou meu pai para provocar a conversa.

– Jango, o país está cada vez mais complicado. A ditadura encontra-se disfarçada de democracia. Os milicos estão gostando do poder e acho que há uma linha-dura querendo se perpetuar.

Riff, sempre muito pragmático, mexeu no bigode e disparou:

– É, Jango, viram que o osso está fácil de roer e querem ser servidos à mesa.

Esse almoço foi pouco antes da ida de Lacerda a Montevidéu para acertarem a Frente Ampla. Antes de movimentar uma situação política, Jango sempre se mostrava muito preocupado com as consequências desses movimentos.

O restaurante estava vazio e sentamos todos juntos a uma mesa de canto, no fundo. Enquanto eles conversavam e tomavam uísque, eu pedi refrigerante e batatas fritas.

– Pois bem, Doutel, estou ouvindo muitos companheiros, e, como meu amigo e líder do PTB, tu vais ter a responsabilidade de me ajudar a divulgar no Brasil a nossa verdadeira intenção de construir essa frente, uma vez que a censura não vai nos permitir divulgar muito nos meios de comunicação.

– É, Jango, estão extremamente preocupados com a união dessa força que se firma entre as três maiores lideranças que podem ameaçar o regime militar. Se deixarem essa frente crescer e se multiplicar, poderemos influenciar politicamente na aceleração de eleições mais participativas. Acho que, por enquanto, a unidade das Forças Armadas tem fissuras e a Frente Ampla pode ser um instrumento político.

– Pois é, Doutel, mas ainda acho que não sou bem-vindo às Forças Armadas e não serei tão cedo. Se Lacerda, que ajudou a nos depor do governo, tiver a vontade real de lutar para restaurar a democracia e o Estado de Direito, vamos deixá-lo crescer, pois ele é mais palatável para esses milicos. Tu sabes que até o De Gaulle, que veio ao Brasil a nosso convite, quando chegou e te puxou pelo braço, deixando o Castelo sozinho na pista, nos trouxe constrangimentos. Esses milicos têm raiva de nós que representamos a queda do Estado democrático.

– Isso repercutiu muito na Europa, Jango – comentou Riff. – Deixou o governo brasileiro sem graça, mas é típico do De Gaulle, ele não deixaria por menos. Essa foi a maneira de ele se manifestar.

A visita de De Gaulle ao Brasil ocorreu no final de 1964, quando o governo João Goulart já havia sido deposto. Todos os representantes do governo brasileiro, dos poderes Executivo, Legislativo e Judiciário, estavam perfilados para receber o presidente da França. Após os cumprimentos formais à beira da escada do avião, Castelo Branco foi apresentando os demais representantes do Estado brasileiro ao ilustre visitante. Quando apresentado ao deputado Doutel de Andrade, ao escutar de Castelo que ele era o líder do PTB, De Gaulle quebrou o protocolo, puxou Doutel pelo braço, deixando Castelo Branco sozinho momentaneamente, e disse a Doutel:

– Transmita meu abraço ao presidente João Goulart no exílio e diga a ele que não esqueço que estou aqui a convite dele. Não poderia deixar de vir, diante dos interesses franco-brasileiros, mas estou aqui pois sei bem do compromisso que estabelecemos em cartas estritamente pessoais quando normalizamos as relações entre ambos os países.

E dizem também que foi nessa viagem que De Gaulle, após conhecer a "democracia" do Brasil, disse: "Este não pode ser um país sério."

A conversa se prolongou até o fim da tarde, ficando acertado que Doutel daria prosseguimento às articulações da Frente Ampla no Brasil juntamente com Renato Archer, que conduziria as relações entre Jango, Lacerda e Juscelino.

– Temos que combater essa democracia cardíaca – dizia Doutel, entusiasmado, na saída do restaurante.

Sua retórica era muito metafórica e dava prazer escutá-lo.

•

Outras vezes, quando saíamos em família, meu pai gostava de ir ao Malecón, um restaurante bem arejado na Rambla, embaixo do Club Banco República, onde, anos depois, já adolescentes, eu e Denize fomos a alguns bailes. Localizado entre os bairros de Pocitos e Buceo, o Malecón tinha uma vista privilegiada do mar.

Certo dia, quando caminhávamos de volta para casa, paramos em uma banca grande para comprar revistas, como era de costume. Lembro que era um dia especial, com a notícia do casamento de Jacqueline Kennedy com Aristóteles Onassis, e ficamos algum tempo comentando esse acontecimento.

– O que tu achas, Jango, desse casamento? – perguntou minha mãe, entusiasmada com a repercussão.

– Não sei não, Teca. Do ponto de vista do povo americano, essa união não será bem-vista pela maioria dos eleitores do Partido Democrata. Apesar de sua política externa desfavorável ao Brasil, Kennedy é um símbolo dessa facção política americana, e não sei se esse casamento será bem recebido por eles.

– Oh, Jango, tu só pensas do ponto de vista político. Eu estou perguntando sobre Jacqueline. Ela tem que seguir com a vida e tem o direito de se casar de novo, não acha?

– E tu, Teca, se eu morrer por aqui, tu vais te casar de novo?

– Jango, tu não sabes conversar. Eu acho que ela tem todo o direito de se casar e ser feliz. E olha que o Onassis é um coroa charmoso.

– É, Teca, ela vai ter muito tempo para navegar. O Onassis é um grande armador, e, com essa jogada, ele se tornará novamente bem--vindo sua frota nos Estados Unidos.

O Malecón sempre está presente em minhas recordações, como o restaurante em que a família se reunia para momentos só nossos.

•

O Parque Rodó também permanece vivo em minha memória. Fomos lá várias vezes ao longo dos anos para passear e andar naqueles velhos brinquedos de crianças. Quase sempre íamos nos fins de semana ou nos feriados, com os amigos do colégio ou do bairro. Às vezes, minha mãe nos levava; outras vezes, quem nos acompanhava era um empregado, e, com frequência, ia o Pedrito Roa, que era uma espécie de mucama e atendia o telefone vez por outra em nosso apartamento.

Pedrito me acompanhou por muito tempo, mesmo depois do falecimento de meu pai. Era um personagem muito especial, de quem Jango gostava muito. Nós nos divertíamos quando ele contava velhas histórias de sua cidade natal, Mercedes, de sua família e da noiva, Marita, que o abandonara por causa de suas farras na juventude.

Apesar de velhos, os brinquedos do Parque Rodó faziam muito sucesso com a turma. No Trem Fantasma, o desafio era ficar de olhos bem abertos e ver quem conseguia pegar mais pedaços das teias de aranha que passavam na nossa frente. Passávamos longas horas no parque. Nosso grupo era grande e lá encontrávamos turmas de outros colégios e crianças de todas as idades.

Era uma divertida mistura de cores, barulhos e aromas que marcou para sempre a minha infância. Ainda hoje consigo fechar os olhos e visualizar meu pai indo nos buscar lá à noite, buzinando no lugar marcado e apressando a gurizada com um sorriso:

– Vamos lá, cambada! Vocês já ficaram muito tempo, vamos tomar uma sopa!

Certa vez saímos do parque por volta de oito e meia da noite e fomos para o bar Pipo, um lugar bem simples, num prédio em estilo espanhol, frequentado por congressistas, comerciantes, funcionários públicos, pessoas de todas as partes de Montevidéu. Fazia muito frio e todos iam atrás da sopa de ossobuco, feijão-branco e bucho de vaca.

Entre goles de uísque e colheradas de sopa, meu pai passava horas conversando, em geral com políticos uruguaios, que eram assíduos frequentadores do bar. Enquanto falavam sobre política, a gurizada sentava junta em outra mesa e se divertia batendo papo.

Quando leio os relatórios de monitoramento que a ditadura brasileira praticou durante todo o nosso exílio e vejo o registro de "encontros secretos de conspiração com políticos uruguaios", vejo que os milicos tinham medo de Jango restaurar a liberdade e a democracia para o povo brasileiro. Tinham medo do diálogo e da proposta reformista para os mais humildes. Ficaram ao lado dos inimigos dos menos favorecidos, ao lado do capital internacional que subornou militares, políticos e dirigentes para enterrar a esperança de transformação social e eliminação de privilégios das elites.

Quando sufocada, a verdade custa a se manifestar. Mas a história enterra os tiranos e ressuscita a dignidade daqueles que perduram na boa luta.

10. As perdas

No exílio, a inocência da infância nos palácios pouco a pouco ia dando lugar à noção de que a vida real era diferente, feita de perdas, dores e sofrimentos por aqueles a quem mais amamos.

Sabíamos que teríamos que amadurecer antes do tempo, e meu pai se empenhava em nos mostrar sempre que o importante era o caminho da vida, e não o atalho.

Com ele, aprendemos a dar um passo de cada vez, enfrentando as lágrimas que a dura realidade nos provocavam. A realidade era clara, não assumia nenhum disfarce, mas tínhamos sempre a voz do equilíbrio de Jango ao nosso lado, guiando-nos ao longo do caminho.

As perdas são muitas e de muitos tipos. Material, humana, econômica, política, de amizades e de paixões. Transformar-nos de crianças a pessoas dignas, altruístas e orgulhosos da luta que meu pai travava no exílio era uma preocupação constante. Já adolescentes, nossa preocupação era continuar a amar o Brasil, mesmo sem conhecê-lo, pois um dia voltaríamos e teríamos que ser orgulhosos de nossa luta, do exílio, do que viria após tanto tempo longe da pátria.

Mas hoje muitos personagens já não estão conosco e não podemos fazê-los voltar. As palavras ficaram gravadas no tempo e alimentam as lágrimas e a saudade. Tudo faz parte do que somos, de nosso passado, presente e futuro, de nossa morte e ressuscitação. Afinal, o segredo de viver é ressuscitar dia a dia, permanentemente.

•

Certa tarde, eu, Denize, meu amigo Gabriel, Vivian e Lidia, filhas do dr. Waldir, decidimos descer a Rambla e ir até a praia La Estacada.

Como sempre, os meninos andavam na frente, atirando pedrinhas em alvos hipotéticos, falando das colegas da sala de aula, comentando qual menina era mais bonita e outros assuntos banais do cotidiano do colégio. Mais adiante descemos a rua Teru e chegamos na Rambla, que atravessamos rapidamente.

Já na praia, ouvi Vivian me chamando junto com outros adultos, aos gritos, para que eu fosse correndo até a Rambla. Eu fui correndo e, à medida que me aproximava, entendi que a situação era grave. Acelerei o passo e senti o medo percorrer todo o meu corpo, como nunca havia acontecido. Lidia, chorando e segurando o Chico pela mão, estava próxima de um carro preto antigo de portas abertas. Quando cheguei mais perto, um dos homens perguntou se eu era o irmão da menina.

– A Denize foi atropelada! – exclamou Vivian, aos prantos.

Naquele momento, o chão pareceu-me faltar sob os pés. Atônito, gritei em voz alta:

– O que houve com minha irmã?! O que houve com Denize?!

Entrei rapidamente naquele carro preto e vi minha irmã estirada no banco traseiro.

Foi tudo muito rápido. O carro começou a andar e os dois homens falavam entre si para acelerar, ao mesmo tempo que tentavam me tranquilizar dizendo, que depois que deixassem minha irmã no hospital, precisavam que eu lhes mostrasse o caminho de casa, para que eles avisassem meus pais do acidente.

Até hoje não sei como não perdi totalmente o controle quando vi minha irmã. Ela estava estirada no banco, com a cabeça cheia de sangue e, principalmente, um grande hematoma no olho esquerdo. Ela me olhava caladinha. Disse a ela que não se preocupasse, porque estávamos indo para o hospital e que tudo ficaria bem. Ela começou a tossir e teve uma espécie de convulsão. Em seguida vomitou, e, como estava deitada, quase se sufocou. Eu me sentei no banco e apoiei sua cabeça no meu colo até chegarmos ao Hospital Espanhol, no bulevar Artigas.

Fiquei esperando no hall do hospital enquanto a levavam para a emergência. Passados uns quarenta minutos, um dos homens que estavam no carro saiu e me pediu que o levasse até meus pais.

Embora eu tivesse apenas 10 anos, mantive-me calmo o tempo todo e disse a ele que morávamos na Leyenda Patria, no terceiro andar do edifício Fontainebleau, e que meus pais deveriam estar em casa.

Quando passei pela portaria, senti um profundo descontrole, larguei o homem no hall e comecei a chorar, subindo aos gritos pela escada que dava na porta dos fundos da cozinha. Entrei em casa aos prantos e encontrei minha mãe na cozinha, e, ainda gritando, fui dizendo o que tinha acontecido com Denize. Meu pai estava na sala com algumas pessoas e veio de lá correndo saber o que estava acontecendo.

Então o homem que dirigia o carro chegou e se apresentou. A essa altura, o nervosismo tomava conta da casa.

Desci com meus pais e dom Mintegui. E essa foi uma das poucas vezes em que vi meu pai perder o controle, pegar o homem pelo colarinho do sobretudo e erguê-lo com uma das mãos, dizendo que, se algo acontecesse com a filha, ele o mataria.

Entramos nos dois carros e fomos direto para o hospital. Denize já estava sendo assistida pelos médicos, que tranquilizaram meus pais.

Fizeram radiografias do crânio e da coluna, e estava tudo bem com ela. Mas eu me assustei mais ainda quando a vi, pois os hematomas estavam mais inchados do que quando dera entrada no hospital. Inconformado, eu disse isso a meus pais, mas todos os exames já haviam sido feitos e os médicos garantiram que ela não tivera nenhuma fratura. No entanto, ficaria em observação por uns dias.

Meus pais concordaram, mas disseram que no dia seguinte pediriam a transferência dela para o hospital italiano.

No dia seguinte, o homem que a atropelou foi com a esposa a nosso apartamento, levando flores para minha mãe e se colocando à disposição. Meu pai os recebeu e pediu desculpas pelo nervosismo do dia anterior.

E foi esse o grande susto pelo qual passei, e percebi que somos totalmente impotentes diante das fatalidades da vida. Pela primeira vez, aos 10 anos, entendi que existem desígnios que ultrapassam nossa vontade e comprovam nossa falta de poder diante do destino. Com 10 anos comecei a compreender que certas coisas que fazem parte da vida vão e vêm e fogem ao nosso controle, estão além do que possamos fazer. Nem as lágrimas infantis podem controlar.

•

Conforme o tempo ia passando, a identidade cultural uruguaia ia exercendo maior influência do que a brasileira em nossa vida no dia a dia, nos costumes, nas notícias, nos times de futebol, nos programas de televisão. Até os artistas argentinos influenciavam mais a cena cultural no Uruguai do que os brasileiros.

Román era um grande amigo de infância e várias vezes fez parte de nossas caravanas de férias para ir a Punta del Este ou à fazenda.

Ele era alguns anos mais velho que eu, então, em 1970, eu tinha uns 13 e ele já devia ter uns 15 anos. Seus irmãos eram mais velhos e já deviam ter passado dos 20 anos. Um deles fazia parte de um dos movimentos estudantis de resistência ao governo de direita do presidente Jorge Pacheco Areco, embora de regime democrático, que havia substituído o general Oscar Diego Gestido, morto em decorrência de um infarto fulminante.

Foi muito duro, para todos os amigos do bairro, tomarmos conhecimento de um grave acidente que havia ocorrido com Román. Meus pais gostavam muito dele e souberam da notícia por meio de dona Berta, tia de Gabriel, que foi nos avisar.

Román havia se queimado em um acidente dentro de casa. Os pais e os amigos estavam organizando uma visita ao hospital para levar solidariedade à mãe dele, que estava em estado de choque. Meu pai pediu mais informações e achou melhor eu não ir naquele momento, pois Román estava na UTI e eu não poderia vê-lo.

Alguns amigos mais velhos foram até o hospital, mas não conseguiram vê-lo, pois de fato seu estado era muito delicado e não tiveram autorização para entrar.

Uns cinco dias depois soubemos que ele estava lutando pela vida. Eu não entendia como a morte podia ter chegado tão próximo de mim, como isso podia ter acontecido a Román, dentro de sua casa, no quarto onde dormia e onde brincamos juntos tantas vezes. Como isso podia estar acontecendo com meu amigo? Todo queimado e lutando pela vida?

Diziam agora que ele dependia de seus rins para sobreviver. Eu continuava sem compreender e perguntei ao meu pai como isso acontecera e o que nós podíamos fazer por ele.

– Meu filho, sei que tem coisas que não estás entendendo, porém, nada podemos fazer por Román. Ele tem que lutar sozinho neste momento. Há coisas que só a Deus pertencem, e, mesmo que não concordemos com elas, temos que aceitar, resignados – explicou meu pai.

– Mas, pai, não faz muito tempo estávamos juntos lá na praia, e hoje ele está doente assim?

– Ele não está doente, meu filho, está lutando contra uma fatalidade que tu vais compreender aos poucos. À medida que fores crescendo, vais ver que a vida é assim, nós não temos controle de nada, e é por isso que devemos respeitar o destino, levando uma vida digna e sem nos arrependermos de nada.

Aquelas palavras sábias me acompanham há muitos anos, e a reflexão que meu pai me propôs construiu em mim a coragem para seguir adiante, sabendo que nada é perene, e que tudo que um dia nasce, um dia tem fim.

Dois dias depois Román nos deixou, e essa foi a grande e primeira perda espiritual que tive. Uma nuvem pesada impediu que eu entendesse aquilo como algo natural. Era muito cedo para ser natural, ele era muito jovem, mas eu não podia fugir da realidade do ocorrido, e as lágrimas caíram pela perda do amigo querido.

Nunca tinha ido a um enterro. Eu não tinha medo, mas a falta de compreensão me paralisava. Soube que, após o velório, ele seria cremado, mas não sabia o que era isso, nem podia imaginar que pelo fogo transformavam as pessoas em cinza. Eu não sabia se queria ir, mas meu pai disse que eu deveria me despedir de meu amigo e que ele iria comigo.

Depois de estarmos um tempo lá, Jango disse:

– João Vicente, já te despediste do Román, agora ele não precisa mais de nós por aqui, está na hora de voltarmos para casa.

Tempos depois, soubemos os motivos das queimaduras de Román.

Seus irmãos iriam participar de uma grande passeata na avenida 18 de Julio, em apoio ao Movimento de Libertação Nacional-Tupamaros (MLN-T), que estava surgindo no Uruguai.

A Polícia do governo Pacheco Areco já se encontrava em fase de estruturação militar e os primeiros blindados começavam a surgir para reprimir as manifestações de rua.

Do outro lado, os estudantes também se organizavam para se defender dos abusos policiais, e uma das tarefas de Julio Arregui, irmão de Román, era preparar os coquetéis molotov que seriam usados na passeata. Julio os escondera no quarto deles, embaixo da cama, ainda sem as "mechas" que tampariam as garrafas.

Román, inadvertidamente, acendeu um cigarro e jogou o fósforo dentro do quarto. Ele não sabia das atividades estudantis dos irmãos.

Partiu calado, sem saber que a luta política no Uruguai se intensificaria. Se estivesse vivo, sem dúvida lutaria ao lado dos irmãos e dos amigos.

•

Meu pai tinha uma fé muito grande. Nascido em uma família muito católica, sempre que podia ele ia prestar sua devoção a Deus na igreja. Não deixava de assistir à missa do galo e, após o Natal, gostava muito de brindar o novo ano, pedindo que a esperança se renovasse e o próximo ano fosse melhor.

Em 1971, passamos a véspera de ano-novo na fazenda El Milagro, em Maldonado. Antes de abrir a garrafa de champanhe, Jango disse em voz alta:

– Vou mirar naquela lâmpada para ver se teremos mais luz e esclarecimentos no ano que vai entrar!

E não é que acertou em cheio a lâmpada da sala de jantar? Todos nós nos enchemos de esperança para o ano seguinte.

Embora fosse um homem de muita fé, ele não rezava em público, apenas quando ia assistir à missa na igreja.

Era devoto de São Jorge, e usava uma medalhinha de ouro com a imagem do santo pendurada no pescoço. Em seu quarto na fazenda havia uma imagem de gesso de São Jorge e outra de Nossa Senhora Aparecida na mesinha de cabeceira.

Quando íamos de carro à noite para a fazenda, falávamos sobre temas que muitas vezes não estavam relacionados ao cenário político ou comercial. Jango gostava de conversar sobre outros assuntos, sobre coisas simples.

Em certa manhã, saímos de Salto, onde fomos examinar um rebanho de novilhos. O monomotor estava na revisão e meu pai foi dirigindo um Opel, e eu e um capataz dele o acompanhamos. Era um carro hidramático, como se chamava na época, que ele gostava, pois tinha um problema na perna esquerda e, por não haver pedal de embreagem nesse tipo de automóvel, era mais fácil de dirigir.

Nessa viagem viemos conversando sobre extraterrestres. Eu tinha visto um filme antigo e perguntei a ele:

– Pai, tu acreditas que podem existir seres extraterrestres?

A princípio ele ficou surpreso com a pergunta, mas naturalmente continuou o diálogo.

– Por que estás perguntando isso, João Vicente?

Ele sempre fazia esse tipo de questionamento, fosse com quem fosse, por mais esdrúxulo que o tema pudesse parecer. Com perguntas assim, ele se colocava no lugar de seus interlocutores, criava empatia e procurava compreender o que motivara o questionamento, antes de dar qualquer resposta.

– Não é nada de mais, pai. Vi um filme de ficção científica com meus amigos. O filme afirma que não estaríamos sós no Universo e que é grande a possibilidade de existir vida em outro planeta.

– Olha, meu filho, eu nunca vi nada parecido com extraterrestres, mas não poderia te dizer se existem ou não. Sendo o Universo tão gigantesco, infinito, tão vasto até para o nosso raciocínio, é claro que é muito pretensioso acharmos que estamos no único planeta em que há vida. É bem possível que existam outros tipos de vida, neste ambiente ou em um ambiente paralelo.

– Pai, no filme apareciam seres que tinham apenas consciência. Acho que após a morte as mentes eram preservadas e seus pensamentos permaneciam vivos e em atividade por meio de uma máquina.

Ele abriu um sorriso e disse:

– Mas para isso não são necessárias máquinas. Nós podemos transmitir pensamentos de paz, de harmonia, de humanismo. Tu já leste Gandhi no colégio?

– Ainda não, pai.

– Pois o dia que leres verás como ele conseguiu transmitir seu pensamento a gerações de indianos que o seguiram e se libertaram do Império inglês. Verás que, apesar de Gandhi ter sido assassinado, não conseguiram calá-lo, e, de certa forma, ele continua vivo até hoje.

– Mas o que quero saber é se tu achas que esses seres de outros planetas podem estar visitando a Terra. No filme, eles já são muitos e estariam invadindo a Terra.

Àquela altura, começou a cair uma forte chuva e a estrada ficou mais perigosa. Ao longe, vimos uma luz tênue, que parecia ser um posto de gasolina, ao que ele disse:

– Se for um posto, vamos parar um pouco. Minha vista está cansada e é bom não arriscar.

Ele estacionou o carro perto de uma árvore e, enquanto apressávamos o passo para entrar na lojinha, um grande clarão iluminou a noite e fez o contorno da árvore parecer uma esfinge que nos abraçava naquele instante. Jango falou:

– Olha aí, João Vicente, esse clarão pode ser o boitatá. Quando eu era criança lá em São Borja, ele aparecia muito nas coxilhas da minha terra.

Entramos silenciosamente na lojinha e ele pediu um café e um conhaque. Ao ser servido, meu pai levantou e pediu que eu erguesse minha Coca-Cola para brindar com ele.

– João Vicente, vamos brindar a esses desconhecidos. Que eles nos acompanhem em segurança até nosso destino.

●

Já estávamos no Uruguai quando soubemos que minha tia Sila, que era muito ligada ao meu pai, iria morar lá também, junto com o marido, João Luis Moura do Valle, e os filhos, José Henrique e Vicente Luis, que chamávamos de Ike e Vivi, respectivamente.

Lembro quando chegaram de Porto Alegre, logo depois do golpe de 1964, e alugaram uma casa em Carrasco, um bairro um pouco afastado de Pocitos, onde morávamos.

A família se mudou para o Uruguai levando junto Adelina, a enfermeira alemã que trabalhava para eles desde o nascimento de Vicente Luis, e Dumbo, o fox paulistinha preto e branco.

Meus primos também foram matriculados na Erwy School. Eu tinha uma ligação muita estreita com o Ike, pois éramos as crianças mais novas da família. Ele teve dificuldades de se adaptar ao colégio por causa da disciplina rígida e desde cedo mostrou que não era uma pessoa muito maleável no que tange a normas e regulamentos.

A saudade de casa, dos parentes e amigos era um grande sofrimento para todas as famílias exiladas. Isso gerava muitos problemas de convívio, dificultando a adaptação à nova vida e aumentando ainda mais a vontade de voltar ao Brasil. Foram muitas as famílias que se separaram, às vezes por força das circunstâncias, às vezes pela dificuldade de relacionamento que essas distâncias provocavam.

Isso também aconteceu com a minha família. Em 1965, houve um período em que meus pais estavam prestes a se separar.

Denize e eu sofremos muito, mas só nos demos conta depois, porque éramos muito novos e essa separação foi amenizada pela presença de minha tia, que já estava morando em Montevidéu. Durante a crise, eu e Denize ficamos com ela e sua família, enquanto minha mãe passava uns tempos no Brasil.

No verão de 1965, quando estávamos na casa La Rinconada, que havíamos alugado, soube o que tinha acontecido quando li a notícia em uma das revistas que vinham do Brasil. Lembro que meus olhos se encheram de lágrimas e fui direto perguntar ao meu pai se aquilo era verdade.

Sempre respeitando nossa infância, confirmou que ele e minha mãe haviam tido um desentendimento, mas que tudo tinha sido superado e ela estava chegando de vez para ficar conosco.

Foi maravilhoso conviver com meus primos naquele período e ficamos muito próximos, como irmãos de alma, e permanecemos muito unidos até o retorno deles ao Brasil, em 1966. Quando nós voltamos ao país, em 1977, nos unimos novamente e assim permanecemos, até que o destino os levou, como o vento leva as folhas das árvores no outono.

Eu e Ike brincávamos muito. À noite, nos arrastávamos pelo apartamento, em silêncio, nos aventurando pelos quartos dos meus tios e de Adelina, sem acordar ninguém, do contrário, perdíamos o jogo.

Ike virou um grande poeta, amante da poesia de Rimbaud, e, tal como ele, trágico e azedo em suas rimas. Despediu-se de nós muito cedo, para um lugar onde seria lido e ouvido.

Apesar dos sofrimentos e das saudades, aqueles foram bons tempos, dos quais nos lembraremos para sempre.

•

Foram muitos os momentos difíceis que vivemos no exílio. Em 30 de junho de 1968, em Montevidéu, fui com meus pais a um almoço oferecido por Darcy Ribeiro para convidados do núcleo de Jango, como Ivo Magalhães, dom Alonso Mintegui e o dr. Waldir Borges, recém-chegado de Porto Alegre, e que, na condição de advogado de meu pai, tinha informações que todos queriam ouvir.

Na época eu achava aquelas conversas muito chatas e não fiquei para o almoço. Seu Domingos me levou de volta para casa, onde eu almoçaria e depois encontraria com amigos que estavam no parque.

Mais tarde, na volta do parque, encontrei meu pai e os outros completamente transtornados, falando, nervosos, ao telefone.

– O que houve, meu pai? Por que vocês estão tão tristes? – perguntei.

– Meu filho, por favor, fica calmo. Eu estou bem, mas o Waldir morreu – respondeu ele, desolado.

– Como assim, pai? Estavam todos lá almoçando, o que houve?

– Vai para o teu quarto, filho, que eu tenho que dar uns telefonemas muito chatos para o consulado brasileiro aqui em Montevidéu. Seu Mintegui está aqui nos ajudando – explicou ele.

Encontrei minha mãe na cozinha e perguntei:

– Mãe, o que houve? Como o dr. Waldir morreu, se ele estava muito bem quando eu vim para casa?

– Vamos lá para dentro que eu te falo, João.

Sentamo-nos na saleta no corredor, e ela começou o relato:

– João, foi horrível. Estávamos todos à mesa, rindo das coisas que o Waldir estava contando, depois do almoço. Berta pediu que a empregada servisse o café. O Waldir tomou um gole do café e caiu duro na mesa. Foi horrível. Tu sabes que teu pai é um grande amigo dele, era ele quem cuidava de tudo de teu pai no Brasil, por isso é que ele está tão nervoso.

– E agora, mãe?

– Não o incomodes muito hoje. Estou preocupada, ele está muito nervoso.

Dr. Waldir sofreu um infarto fulminante. Meu pai e Darcy ainda tentaram reanimá-lo, mas nada poderia reverter o quadro. Levaram quase cinco dias para despachar o corpo de Montevidéu, porque a companhia aérea Cruzeiro do Sul não queria transportá-lo.

Meu pai ficou profundamente abalado. Além de um amigo, perdeu um incansável companheiro de batalha.

•

A fé e a religiosidade de meu pai fizeram dele um homem justo, profundamente preocupado com os outros, ligado às coisas simples e avesso aos excessos da burguesia que afastam os homens de seus semelhantes e os tornam presas do consumo e da egolatria. Jango era assim, um campeiro que arrebanha pessoas, como diziam vários de seus adversários.

Era manso, educado, simples, mas tinha uma convicção férrea que levava seus interlocutores a se apaixonarem por suas propostas.

Assumia posições inarredáveis quando o cerne da questão era o povo brasileiro, os trabalhadores, os humildes, os desprotegidos e todos aqueles a quem queria oferecer oportunidades de crescimento social, político e econômico, fazendo do Brasil uma nação mais igualitária e humanista.

•

Em muitas oportunidades, quando conversamos sozinhos sobre o futuro, seu olhar ficava perdido no horizonte, como se buscasse saídas e caminhos nos quais ainda não havia pensado.

– Isto aqui, João Vicente, está se prolongando demais. Não sei se algum dia voltarei para o Brasil. É como se ainda não estivesse acostumado ao ar que respiro. Até as cores daqui são diferentes.

– O que quer dizer com isso, pai?

Ficou um tempo calado, sentado à beira da lareira, e tomou um gole de uísque, olhando para aquele horizonte desconhecido. Depois de alguns instantes disse:

– O céu do Rio Grande do Sul também é azul, porém mais profundo e mais calmo. Aqui no Uruguai esse mesmo céu não tem a quietude de lá. Lá o céu me parecia mais límpido, como se nos abraçasse mais forte.

Hoje, ao reviver o passado e ressuscitar seu olhar, sinto que ele talvez sentisse falta do abraço do Brasil naquele momento, e o céu, de certa maneira, anulasse as fronteiras e estendesse esse abraço, fazendo-o chegar até ele.

– Tomara que algum dia nosso povo consiga se safar da opressão, meu filho. Que consiga retomar a liberdade de escolher seu destino e os valores verdadeiramente democráticos. Mesmo que eu não esteja mais aqui para ver esse momento, sempre torcerei por nossos irmãos.

– Para com isso, pai. É claro que logo vais voltar para junto do povo do Brasil. Tem muita gente que gosta de ti e não te esqueceu.

– Algo às vezes me diz que não voltarei mais para minha terra. Outro dia estava falando com o Pinheiro Neto lá em Tacuarembó. Eu disse a ele o que havia conversado com tua mãe, sobre a possibilidade de eu já ter partido e ela acabar voltando ao país viúva e com netos. Ele disse que eu não devia me abalar, mas não posso deixar de pensar que existe chance de isso acontecer mesmo, meu filho.

– Então, por que não voltas? Se não podes fazer política, volta para cuidar das tuas coisas.

– Não, meu filho, não volto enquanto houver brasileiros perseguidos, banidos e exilados mundo afora, simplesmente por amar o Brasil, que lutam pela Pátria e pela liberdade. Além disso, não vou deixar que os milicos me humilhem, como fizeram com Juscelino, quando ele voltou. O meu exílio é um protesto internacional contra a ditadura que instalaram no Brasil. Enquanto estiver exilado, é porque o governo brasileiro não é legítimo, é uma farsa e eu sou o ex-presidente deposto.

– Pai, mas não podes te deixar abater assim, bebendo sozinho, se não isso vai te fazer mal, e nós precisamos de ti.

– Mas tu também? Não basta esse monte de brasileiros aqui em Punta del Este que atravessa a rua para não passar perto de mim, temendo ser preso na fronteira ou perder os privilégios da ditadura Porque os que podem vir para Punta del Este, de alguma forma, são beneficiários do regime da ditadura. Eles só contam os copos de uísque que eu tomo, mas não falam dos tombos que levo aqui longe da minha terra. Agora bota mais gelo aí no copo e vamos para a cidade, tu vais dirigindo então.

– Tá bom, pai, mas não fala mais essas coisas de que não vais mais voltar. Isso me preocupa muito, pois tu és tudo o que temos.

– Olha, João Vicente, saiba de uma coisa muito importante, que vai te servir daqui para a frente: nesta vida ninguém é insubstituível, meu filho, nem eu.

11. Fragmentos
O Papa João XXIII e as reformas

Nossa vida é feita de fragmentos de lembranças e também de esquecimentos, construída em cima de momentos que muitas vezes se escondem nas profundezas da alma e que vêm à tona anos depois, como cores, fragrâncias e vozes que nos despertam mesmo quando acordados. E parecem nos questionar por que nos lembramos de tal acontecimento em determinado instante, revivendo o passado antes esquecido. São fragmentos de lágrimas que nos enchem de vida, são fragmentos de vida que nos dão a coragem de permanecer vivos, revivendo episódios da infância e da adolescência. No longo caminho, dar o primeiro passo é a grande ação para se empreender uma jornada – e as jornadas muitas vezes duram uma vida inteira.

Ao reviver o passado enquanto escrevo este livro, me pego sorrindo, chorando, sentindo-me indignado, feliz, e até de certa forma reconfortado com o destino que nos foi imposto no exílio, pois me sinto transportado para aquela realidade como se fosse hoje, com a certeza de que tudo o que vivemos continua vivo.

Por isso a importância da história e do destino.

Pobres daqueles que não temem a conduta e a história. Ficarão sem ela. Ou pior, farão parte da escória da memória dos povos. E ficarão sem destino.

Aqueles que não se manifestam nem gritam, de alguma forma constroem silêncios e se acomodam na falta de voz como se vivessem uma outra realidade, não revelada, esquecida ou alienada no eco de alguém que nunca viveu no desterro, nunca almejou poder voltar ao Brasil como uma ave peregrina, feita de saudades e de retornos utópicos dos sonhos.

Seria bom não acordar, transformando o sonho na eternidade da utopia. Como uma gaivota que empreende voo sem pedir licença ao mar, ou ao vento, pois os dois fazem parte de sua realidade.

●

– Meu pai, tu não brigas com ninguém. Por que todos esses amigos que tu e o tio Leonel têm em comum vêm do Brasil e vão lá falar com ele e depois vêm aqui falar contigo, mas nunca chegam a uma conclusão sobre as divergências que os separam?

– João Vicente, não sabia que com tua idade tinhas reparado nisso.

– Ontem ficamos conversando a noite inteira com o Josué Guimarães aqui no bar Oasis, pois ele vai para Atlântida, onde Brizola está exilado. Na conversa, só dissemos que ninguém tinha mágoas de ninguém, mas mesmo assim não queriam se ver ou se encontrar, pois cada um tinha uma visão diferente do Brasil.

Meu pai deu um sorriso maroto e falou:

– Não, João Vicente, o que estávamos falando com o Josué é que tanto eu como o Brizola temos que nos cuidar. Por isso pedi a ele que enviasse ao Leonel uma mensagem para que se preservasse, pois é mais novo que eu, e tivesse mais calma com o processo brasileiro, porque talvez seja ele quem terá que se erguer contra esses milicos.

●

Na volta de Atlântida, Josué passou novamente em Maldonado para falar com meu pai antes de retornar a Porto Alegre.

– Mas que tal, tchê, como te tratou o italiano?

– É, Jango, ele ainda critica muito tua passividade, diz que tu sempre queres resolver as questões políticas com diálogo, e que tu estás acomodado, que só queres ganhar dinheiro com a invernada de bois. E fala que a tua aventura com o Juscelino e o Lacerda na Frente Ampla só atiçou ainda mais a ditadura.

– Não falou nada sobre Caparaó (guerrilha armada idealizada por Brizola no Brasil a fim de tentar a resistência), Josué? O Leonel um dia vai me dar razão. Não sei quando, mas tenhas certeza de que ele vai me dar razão. Não entendo por que ele está no exílio como eu e insiste em me chamar de dúbio; até as encampações que "ele fez" no Rio Grande do Sul, eu, como vice do Juscelino, tive que arrancar a saca-rolhas dentro de um avião da FAB o tal de decreto da Bond & Share e da ITT, pois, para serem válidos, tinham que ser feitos pelo Governo Federal. Ou você acha que um decreto de desapropriação estadual teria validade internacionalmente em uma República Federativa? Fiquei dando explicações muito tempo depois, já que os Estados Unidos queriam o pagamento justo. O Kennedy até exigiu um posicionamento do Brasil em minha viagem aos Estados Unidos já como presidente, e mesmo assim era fácil me chamarem de dúbio quando a prioridade era desestabilizar o governo. Caímos todos, não tive sequer o apoio de parte das esquerdas chamadas progressistas para promulgar o estado de sítio. Ao exigir as "reformas na lei ou na marra", essas esquerdas, pregavam inconsequentemente o fechamento do Congresso Nacional, dentro de um governo democrático. Queriam que eu resistisse quando eles não resistiram? Exigiram a saída do Jair Dantas Ribeiro sabendo que o general Lott não assumiria mais compromissos institucionais? E o Grupo dos Onze, tão polidamente construído para resistência, era blefe? Não funcionou? Leonel tem ciúme político, ou tu achas que aquela campanha "Cunhado não é parente, Brizola para presidente" não era uma campanha de desestabilização de meu governo? Agora, neste momento em que estamos divergindo até aqui no exílio por causa dos métodos de enfrentar a ditadura, tu não achas que eu tenho razão?

– Como assim, Jango? – perguntou Josué.

– Olha, Josué, nós dois aqui estamos tomando um uísque no exílio e conversando alternativas para o Brasil, pacíficas, é claro, pois não podemos dar murro em ponta de faca, mas não nos é permitido criar uma guerrilha de contestação à ditadura e permanecermos aqui no exílio dando ordens a companheiros que vão se sacrificar contra uma ditadura extremamente forte. Engana-se aquele que acha que pode derrubar essa estrutura montando guerrilhas a partir daqui, do Uruguai. Eu não concordo com essa aventura, Josué! Só vamos sacrificar companheiros. Eu não entro nessa.

•

Estávamos na fazenda El Milagro, em Maldonado, quando, de manhã, meu pai pediu ao capataz que encerrasse um lote de ovelhas para carnear bem cedo e "orear" a carne na sombra, pois seus amigos Orpheu dos Santos Salles e Roberto Alves estavam chegando do Brasil. Mandou que Corbo, motorista e caseiro, fosse buscá-los no aeroporto de Carrrasco.

Era setembro e o dia estava lindo, bem fresco, com muito sol e um vento sul moderado. Pediu a Maneco Bigode, sobrinho de Bijuja, seu procurador e amigo de São Borja, que fosse a Maldonado comprar uísque, vinho, verduras e batatas para o churrasco.

Perto do meio-dia, a churrasqueira já estava cheia de lenha e acesa, pois lá se faz churrasco com lenha, e não com carvão. Nós nos sentamos com o pai à sombra, tomando chimarrão, e ficamos conversando enquanto o mordomo Tito preparava a grande mesa. Para cobrir as mesas de madeira, ele usava papéis, que eram presos com tachinhas nas bordas. O Tito usava uns pesados óculos de grau e muitas vezes perdia as tais tachinhas, que eram um perigo para quem andasse descalço saindo da piscina para ir comer, ou quando eram espalhadas pelo vento. Era sempre alertado pelo meu pai:

– Tito, tu estás enxergando bem para botar essa mesa? Senão, chama alguém para te ajudar...

– Fica tranquilo, doutor. O senhor sempre acha que não sei fazer as coisas – resmungou Tito.

– Tá bem, Tito, então faze direito aí para ninguém se machucar.

– Quem é que está vindo do Brasil, pai? – eu quis saber.

– Vêm o Orpheu e o Roberto Alves, trazendo do Rio de Janeiro algumas respostas da situação política, e também deve chegar o Talarico, ex-deputado do PTB, que diz trazer alguns documentos e não quis vir de avião. Ele foi de ônibus até o Chuí, atravessou a pé para o Uruguai e tomou um ônibus uruguaio para São Carlos, bem perto aqui de Maldonado.

– Da última vez que esteve aqui, o Orpheu me disse que também queria arrendar a tua fazenda lá no Mato Grosso, pai, aquela cujo gado foi todo vendido pelos interventores após o golpe. Tu vais arrendar para ele?

– É, João Vicente, ele está querendo arrendar, pois está com muito dinheiro, ganhando bastante na firma de consultoria de seguros de acidente do trabalho que montou no Brasil, mas sabes como é, ele é muito meu amigo, e eu sei que não entende nada de gado, por isso fico preocupado que ele venha a se desencantar com o negócio, não é? É como diz o ditado lá em São Borja: "Ovelha não é para mato, nem burro para parelheiro."

Tirei os apetrechos da rede onde ele estava sentado e levei para a cozinha, onde encontrei Tito e pedi que ele levasse o uísque e o gelo que meu pai queria.

Atendi dois ou três telefonemas lá dentro de casa e, ao retornar à churrasqueira, vi meu pai, já de pé, mexendo no fogo, cutucando os tocos de lenha com um ferro longo e puxando as brasas que caíam debaixo da *parrilla*.

– João Vicente! Traze a minha faca grande de campear lá do meu quarto para irmos destrinchando este capão que já está oreado. Vamos separar as paletas e as costelas para botar no fogo e guardar o espinhaço e os quartos, pois acho que com a linguiça que o Maneco vai trazer será o suficiente para nós hoje no almoço.

Assim que eu trouxe a faca, ele retirou a corda que pendurava a ovelha e em dez minutos já tinha separado todas as peças do capão. Levantou a *parrilla* o mais alto possível para o calor ficar bem afastado e colocou a carne para esquentar, assando de longe. É claro que, ao destrinchar o bicho em cima da mesa de madeira, deu um novo trabalho ao Tito, que não parou de resmungar.

– Deixa de choramingar, Tito, vai lá e troca o papel. Tu querias que eu cortasse o bicho em cima da minha perna?

Aprontamos o fogo, ele deixou a carne de longe e voltou para a rede, ao lado da churrasqueira, para se servir de um uísque.

Nesse meio-tempo chegou o Maneco Bigode com bebidas, verduras para a salada e os jornais que meu pai lia todos os dias. Quando estávamos em Montevidéu, os motoristas dos ônibus TTL que vinham diariamente de Porto Alegre lhe levavam o *Correio do Povo* do Rio Grande do Sul.

Os visitantes chegaram com Corbo vindos de Montevidéu. Orpheu, sempre muito gozador, estava acompanhado de Roberto Alves, e começaram a descarregar a bagagem para instalar-se em um dos quartos da casa nova.

– E então, Jango, como estás por aqui? – perguntou Orpheu enquanto descarregava a bagagem.

– Ué, como sempre, Orpheu, aguentando o exílio, vivendo com este espanhol precário. E tu, Roberto? Como está lá o teu cartório? – perguntou meu pai. Roberto tinha um cartório ainda da época da política, mas na verdade quem tocava o cartório eram os funcionários antigos. Ele gostava mesmo era de filosofar sobre política e falar da Igreja do Terceiro Mundo. Tinha muito acesso à CNBB e uma relação muito boa com o setor da Igreja Progressista do Brasil, que começava ali a surgir como uma força de contestação ao regime. – Vão deixar as coisas lá dentro e vamos conversar enquanto o borrego está na grelha.

•

As conversas políticas eram longas e sempre um grande prazer para Jango, quando se encontrava com amigos que vinham do Brasil para visitá-lo, na tentativa de motivarem este ou aquele setor, militar, do clero, dos sindicatos etc. As conversas atravessavam a noite e, às vezes, eram interrompidas e retomadas apenas no dia seguinte, depois de um tempo para reflexão dos interlocutores.

•

– Roberto, como está em São Paulo a luta política dos companheiros? E o que se diz por aí, nestas tuas andanças pelos cursilhos católicos que tu andas fazendo Brasil afora? – perguntou meu pai a Roberto Alves.

– Olha, Jango, está se formando uma consciência muito forte nesta nova opção da Igreja pelos pobres e uma maneira de pensar em mudanças profundas. O bispo auxiliar da Arquidiocese de São Paulo, Paulo Evaristo Arns, deve trilhar prontamente um caminho muito perto de nossas lutas e sem dúvida deve ser conduzido a arcebispo. Ele tem uma visão muito semelhante à da nova Igreja que está surgindo e terá um papel muito importante.

– Eu sei, já tive notícias dele pelo padre João, que esteve aqui comigo em Tacuarembó semana passada e me contou pessoalmente. Isso é muito importante, pois tenho notícias também de um novo endurecimento no meio militar brasileiro por causa do crescimento do MDB nas próximas eleições. Soube da atuação da Arquidiocese de São Paulo na defesa dos direitos humanos. É muito ruim haver esse endurecimento sem termos um movimento fora das atuações partidárias para pelo menos contestar e proteger a falta de liberdade e o silêncio com que a ditadura impõe a qualquer ato que conteste sua legitimidade. Existe um grupo militar muito mais duro que o atualmente no poder e que não quer nem ouvir falar em abertura ou distensão.

– Quem te mandou um abraço por meu amigo padre Genaro, de São Paulo, com quem estivemos num cursilho, foi dom Hélder Câmara. Ele está meio confinado em Olinda, mas fez questão de te fazer chegar o abraço.

– Não sei até quando vamos aguentar isso. O Brasil está amordaçado, Roberto, o que diria o dr. Getúlio se visse o que está acontecendo?

– Ele passou por isso. Te lembras, Jango, quando eu fiquei em Itu e só tu é que aparecias por lá?

– Eram outros tempos, Roberto. Getúlio ficou dentro do Brasil e foi mais fácil articular a volta dele, te lembras? Estávamos todos mais perto, hoje é muito difícil, os militares romperam a Constituição, baixaram atos institucionais tenebrosos, sendo o último, o nº 5, de uma aleivosia sem piedade contra a democracia. Mataram estudantes e operários que foram às ruas apenas protestar contra a opressão. De maneira nenhuma estavam colocando ou levando perigo ao regime das baionetas. A não ser que esteja muito fraco, o que não parece. Estão passando dos limites.

– Jango, tu deves te precaver, me disseram que andas sozinho por aí nas estradas, sem guarda-costas, sem proteção.

– Ora, Roberto, nem quando eu estava na presidência saía com guarda-costas, tu achas que vou sair aqui no Uruguai? Tu sabes que eu, às vezes, fugia dos guarda-costas lá no Rio e saía sozinho de fusca com as crianças para ir para Jacarepaguá comer casquinha de siri, que eles gostavam. Aqui saio só com meu revolverzinho por via das dúvidas, mas não vão vir aqui me matar.

– Jango, tu nem sabes do que são capazes. Eles se modernizaram muito, tem um monte de oficiais que foram enviados para a Escola das Américas e dispõem de muita, mas muita tecnologia a ser aplicada no extermínio de companheiros.

– Toma outro uísque e vamos chamar o Orpheu. Será que ele dormiu? A carne estará pronta daqui a pouco... vamos conversar sobre outra coisa. Às vezes fico até intrigado como eles nos chamam de comunistas por termos proposto reformas de base. Se olhares bem, estão todas como tarefas de opção pelos pobres, todas de certa forma inseridas na encíclica de João XXIII, não é, Roberto?

– É, Jango, sem dúvida, mas a falta de liberdade para falar, divulgar, reunir pessoas e sermos livres é uma coisa que hoje pesa a favor deles. Mas não te preocupes, eles passarão como os déspotas da pátria, afinal foram eles que traíram a Constituição, foram eles que a desrespeitaram, não o teu governo.

Orpheu tinha ido se refrescar antes de engatar na conversa. Ao chegar, tirou o terno paulista e tomou uma chuveirada. Estava pronto para uma longa conversa, foi logo dizendo ao se aproximar da mesa onde estávamos, com um charuto na boca e outro na mão:

– Agora sim, Jango, estou preparado para a nossa conversa. Olha aqui, queres um charuto Cohiba para começar o papo? – E foi se sentando ao lado de uma espreguiçadeira, acendendo o charuto que já trazia na boca.

Meu pai agradeceu, pegou o charuto, mas elegantemente disse que iria fumá-lo outra hora.

– Mas e então, Orpheu, me conta, foste lá nas Três Marias olhar a fazenda que queres arrendar? O que achou?

– Na verdade, Jango, tu sabes que eu não entendo nada de vacas, mas como tenho que investir em algo produtivo, vou ficar com a fazenda. Vou botar um pessoal que entenda, um engenheiro agrônomo e o que for necessário para começar a funcionar. Quero que peças ao Maneco que nos assessore no começo, pois quero começar com umas 3 mil vacas de cria, e como ele já está acostumado contigo na compra de gado, é melhor que faça esse começo para nós. Já falei com meus filhos, o Junior e o Marcos, que estão dirigindo a Consulseg, que vou começar a investir em gado. Foi até bom, pois eles já queriam aplicar em outro negócio, não no setor primário.

— É, Orpheu, é bom falares com eles, pois o setor primário é um ótimo negócio, mas não tem a mesma velocidade desse teu negócio de consultoria de seguros. Estás ganhando muito dinheiro, e muito depressa, mas pode terminar de uma hora para outra, pois em parte dependes do governo. A redução do recolhimento de tributos na segurança do trabalho das grandes empresas brasileiras depende da permanência da lei em vigor. Caso seja revista, o castelo pode cair. Nesse momento é sempre bom não colocar todos os ovos na mesma cesta. E me dizes uma coisa, Orpheu, tu que te dás bem com os milicos, como estás vendo a situação no Brasil?

— Olha, Jango, acho que temos que esperar as próximas eleições para ver se o resultado não vai ser tão desmoralizante para a Arena, embora tudo indique que vai ser. Então poderemos fazer uma avaliação melhor. Andei conversando com o Doutel, que esteve aqui contigo há uns meses, e o notei muito preocupado. Depois da cassação, ele lançou Lígia, que foi a deputada mais votada de Santa Catarina. Mesmo assim, após a demonstração de força do trabalhismo com sua eleição, senti que a perseguição a ele continua. Mas Doutel me disse que viria aqui conversar contigo. Disse que só não viria agora conosco pois tu o terias incumbido de falar com o Mirza, teu advogado no Rio, responsável pelos processos que a ditadura move contra ti, e te trazer uma solução política. Disse-me que assim que falasse com ele viria ao Uruguai com o Riff para conversar contigo, e que o Talarico te traria notícias pessoalmente.

— Orpheu, eu já disse a eles que o Talarico está chegando hoje à noite de ônibus por San Carlos, mas o problema é que ele vem sempre com aquele monte de documentos relatando tudo o que os companheiros conversam e planejam nas reuniões no Brasil. Se ele for preso na fronteira, ficam sabendo de tudo, pois ele traz escrito e depois o soltam para seguir viagem e vir para cá conversar comigo. Às vezes penso que é muito inocente trazer tudo isso escrito, não precisava.

– É, Jango, sei que também estás de viagem marcada para a Europa para cuidar de teu coração lá na França. Poderíamos marcar um grande encontro lá em Paris com os exilados.

– Orpheu, tu és um bom amigo e um grande companheiro, mas marcar uma reunião dessas em Paris com todos os exilados é deixar os milicos em polvorosa. Vão dizer que estamos fazendo um congresso de conspiração e podem apertar ainda mais. Vamos conversar com todos, mas um a um, e sem levantar suspeitas.

– Vamos fazer uma coisa, vamos para a Europa separadamente. Vamos marcar a ida agora para novembro. Eu saio daqui diretamente para Paris e tu vais pela Espanha, pois tenho um recado para levares ao Jorge Antonio, empresário como tu e amigo fiel do Perón. Ele saberá transmitir ao general que estarei na Europa para cuidados médicos em Lyon, então voltamos a Paris, falamos com o pessoal e eu, posteriormente, volto para o Uruguai passando pela Espanha. Acho que assim é melhor.

– Como tu preferires, Jango, estou do teu lado.

– Agora em teu retorno ao Brasil, volta pelo Rio antes de São Paulo e fala para o Riff se comunicar com o Celso Furtado, avisando-o de nossa viagem. Acho que o Darcy também deve estar por lá e será positivo esse encontro "casual" de todos. Orpheu, nem passaporte esses milicos me deram. Queriam me dar um para viajar exclusivamente para a França, com a ressalva "para tratamento de saúde", e válido por apenas sessenta dias, imagina?

– E tu, Jango, como vais fazer?

– Vou viajar com passaporte diplomático.

– É mesmo, como?

Meu pai deu um sorriso maroto e respondeu rapidamente ao Orpheu:

– Passaporte diplomático do Paraguai. Mas não é falso, não, Orpheu, foi o Stroessner que me deu. Mas outra hora te conto essa história.

A carne de ovelha já estava cheirando e a tarde quase chegando ao fim. Os amigos riram, recordaram outras épocas, pensaram no futuro.

Fragmentos.

Fragmentos de vida e de motivações que nunca deixaram de acompanhar Jango no exílio.

Fragmentos de nós, ao vento como bolhas de sabão sopradas ao destino, como uma visão que nunca termina, mas permanece fixa na imensidão da vida.

12. Ventos e raízes

No exílio se plantam ventos, não para colher tempestades, mas para esperar que eles brotem soprando as velas que um dia reconduzirão a nave de volta a casa.

Naqueles anos, meu pai estava plantando raízes sem saber que elas o prenderiam eternamente àquele solo, o solo do desterro. De sua terra, para sempre teria saudades.

Ao acordar, meu pai sempre tinha a mania de olhar para o céu e, se eu estivesse junto dele, me perguntava o que ele já sabia:

– De onde o vento está soprando, João Vicente?

E em seguida ele mesmo respondia:

– Vento sul, céu azul; vento norte, tormenta forte.

Olhava para o chimarrão, soltando fumaça nas manhãs frias do Uruguai, recolocava água na cuia e voltava a pensar nas providências para o novo dia de trabalho, de luta, organizando suas lides de campo, que, no exílio, mantinham-no de pé e o faziam ter menos saudades de casa.

Mesmo depois de tanto tempo, ainda hoje, quando estou no Uruguai, sempre olho o céu e me lembro de seus olhos; não é mais necessário ouvir a sua voz, pois o vento continua soprando e o céu do Uruguai continua azul. De certa forma ele ainda está por ali, preso às raízes do exílio e das saudades, fazendo-me saber que outro encontro haveremos de ter, quando nossas ventanias também se tornarem raízes.

Essas raízes começaram a ser implantadas em nossas vidas muito cedo, na chegada ao Uruguai.

Nos três primeiros anos ele já havia comprado a fazenda de Tacuarembó e costumávamos passar o verão em Punta del Este, onde, nesse período, também alugamos uma casa por temporada.

Em Punta, as casas não têm número, e sim nomes, situadas nas paradas numeradas, da Playa Mansa ou Playa Brava, dependendo de que lado da península estejamos.

A primeira casa que alugamos, em janeiro de 1965, chamava-se El Ventisco, e se localizava na parada cinco, em Playa Brava. Naquela época havia bem poucos prédios na Brava e a maioria eram casas.

São muito boas as lembranças de nosso primeiro verão em terra alheia, pois a casa ficava perto do mar, havia poucos carros e não existia a atual rambla, com fluxo intenso nos dois sentidos. Havia somente uma antiga estrada de cimento, muitas vezes invadida pela areia soprada pelo vento forte vindo do mar. Os poucos carros reduziam a velocidade, e, mesmo para as crianças, era fácil atravessar para o mar sem maiores preocupações.

Era tão pouco povoado que muitas vezes caminhávamos com o Gabriel, meu primeiro amigo lá de Montevidéu, por aquelas dunas, procurando ossos de foca e dentes de lobo-do-mar, que morriam nas praias.

Em frente à Playa Brava fica a ilha de lobos, com uma das maiores populações de lobos-marinhos, que o Uruguai explora há anos.

Certo dia, em uma dessas caminhadas pelos arredores daquelas dunas, cavoucando uma espécie de buraco que havia na areia, ao bater com uma barra de ferro produzimos um som metálico lá embaixo.

– O que será esse artefato de ferro enterrado na areia, perto do mar? – um perguntou ao outro.

– Não sei, mas vamos investigar. Vamos pegar uma pá em casa. Depois do almoço voltamos para continuar nossa investigação – respondi.

Como já havíamos cavado um pouco e vimos um grande pedaço de ferro circular enferrujado, com um diâmetro de mais de um metro e meio, e muito preso ao solo, não adiantava tentar movê-lo para os lados. O jeito era cavar.

Pensando no assunto, já de volta a casa, chegamos à conclusão de que se tratava de um submarino alemão que devia ter naufragado na Segunda Guerra. Aquilo que era visível só podia ser a escotilha de saída do navio, enterrado lá com o tempo.

Fazia sentido, pois o rio da Prata recebera muitos navios alemães que chegavam avariados e atracavam no Porto de Montevidéu para reparos antes que o Uruguai aderisse aos aliados. Um desses casos é o do famoso *Admiral Graf Spee*, cruzador alemão dos mais equipados, que foi afundado por seu comandante porque não pôde concluir o reparo em três dias no porto.

Demos um mergulho na piscina da casa e fomos almoçar. Meu pai chegou e ficamos conversando com ele. Sentados à beira da piscina, começamos a contar a ele, entusiasmados, sobre nossa grande descoberta. No começo ele não levou muito a sério e nos desencorajou a continuar a investigação, mas a insistência foi tamanha que ele disse:

– Bom, já que vocês estão insistindo tanto, depois do almoço deixamos o sol baixar, descansamos e eu vou até lá com vocês.

Adoramos a proposta, afinal, era mais um para ajudar a cavar e descobrir a verdadeira história escondida embaixo daquela escotilha.

No início da tarde pegamos mais instrumentos e levamos também uma marreta, uma pá e um pé de cabra.

Quando chegamos ao local, percebemos que estava melhor para cavar, pois o vento era mais fresco e, com a mudança de posição do sol, as dunas ao redor projetavam mais sombra. Meu pai olhou e também não soube identificar se de fato era uma escotilha, então continuamos a cavar e bater naquele ferro para ver se conseguíamos descobrir algo mais. Meu pai, que tinha um problema na perna esquerda e não a dobrava, ficou na marreta. Gabriel segurava a barra de ferro para ver se soltávamos outra tampa, também enferrujada, que parecia ser a entrada de alguma coisa.

Batemos diversas vezes entre a tampa e a grande estrutura que parecia ser a cúpula de saída do submarino. Já estávamos desistindo quando Gabriel, ao cavar na lateral da torre do submarino, encontrou uma tampinha menor ao lado e, ao que parecia, mais fina que a tampa grande de cima. Ele ficou tão animado que quis continuar tentando para ver o que aconteceria. Embora cansado, meu pai concordou em tentar de novo.

Na última tentativa de abrir um buraco para poder olhar dentro e saber o que realmente era nosso submarino, Gabriel colocou o ferro invertido com a ponta mais penetrante na trava da tampinha lateral e exclamou:

– Bate forte, doutor! Mais força!

Foi quando meu pai levantou a marreta bem alto e bateu.

O suposto submarino imediatamente mostrou o que era, e um jato enorme de água começou a jorrar a uns três metros de altura. Havíamos furado uma tubulação da companhia de água do Uruguai!

Voltamos imediatamente para casa e meu pai foi resmungando pelo caminho:

– Só eu mesmo para ir atrás de vocês. Olhem o que fizemos.

Ao chegarmos em casa, ele ligou para a companhia de água e informou o ocorrido, para que a equipe de manutenção fosse consertar os estragos. Disse que as crianças haviam danificado uma das tubulações e que ele se responsabilizaria por qualquer despesa extra.

O que ele nunca disse é que foi cúmplice da caça ao submarino.

Essa é mais uma das histórias que vivemos durante o exílio no Uruguai. Passo lá de vez em quando, mas hoje no lugar existe um grande edifício de apartamentos de luxo.

Em 1966 e 1967 alugamos uma casa chamada La Rinconada, que ficava um pouco mais longe da península, mas também na Playa Brava.

Nessa época nos dividíamos entre o apartamento da Leyenda Patria, em Montevidéu, a fazenda El Rincón, em Tacuarembó, e a casa de veraneio em Punta del Este, onde ficávamos dois meses de férias.

La Rinconada era uma casa maior, tinha quatro quartos, e no verão recebíamos alguns parentes que sempre iam nos visitar e matavam nossas saudades do Brasil. A prima de minha mãe, Terezinha, o Pedro e o Macau costumavam passar algumas semanas conosco. Meus primos Gracco e Ika (apelido de meu primo José Eurico) às vezes se juntavam aos amigos uruguaios, formando uma grande confraria no verão de Punta del Este. Nessa casa havia um salão separado, que chamávamos de boate, e a turma ficava por lá com Denize e as colegas dela, fingindo que tocávamos guitarra com raquetes de tênis e cantávamos as músicas da moda.

Roberto Carlos, Gigliola Cinquetti, Rita Pavone, Leonardo Favio eram alguns de nossos intérpretes preferidos. O Ika era quem mais os imitava. O Gracco não gostava muito dessas frescuras e preferia jogar futebol no gramado. Na frente dessa casa morava uma família muito humilde em um barraco de madeira atrás de uma grande duna, em um terreno baldio. O pai cuidava dos carros no hotel-cassino San Rafael e conhecia meu pai. Tinha dois filhos de nossa idade, Héctor e Clemente, que logo ficaram nossos amigos, e, quando tinham algum tempo de férias, iam conosco para a fazenda de Tacuarembó. O exílio nos faz entender que somos todos iguais, ricos ou pobres, e mesmo hoje, passados cinquenta anos, ainda somos amigos. Foram criados com muito sacrifício, também cuidavam de carros na madrugada fria do hotel-cassino. Um deles hoje é vereador no Departamento de Maldonado.

Tempos depois meu pai comprou uma fazenda em Maldonado, perto de Punta del Este, e desde então não alugamos mais casa. Eu, já maiorzinho, dirigia o carro para meu pai e o levava ao cassino, onde ficava horas conversando com Héctor e Clemente enquanto eles trabalhavam recebendo os carros no estacionamento.

Isso foi em 1969, eu tinha 12 para 13 anos e já dirigia o carro do meu pai. Naquela época, era permitido tirar carteira de habilitação aos 16 anos no Uruguai, assim como nos Estados Unidos e em alguns países da Europa.

Eu estudava na Erwy School em Montevidéu desde o primeiro ano primário. Na quinta série comecei a me preparar para fazer um exame livre de ingresso no liceu (equivalente ao antigo ginásio). Eu queria pular um ano, passar da quinta série primária diretamente para o ginásio, mas para isso precisava passar na prova livre. O tio Darcy arranjou uma professora particular, Emilia Fernandez. Acho que era uma assessora dele na Universidad de la República e ela passou a me dar aulas particulares para enfrentar aquele desafio.

Eu me esforcei muito durante uns seis meses, pois ao sair do colégio, à tarde, eu tinha que estudar as matérias do sexto ano para o exame. Toda a dedicação valeu a pena, porque fui aprovado e pulei um ano. Em 1969 comecei no primeiro ano ginasial.

Meu pai ficou exultante com a minha demonstração de superação, pois dava muito valor a isso.

•

A fazenda de Tacuarembó tinha uma casa enorme em estilo espanhol e lá dividíamos as tropas: a gurizada, os são-borjenses, todos os que ali chegavam eram sempre bem acomodados nos vários quartos da casa. A pista de pouso improvisada era usada como invernada, uma pista inclinada, coberta de capim, da qual se decolava em sentido descendente e se pousava em sentido contrário, subindo para que a inércia parasse o teco-teco mais rapidamente. Na verdade, o pouso era feito no meio do campo, não havia sequer um balizamento.

Naquela época o Uruguai tinha entrado em um progressivo processo inflacionário, que meu pai notou. Em Montevidéu havia um representante da Cessna que oferecia aos fazendeiros o financiamento rural com prazo de cinco anos para pagar em safra de gado ou de lã. Ao constatar a facilidade, meu pai comprou três aviões financiados em peso uruguaio para pagar depois. Nesse ínterim, a ditadura brasileira soube da compra e, preocupada que Jango pudesse invadir o Brasil com três teco-tecos, solicitou ao governo uruguaio que o proibisse de possuir as aeronaves, alegando risco à segurança aérea do Brasil. Essa exigência dos militares brasileiros acabou se mostrando vantajosa, já que ele vendeu dois aviões e ficou com o outro de graça. Um ano e meio depois, os aviões valiam cinco vezes mais.

Aterrissamos na fazenda e meu pai, encostado no poste da mangueira tomando um chimarrão, veio nos receber assim que o Rivero desligou o motor. Muito feliz com minha aprovação no exame, ele disse:

– Vem cá, João Vicente, deixa eu te dar um abraço e te felicitar por teu sucesso! Agora já és um estudante do ginásio. Parabéns, estou muito orgulhoso de ti!

– Pois é, pai, passei no exame livre, não foi tão difícil assim.

Depois do abraço, corri para dentro de casa. Queria pescar no canal da barragem no fim da tarde, pois sempre se pega mais jundiá e traíras do que de dia. Depois conversaria tranquilo com meu pai, que estava muito contente com o acontecimento.

Como eu tinha passado de ano e já estava em férias, sabia que minha estada seria longa, passaria no mínimo dez dias por lá, e já fui me preparando para o silêncio da fazenda. Pescaria, passeios a cavalo e de jipe, e caças, se fôssemos acampar na beira do rio Tacuarembó Chico, e se fôssemos a Nata, outra fazenda que meu pai arrendava, pescaríamos no Tacuarembó, o grande rio onde o outro desembocava.

Começamos a conversar antes do jantar. Meu pai me chamou para perto da varanda da cozinha, onde costumava sentar-se, e disse:

– João Vicente, estou muito contente contigo, mereces um presente e vou mandar buscar no Brasil, mas vais prometer-me que o deixará aqui na fazenda.

– O que é, pai? – perguntei, curioso.

– Vou te dar um Buggy, um carrinho diferente, com mecânica da Volkswagen, que está sendo feito no Brasil.

– Que bom! Assim não precisarei usar os jipes quando estiver aqui na fazenda. Poderei sair de Buggy até o rio, pescar e passear pelo campo.

E dois meses depois, o Maneco chegou de Porto Alegre trazendo essa novidade que não existia no Uruguai: meu Buggy Glaspac celeste.

Na fazenda ficavam todos em volta da varanda, ora com um grupo, ora com outro. Meu pai saía de caminhonete ou de jipe para olhar o gado e conversar com o capataz. Havia postos distantes da sede, principalmente o de ovelhas, cuidado pelo Alcides. Quando essa época chegava, tinha muita gente trabalhando por lá, pois era necessário que os homens fossem treinados nas tesouras de corte. Alguns levavam apenas de dois a três minutos para tosquiar uma ovelha, mas uma ou outra saía machucada e tinha que ser cuidada na hora para não dar bicho na ferida.

Lá também era refúgio de brasileiros que atravessavam a fronteira fugindo da ditadura militar.

Um dos que encontrei por lá foi Tarso Genro, também de São Borja. Nossos pais eram grandes amigos e Tarso ficou uma longa temporada "hospedado" na fazenda, comendo carne de ovelha. Seu esquema de estudante no Brasil havia sido descoberto e teve que sair escondido, no estilo Jango, como ele diz: cruzando a fronteira seca, pelo interior dos campos da vizinha Rivera, e chegando a Tacuarembó por dentro das estradas de boi. Uma vez no território uruguaio, pediu asilo político às autoridades locais.

Tarso ficou alguns meses até se articular com as autoridades uruguaias para obter documentos de refugiado. Lembro-me bem de algumas conversas longas com Percy Penalvo, outro exiliado, que era o administrador da fazenda.

•

Era sexta-feira e meu pai pediu a Rivero que fosse buscar minha mãe e Denize em Montevidéu, pois estariam esperando no sábado pela manhã naquele conhecido aeroporto de Melilla. Rivero decolou para a cidade de Tacuarembó para abastecer o Cessna, levando consigo algumas instruções para o dr. Ivo Magalhães, em Montevidéu, sobre outros negócios de meu pai que ele conduzia. Rivero decolou com Percy, que ficaria em Tacuarembó comprando vacinas, outros insumos necessários para o rebanho de ovelhas e acertando detalhes dos tosquiadores.

Nessa época do ano, quando há a tosquia, o movimento na fazenda é bem maior, em razão do número de pessoas envolvidas na lide campeira. Era preciso providenciar comida para os trabalhadores, acomodações para que o serviço não fosse interrompido, além de reza forte para não chover, porque, depois de tosquiadas, as ovelhas se desesperam quando chove, já que não estão acostumadas a estar sem lã, e isso traz muitos prejuízos, inclusive perdas de animais.

Minha mãe chegou com Denize e suas duas colegas da escola, Alicia e Alba, no sábado por volta do meio-dia.

Com a chegada da turma feminina, o clima ficava mais animado, uma vez que à noite tínhamos que descobrir algo para fazer, como jogo de cartas, dominó, jogos de tabuleiro, batalha naval, entre outros. A turma de São Borja gostava mesmo era de jogar truco, com baralho espanhol, fazendo muita gritaria e contando muita mentira, como parte da encenação do jogo.

Jogávamos pôquer ao redor da sala antiga que ficava no living da velha casa em estilo espanhol, antes do pátio interno que levava aos quartos de fora. Era mais divertido, pois era o único jogo em que às vezes tínhamos a companhia do meu pai.

Essa farra se estendia até no máximo as dez da noite, hora de desligar o velho motor que gerava luz elétrica, situado lá no galpão. Ele era tão velho que, para funcionar, tínhamos que colocar uns cartuchos de pólvora para esquentar os bicos de diesel e uns dez homens precisavam puxar uma corda grossa, pois não tinha bateria nem sequer motor de partida. Vagarosamente, ele ia pegando com aquele barulho lento, tuf-tuf-tuf, e depois que começava a funcionar ia regulando seu ronco como um motor normal até que depois se conectava o gerador e começava a produzir luz.

Os dias em Tacuarembó eram longos, mas felizes. Mais tarde, já adolescentes, é claro que preferíamos passar as férias em Montevidéu ou Punta del Este, por causa das festas, dos bailes e da agitação estudantil. Estar junto dos amigos na cidade passou a ser mais interessante que os dias na fazenda.

•

Na fazenda também houve dias de fortes emoções, como a chegada de exilados clandestinos, a preparação da pista de pouso para receber Edward Kennedy, que acabou não acontecendo, as visitas indesejadas que já relatei anteriormente, além de roubos de documentos e de dinheiro por pessoas que se diziam amigas e acabaram traindo quem as estava ajudando.

E a história, que hoje todos conhecem, do suposto filho que Jango teria tido na juventude, aos 13 anos, o Noé Monteiro da Silveira, hoje Goulart, mudança outorgada pela justiça gaúcha. Meu pai sempre negou essa história, assim como seus amigos de infância Bijuja, Pedro Mello e Dirceu Trilha, que foi inclusive capataz de meu avô, Vicente Goulart. Certo dia, em uma das temporadas que passamos por lá, tocou o telefone e alguém do Aeroclube de Tacuarembó perguntou se o dr. Goulart se encontrava na fazenda, porque uma pessoa de Porto Alegre estava querendo ir até a fazenda. Por causa da chuva e do barro na estrada, a pessoa queria alugar um teco-teco no aeroclube, à custa do dr. Goulart. O piloto, Julio Pasos, era cunhado de Rivero, e também de Tacuarembó. O passageiro era Noé da Silveira, o suposto filho.

Meu pai pegou o telefone e disse a Julio Pasos que não o levasse, pois não seria recebido. Imediatamente mandou Rivero para o aeroclube a fim de esclarecer os fatos. Como eu tinha atendido a ligação, ele me chamou e começou a me explicar sobre essa história que até hoje, depois de sua morte, se tornou uma grande farsa na história do judiciário do Rio Grande do Sul.

– Olha, meu filho, esse Noé que se diz meu filho, na verdade, é meu irmão. No ano em que ele foi gerado, eu estudava em um colégio interno em Uruguaiana. Minha mãe, sua vó Tinoca, ao saber que a mãe dele estava grávida lá no Iguariaçá, não quis nem saber de ficar com a empregada na fazenda, pois sabia que o filho era de seu avô Vicente. Imagina se, caso ele fosse meu, ela não iria criar? É claro que sim. Durante muito tempo eu o ajudei, sabia que ele era da família, mas dizer que é meu filho é uma sacanagem. Ele sabe que não é. Se fosse meu filho, eu já teria tomado outras providências, não deixaria isso assim, até para vocês, amanhã ou depois, não virem a sofrer as consequências, caso eu não esteja mais aqui. Ele não é meu filho, ele é meu irmão.

Depois que Jango morreu, em plena ditadura, eles entraram com uma ação de investigação de paternidade e ganharam depois de muito tempo, o que transformou as previsões de meu pai em realidade. Eles intervieram nos bens e fizeram alarde nos jornais por causa da semelhança entre eles, em mais uma injustiça praticada para desconstruir a imagem de Jango.

O mais interessante é que essa foi a primeira investigação de paternidade no Brasil feita apenas com testemunhas. Não existe nenhuma carta ou menção escrita de prova de paternidade nos autos.

Na conversa a esse respeito, perguntei a ele:

– Mas, pai, tu tens algum filho antes do casamento? Tu eras tão namorador que isso é possível?

– Olha, meu filho, eu acho que tenho uma filha moça que não conheço, pois a mãe dela se casou naquela época com um militar da Aeronáutica e pelo que sei está muito bem casada até hoje, mas este aqui, não, ele é meu irmão!

A ação transcorrida posteriormente foi uma grande aventura jurídica. Alguns pontos nunca foram esclarecidos: por que não entraram depois do golpe, se a questão era não prejudicar a imagem de Jango durante sua carreira política? Por que esperar a sua morte e não ter mais o seu depoimento nos autos?

O mais interessante de todos os aspectos é que o juiz de primeira instância deu uma sentença muito clara de que não era possível reconhecer a paternidade "por mera semelhança" e, diante de vários depoimentos que indicavam meu avô como verdadeiro pai, não poderia ele reconhecer a paternidade sem provas mais específicas.

Eles recorreram e o processo foi para a terceira turma de desembargadores do Rio Grande do Sul, na qual um dos desembargadores, o dr. Galeno Lacerda, tinha sido advogado da causa do Noé na primeira instância. Ele ficou impedido de julgar, é claro. Mas o cafezinho funcionou.

Perdemos de três a zero e Noé ganhou a causa. Uma farsa virou realidade. Em 1983 consegui fazer um acordo, pois já não havia mais como reverter a sentença, esse desembargador recebeu 400 hectares da fazenda São José como honorários.

Naquele ano eu tinha sido eleito deputado estadual pelo Rio Grande do Sul, mas, a partir dessa ação, todos os meus bens foram bloqueados e não tive condições de saldar muitas dívidas advindas do próprio exercício da atividade primária. O interventor de meus bens foi o dr. Cirne Lime, ex-ministro da Agricultura e ferrenho adversário de meu pai. Desesperado e sem condições de seguir lutando contra tanta injustiça, pensei em renunciar ao meu mandato. Disse que iria à tribuna denunciar a justiça do Rio Grande do Sul, pois desembargadores receberam fazendas como pagamento de ações anteriormente e que, se eu não podia gerir o patrimônio deixado por meu pai, como era possível seguir exercendo um mandato que envolvia muitas vezes votações de todo o patrimônio do estado do Rio Grande do Sul?

Bonorino Butelli, presidente do Tribunal de Justiça do Rio Grande do Sul, deu um ultimato ao meu partido, o PDT: ou eu me desculpava publicamente ou dizia qual desembargador tinha recebido uma fazenda como honorários.

Eu já havia optado por fazer a denúncia e renunciar, quando meu tio Brizola, presidente nacional do PDT e governador do estado do Rio de Janeiro, me ligou.

– Olha, João Vicente, temos que conversar, te espero aqui no Rio de Janeiro o mais urgente possível.

Já tinha meu advogado para essa empreitada contra a justiça, o dr. Ovídio Baptista da Silva, renomado jurista gaúcho e irmão de Pedro Macau, casado com Terezinha Fontella, prima de minha mãe. Fomos então ao Rio de Janeiro para conversar com meu tio Leonel Brizola. Quando chegamos ao apartamento dele, um assessor, Jessy, nos esperava e disse:

– O chefe está em Itaipava, no sítio do Chumbinho, e deixou o helicóptero na Lagoa para levar vocês até lá. Melhor saírem logo para dar tempo de pegar o avião de volta para Porto Alegre.

O tio Leonel nos aguardava na piscina do sítio.

– Como vais, Ovídio? E tu, João Vicente, como vais? – perguntou ele.

– Mais ou menos, tio Leonel. Estamos sob fogo cruzado.

– Pois é, eu sei, e sei também de tua intenção de renunciar e denunciar alguns membros do judiciário gaúcho, não é?

– É, não tenho alternativa. Nem o presidente da Assembleia de nosso partido quis tomar posição a meu favor na inquisição do presidente do Tribunal. O Renan se lixou para o fato que realmente é pessoal e não partidário.

– Pois olha, João Vicente, vou te pedir uma coisa: nós não podemos enfrentar o judiciário dessa maneira. Apesar de termos tido eleições para governador pela primeira vez em muitos anos, a abertura ainda não está completa, e uma renúncia tua, denunciando o atual judiciário, com teu nome representando Jango, pode nos trazer complicações políticas neste momento. Eu gostaria que refletisses em nome de nosso partido, do qual és fundador junto comigo. Tu tens me ajudado desde Lisboa e te peço que faças essa reflexão.

– Mas tio Leonel, o que estou falando é a mais pura verdade, estão cometendo uma injustiça comigo e, para reverter isso que me pedes, eu teria que pedir desculpas publicamente para alguém que recebeu uma fazenda de 400 hectares como honorários. E isso eu não vou fazer!

– Olha, Ovídio – disse ele para meu advogado –, eu já falei com o Bonorino. Não vai ser necessário o João Vicente dar uma declaração pública, bastará tu ires amanhã à presença dele e levares um papel alegando que tudo isso não passou de um mal-entendido. E por favor, João, esquece isso da renúncia pois não vai ajudar ninguém, nem a ti.

E assim a política mais uma vez se sobrepôs às normas federativas. Eu não renunciei, mas dali para a frente não consegui fazer um bom mandato por causa de uma série de empecilhos patrimoniais. Segui com a vida, mas lutando e relembrando sempre as injustiças, visto que onde quer que estejam devemos nos posicionar contra elas. E Jango era assim.

E assim foi esse episódio, que até hoje considero uma perseguição política e uma forma de desconstruir a imagem de Jango.

Houve outra investigação de paternidade a pedido de uma mulher que reivindicava ser filha de Jango, mas o sensacionalismo em cima do processo de Noé foi tamanho que o juiz não levou o processo dela adiante.

Depois de fazermos a exumação dos restos mortais de meu pai, obtivemos seu DNA, que havia sido solicitado pelo juiz da investigação de paternidade dessa senhora, bem como o meu DNA, o de minha irmã e o de Noé, que se negou terminantemente a fornecer uma amostra. Por que será? Depois que ele venceu a ação apenas com provas testemunhais, ainda na ditadura, ele se nega agora a fazer o teste para saber se realmente é filho de Jango? O que a justiça deu a ele se nega a dar aos outros?

13. As esquinas das cidades

Nas esquinas de onde viemos é que aprendemos a recordar os fatos. Nas esquinas de nossas vidas, com idas e vindas, é que lembramos várias imagens guardadas na memória. Algumas delas permanecem presentes, mesmo quando tentamos a todo custo reprimi-las e mantê-las confinadas ao passado distante. Mas à medida que vamos recordando, as nuvens vão se dissipando e o passado antes distante é novamente iluminado pelo sol e se torna presente, na esquina da Leyenda Patria.

Hoje, um de meus filhos, Marcos Vicente, mora no Uruguai com meus netos Julia e João Martín. João Martín só me chama de "Tata Brasil".

Vivem nas esquinas de Montevidéu, nos bairros, nos mesmos lugares que habitam minhas lembranças. No mesmo banco do Parque Rodó em que vivi doces momentos de minha infância, onde meu neto se diverte cinquenta anos depois.

Foram muitas as pessoas que conviveram conosco naquela época, e todas tiveram sua importância.

Pedro Roa, nascido em Mercedes, no interior do Uruguai, trabalhava na minha casa. Muito disciplinado, nos acordava cedo para a escola, cuidava dos afazeres domésticos e acompanhava a mim e a meus amigos por onde íamos.

Ele contava muitas histórias de sua cidade natal e de sua paixão por Marita, a namorada que o trocou por um cantor popular.

Pedro nos acompanhava nas idas aos parques, clubes e bailes. Ficou muito próximo de nós e nos ensinou até a jogar bilhar, tornando-se um grande parceiro da gurizada.

Pedro ficou com nossa família por muito tempo. Depois do exílio, nos acompanhou na volta ao Brasil. Morreu em 1992, quando trabalhava comigo na fazenda do Maranhão.

Itar Nery Gutierrez Porlei, conhecido como Queruza, foi outro personagem importante em nossa vida no exílio. Durante muitos dias, ele ficou observando a distância os movimentos da fazenda El Milagro. Tinha saído da cadeia e ficou espreitando a fazenda por três dias para roubar nossa casa lá em Maldonado.

Quando percebeu que chegara a hora de invadir a casa, caminhou pela estrada que levava à fazenda. Ao chegar, encontrou-se com meu pai, que estava saindo para Tacuarembó com o monomotor já pronto para decolar. Ao vê-lo, meu pai inquiriu:

– De onde estás vindo?

– De dentro – respondeu o homem.

– De dentro de onde? – perguntou Jango.

– De dentro, bem lá de dentro! – respondeu Gutierrez.

– Bom, pelo que vejo, estás precisando de emprego. Não tenho muito tempo para falarmos agora, mas estou indo para Tacuarembó e não tem ninguém para ficar aqui na casa. Tito não está aqui, então vou te deixar a chave até segunda-feira e tu ficas cuidando da casa. Tem comida na geladeira, te vires aí até que eu volte.

Pois bem. Queruza, que tinha ido roubar a casa, encontrou Jango pelo caminho, que entregou a ele a chave e o deixou encarregado dela até que voltasse de viagem.

Queruza não roubou a casa e se tornou um dos empregados mais fiéis a Jango, que lhe deu um voto de confiança sem nem o conhecer.

O homem ficou com vergonha de roubar. Quando Jango voltou, confidenciou-lhe que tinha acabado de sair da prisão, onde cumprira pena de vinte anos por estelionato, e que dali para a frente queria trabalhar. Nunca ninguém lhe dera um voto de confiança como Jango fizera. Ficou tão preocupado em cuidar da casa que o esperou voltar quase sem dormir. Disse a Jango que, por segurança, ele não podia mais permanecer sozinho ali.

E assim ele ficou trabalhando com meu pai, para sempre.

●

Nessa época, 1968, meu pai tinha tido um infarto. Éramos pequenos e não percebemos a gravidade da situação.

Lembro que Raul Riff, seu grande amigo da época do Ministério do Trabalho, estava ali, ao lado da cama de meu pai no apartamento da Leyenda Patria. Tinha vindo da Iugoslávia só para vê-lo.

Eram grandes amigos, de longa data, independentemente da distância que os separava. Sem dúvida, eram confidentes. Era Riff quem ouvia os grandes discursos e com quem meu pai dividia os maiores desafios. Ele tinha uma retórica escrita que agradava muito a meu pai; quando juntos, faziam as notas para a imprensa ou discursos para os líderes do PTB.

Depois da morte de meu pai, estive com Riff na China e falamos sobre política, sobre a conduta de lealdade de Jango para com seu povo e sobre suas ideias para o Brasil: independência social, política e econômica sustentada na autodeterminação dos povos, uma nação voltada para seus filhos, principalmente para aqueles aos quais faltavam oportunidades, os desprotegidos e marginalizados da sociedade.

●

Eu não ia mais ao colégio de ônibus amarelo, tinha crescido, estava no primeiro ano ginasial e a turma toda usava transporte público. De manhã cedo, descia de nosso apartamento na Leyenda Patria até a rambla Republica del Perú, em frente à praia La Estacada, onde Denize tinha sido atropelada. Lá eu pegava os velhos ônibus da linha 121, da CUTCSA, que ia até a Erwy School.

Quando perdia o ônibus e não queria me atrasar para a aula, minha mãe me levava de carro. Se chegássemos uns minutos atrasados, não entrávamos na sala e levávamos falta. Com vinte faltas tínhamos que obrigatoriamente fazer a prova final, mesmo que tivéssemos nota para passar por média. Para não ser gozado pelos colegas por ir ao colégio acompanhado pela "mãezinha", eu pulava do carro na esquina, torcendo para que nenhum deles me visse; senão, era gozação na certa.

•

Na Erwy School, antes de começar o primeiro ano ginasial, houve uma espécie de rito de passagem, uma cerimônia muito bonita da qual participam todos os alunos e seus pais no começo do ano.

Meus pais foram a essa homenagem e foi a primeira vez que vi correrem lágrimas dos olhos de meu pai. Naquele momento pensei que ele se emocionara ao ver o filho no ginásio, depois de pular um ano. Ele mesmo, depois, me contou que se emocionou muito quando ouviu o hino nacional uruguaio ser tocado e ver cada aluno se aproximar da bandeira do país e prestar juramento solene à Pátria e se obrigar a morrer por ela.

Naquele momento entendi o sentido de suas lágrimas: seu filho jurando lealdade à bandeira de outro país.

Era em momentos como aquele que o exílio abria ainda mais as feridas do destino que nos foi imposto.

•

Quando Jango enfartou, o professor Zerbini foi a Montevidéu examinar seu caso. Esteve com outro médico cardiologista que o assessorava, o dr. Macruz, e os dois aproveitaram para fazer funcionar a primeira máquina de coronariografia do Uruguai, no Hospital Americano. Nesse exame é introduzido um cateter pela veia da perna, e meu pai teve muito medo de fazê-lo. Correu tudo bem, e o dr. Zerbini recomendou que ele acompanhasse de perto a cardiopatia. Meu pai começou a se tratar com o professor Fremont no Hospital de Cardiologia de Lyon, na França, uma vez por ano.

O médico proibiu-lhe o cigarro e com isso meu pai começou a fumar cachimbo. E eu aprendi a limpar os cachimbos com conhaque, deixá-los repousar, soprar e secar.

No ano anterior, ele havia recebido o Lacerda em Montevidéu e, após muitos debates com seus companheiros políticos, chegou à conclusão de que a Frente Ampla podia ser uma solução política para enfrentar a ditadura, e Jango era um homem de diálogo. Colocou o Brasil em primeiro lugar. Ao ser perguntado por que havia aceitado fazer a Frente Ampla, Jango sempre respondia:

– Há anos estamos aqui no exílio lutando politicamente contra uma ditadura opressora que não quer mais sequer ouvir nosso nome. O Lacerda diz que também quer lutar contra aqueles que ele mesmo ajudou a colocar lá. Nós estamos aqui nesta trincheira apenas com um revolverzinho trinta e oito, lutando contra tanques e canhões; aí vem o Lacerda com uma metralhadora e se une a nós. Eu disse a ele, primeiro o Brasil; depois, se sairmos vitoriosos, resolvemos nossas divergências.

Assim foi, e custou-lhe muito, inclusive politicamente. Brizola deu declarações muito ferozes lá em Montevidéu. Dizia que Jango havia traído o trabalhismo, que Vargas estava se remexendo no caixão, que Jango estava enterrando sua trajetória, e mais um monte de bobagens. Que o negócio era a luta armada liderada por ele. Montou Caparaó lá do exílio e, pelo que sabemos, tudo acabou sem que um tiro tenha sido disparado. Depois da tentativa da Frente Ampla, a ditadura brasileira baixou o Ato Institucional nº 5 e mostrou suas garras. Perseguiu, torturou, cassou mandatos, assassinou companheiros de luta e entrou na conspiração internacional a serviço de Washington para derrubar outros governos latino-americanos. Nessa época meu pai articulava-se politicamente com Perón no exílio, com o senador Allende, no Chile, e com alguns militares no Brasil que desejavam a volta da democracia.

Lembro quando Lacerda esteve no apartamento da Leyenda Patria para conversar com meu pai e redigirem juntos o documento final da Frente Ampla. Renato Archer também estava presente e os três ficaram horas na sala. A certa altura meu pai me chamou e pediu que eu levasse meus cadernos para o governador ver.

Eu atendi seu pedido, sem saber que meu pai usaria meus cadernos para mostrar ao ex-governador os motivos que o levavam a recebê-lo em nossa casa no exílio.

– Veja bem, governador Carlos, meus filhos estão estudando em espanhol, e parte disso se deve a sua feroz ação política contra mim e meu governo, o que provocou o golpe de Estado. Hoje estou aqui para recebê-lo em nome do Brasil e da democracia que o senhor ajudou a derrubar, uma vez que, após sua reflexão, estamos construindo uma frente ampla e democrática para impedir que a presidência de nosso país seja eternamente transferida de general para general. É por isso que estamos juntos, apesar de nossas divergências, que serão resolvidas quando recuperarmos a democracia novamente – em nome da democracia, estávamos a unir forças para lutar pelo Brasil.

– Jango, eu sabia que tu, como político, entenderias o meu gesto. Meu receio era dona Maria Thereza. Sendo mulher, não sei como me receberia aqui, pois podia culpar minha atuação política por toda essa tristeza – comentou Lacerda.

– Carlos, ela se chateou muito no começo do exílio aqui, mas já estamos acostumados. Ela até está na cozinha fazendo um arroz de carreteiro para nós.

Meu pai tinha um profundo amor pelo Brasil e por sua gente, e era capaz de engolir qualquer sapo em nome deles.

•

Nessa época comecei a entender, nas conversas com meu pai, um pouco mais de sua aflição política, de suas lutas e amarguras no exílio. No ano de 1967, em uma entrevista a uma revista da antiga Iugoslávia, deixou clara a sua enorme paixão pelo Brasil e por seu líder, o dr. Getúlio Vargas, que lhe mostrou o caminho político a ser trilhado para a evolução do trabalhismo, com justiça social, liberdade e democracia. Confiava que o trabalhismo não só continuaria vivo, como evoluiria, diminuindo cada vez mais as profundas diferenças sociais entre as classes e fazendo da justiça social o instrumento de distribuição de renda.*

•

Entre política, a vida em família e a segunda pátria, o Uruguai, fomos crescendo no apartamento da Leyenda Patria. Com lembranças e esquecimentos, saudades e alguns martírios dos fatos bons e ruins vividos lá.

No apartamento havia um longo corredor que levava aos quartos, que ficavam nos fundos. No meio dele tinha uma saleta, antes dos quartos, que usávamos tanto para estudar quanto para brincar. No corredor, havia um aquário de peixes ornamentais em frente à saleta. Sempre tínhamos animais em casa, em especial cachorros, e brincávamos muito com eles. Meu pai tinha um grande amigo em São Borja, Pedro Mello, que criava perdigueiros e mandava para meu pai no Uruguai. Lembro-me de dois: o Tintin, que era preto e foi o primeiro a chegar lá no apartamento; depois veio o Sinatra, também perdigueiro, mas marrom.

Certo dia eu estava a toda pelo corredor, com o filhote atrás de mim. Olhava para trás para evitar que ele me pegasse, quando dei com a cabeça na quina de ferro do aquário e caí no chão, momentaneamente desacordado. Minha mãe gritou muito ao me levantar do chão

---

*A íntegra da entrevista está na seção Apêndice. (*N. da E.*)

banhado em sangue. Fui levado às pressas para o hospital, onde fiz raios X e tomei pontos. Minha mãe conta que não chorei em nenhum momento e dizia, que por ser homem, eu não podia chorar. Quanta inocência. Mais tarde eu iria aprender que homem chora, sim, e que as lágrimas dos adultos carregam muito mais dores espirituais que as das crianças. Hoje não sentimos mais medo. Hoje as lágrimas caem pelas coisas que não realizamos.

Naquele ano meu pai tinha comprado a fazenda El Milagro, em Maldonado, onde fica Punta del Este, e era comum irmos para lá nos fins de semana.

Começamos a gostar de ir para Punta até no inverno, mesmo com o vento marítimo frio que vinha do sul.

Punta é um balneário bastante frequentado por argentinos endinheirados, e sua economia é baseada no turismo e na especulação imobiliária. Quando a Argentina está bem economicamente, Punta del Este tem uma excelente temporada turística; quando a economia argentina vai mal, a temporada em Punta é ruim.

Meu pai se estabeleceu por lá e desenvolveu várias atividades empresariais na cidade, o que nos dava a oportunidade de ir para lá vários fins de semana seguidos para ficar com ele. Ele até começou a construir uma casa nova na região.

Tinha conseguido tirar meu Buggy celeste da fazenda de Tacuarembó e levado para Maldonado. Como já dirigia muitas vezes com meu pai do lado e o levava ao centro, ao cassino e a Punta, quando se encontrava com amigos ou levava os que estavam na fazenda com ele para jantar ou almoçar, eu queria ir todos os fins de semana para lá para andar de Buggy pelas ruas da nova cidade que passava a fazer parte de nossa vida.

Muitas vezes ia e voltava de carro com meu pai. Ele me pegava na saída do colégio no sábado de manhã e íamos direto para Maldonado. Quando não dava para ele voltar, pois estava com muitos empreendimentos na cidade, eu retornava de ônibus para Montevidéu para assistir às aulas na segunda-feira.

JANGO E EU, MEMÓRIAS DE UM EXÍLIO SEM VOLTA

Meu pai era muito simples e quase sempre andava vestido despojadamente, mas alguns cassinos em Montevidéu só permitiam a entrada com gravata; ele, é claro, nunca usava gravata, mas pedia uma emprestada ao porteiro e ficava todo desajeitado, de gravata e de chinelos. Jogava um pouco e seguíamos viagem para Punta del Este.

Parávamos com frequência no Parador Los Cardos, onde ele adorava tomar uísque com perdizes em escabeche, que dom Cristóbal, dono do restaurante, preparava com esmero.

A fazenda de Maldonado foi se modificando e evoluindo com os empreendimentos que meu pai ia fazendo ali. Ele criou engenho de arroz, abatedouro de gado, frigorífico de embutidos, açougues etc. Tudo relacionado com o setor primário, no qual atuava como empresário desde jovem.

Cada vez passava mais tempo lá, construindo novos empreendimentos. Fez uma pista de pouso para o avião Cessna e ia direto para Tacuarembó quando necessário.

El Milagro se tornou seu quartel-general no Uruguai.

Em alguns períodos do ano se tornava uma verdadeira colônia de férias: eu e Denize levávamos nossos amigos, minha mãe sempre recebia uma ou duas amigas, além dos amigos e funcionários de meu pai, que faziam do lugar uma festa.

Sempre havia churrasco, futebol, conversas, articulações e convidados.

Certa vez, fizemos um churrasco em comemoração ao aniversário de minha mãe. Havia muitos convidados: amigos de meu pai, meus primos que tinham ido do Brasil e amigos do colégio, além de Gabriel, que já trabalhava com meu pai no empacotamento de arroz no galpão recém-construído.

Estávamos batendo bola quando meu pai inventou um jogo de futebol entre a gurizada e o pessoal mais velho. Ele começou a deixar o Pedro Roa, nosso acompanhante eventual nos bailes de Montevidéu, tomar uns tragos na festa e o colocou como juiz.

O jogo começou, a velha-guarda corria bastante e a partida ficou disputada enquanto eles tinham fôlego. De vez em quando o pai interrompia o jogo, dava risadas e mandava o Pedrito, nosso juiz, tomar mais um gole de caipirinha, feita com a cachaça que sempre chegava de São Borja. E recomeçava o jogo.

Eles chegaram a marcar um gol, não que isso fosse preocupante, porque estávamos à frente no placar.

Meu pai começou a rir e, quando estávamos comemorando o fim do jogo, nosso juiz, já alcoolizado, apitou e deu a vitória de um a zero para os "velhinhos", deixando a gurizada indignada e os velhos dando risadas pela cumplicidade do dono da bola com o juiz, comprado à base de caipirinha. Dias depois, Pedro ainda jurava que não tinha visto nossos gols.

Foi também nessa época que começamos a ir ao Paraguai. Saíamos direto da fazenda para o aeroporto de Assunção. A primeira ida foi em julho, durante minhas férias, e ficamos lá uns dez dias.

Ao chegarmos, fomos direto para o Hotel Paraguay, na época o melhor da capital. Por meio de licitações, o governo o concedia a empresários interessados em administrar o empreendimento, uma vez que pertencia ao Estado. Os irmãos Toto e Ito Barchinni eram muito ligados ao governo do presidente Stroessner. Toto era o concessionário do hotel e Ito, o ministro do Turismo no Paraguai. No hotel fomos imediatamente recebidos por Toto, que nos informou que as reservas estavam confirmadas, mas que, por ordem superior, a casa particular de seu irmão Ito estava à nossa disposição. Meu pai perguntou o porquê dessa mudança, e Toto respondeu que havia sido um pedido pessoal de Stroessner. Meu pai então ficou tranquilo e fomos todos para a casa de Ito.

Saímos do hotel com uma discreta escolta, a pedido da Casa Militar da Presidência da República. E havia toda uma estrutura na casa à nossa espera: cozinheiro, empregada, segurança, arrumadeira, mordomo etc. A casa era antiga e imensa, protegida por muros, e um ou dois policiais militares armados de metralhadora estavam posicionados em pontos estratégicos.

O ministro Ito, dono da casa, estava lá para nos dar as boas-vindas. Antes de sair e nos deixar à vontade, ele explicou que o presidente Stroessner queria se encontrar com meu pai, e ali era o melhor lugar, o mais discreto para essa conversa.

No outro dia saíamos em um dos carros que estavam à disposição e fomos para o interior do Paraguai, em direção a Puerto Stroessner, hoje chamada Ciudad del Este, pois meu pai queria ver um campo, que depois acabou comprando.

O encontro com Stroessner fugiu a todos os padrões políticos. Por telefone, Ito informou que chegariam por volta das quatro da tarde para conversar. Como Assunção é uma cidade muito quente, ficamos na piscina da casa, à espera deles. Na hora marcada, vários seguranças à paisana, muito discretamente, se posicionaram do lado de fora da casa, e, em seguida, chegou o presidente Stroessner com Ito e seu filho Gustavo.

Apesar de ser um dia de semana, Stroessner estava bem à vontade, com uma camisa branca de manga curta e mocassim sem meias. Os dois recordaram o último encontro no Brasil, na fazenda As Três Marias, onde conversaram sobre a represa e pescaram no rio Itiquira. Stroessner se referia à sua visita oficial ao Brasil, que acabou sendo realizada em uma fazenda no meio do Pantanal mato-grossense, propriedade que meu pai tinha no Brasil. Na época Jango estava desenvolvendo um projeto altamente necessário para o Brasil, chamado "Sete Quedas", e que depois os militares brasileiros sepultaram e ressuscitaram com o nome de usina Itaipu.

Meu pai sorriu, talvez ao recordar o episódio, e disse:

– Amigo Alfredo, tu hás de convir que era uma época de muita ebulição política no Brasil, e o nosso projeto, que acabou virando Itaipu, era de suma importância para o Brasil. Eu havia reatado relações com a União Soviética e queria comprar as turbinas com tecnologia desenvolvida lá, que eram dez vezes mais baratas do que as ocidentais, que acabaram sendo utilizadas no novo projeto de Itaipu. Como sabia que tu eras meio reticente a comprar dos soviéticos, tivemos que ficar pescando na beira do rio por uns três dias até tu te convenceres que assim seria melhor e mais barato para nossos países. Naquele momento de efervescência política, eu não podia te receber no Rio ou em Brasília, já que haveria manifestações tanto da esquerda, que me apoiava, dado teu posicionamento pouco democrático no Paraguai, quanto dos interesses americanos, por parte das empresas Siemens e General Electric, que queriam vender as turbinas mais caras para a usina Sete Quedas. Os russos tinham tecnologia suficiente, pois já tinham construído a represa de Assuã, no Egito, na ocasião, a maior do mundo.

– Sim, Jango, eu compreendo – disse Stroessner. – Por isso o recebo aqui em meu país, em nome da amizade que temos, e não por razões políticas, visto que pensamos diferente. Mas sou amigo de quem se mostrou meu amigo, e muitas vezes sou pressionado. Depois de sua chegada, o embaixador brasileiro protestou por sua presença no país. É claro que não dei importância, pois quem manda aqui sou eu. Mas não se surpreenda, sempre tratam de pressionar meus amigos. Com Perón aconteceu a mesma coisa. Não sei se se lembra que tive que mandar um destróier paraguaio para o porto de Buenos Aires quando ele sofreu o golpe.

Na queda, Perón se expatriou primeiramente, antes de partir para o exílio na Espanha, nesse barco de guerra que Stroessner havia mandado para o porto de Buenos Aires para abrigá-lo. Apesar de diametralmente oposto ao pensamento político de Jango, ele se considerava amigo de meu pai e sabia da perseguição do governo brasileiro.

Foi nessa reunião que meu pai explicou a ele as dificuldades que estava tendo para obter um passaporte. Não conseguia nem ir para a Europa tratar da saúde, visto não poder viajar por falta de documento internacional. A ONU havia lhe oferecido um "título de viagem", documento similar ao passaporte outorgado aos exilados e perseguidos internacionalmente, mas meu pai tinha recusado, uma vez que o uso desse documento é malvisto nos aeroportos internacionais por causa do terrorismo internacional. Stroessner o ouviu detidamente e em seguida emendou:

– Jango, não se preocupe mais com isso. Agora mesmo vou ordenar ao ministro de Relações Internacionais do país que lhe outorgue um passaporte diplomático do Paraguai.

Muito sensibilizado pelo gesto, meu pai disse:

– Mas, presidente, como vou figurar como membro do governo paraguaio se estou oficialmente exilado no Uruguai?

– Não se preocupe, você é amigo do povo e do governo paraguaios.

O passaporte que o Brasil lhe negava acabou sendo emitido por outra ditadura "amiga" dos milicos brasileiros, quisessem eles ou não, com os seguintes dizeres: "O titular deste passaporte é o ex-presidente do Brasil e amigo do Paraguai." Os governos de fato funcionam assim, mas, bem ou mal, Stroessner lhe forneceu o que o Brasil lhe negou: o direito à cidadania.

•

Em Montevidéu tínhamos sempre muitos encontros com brasileiros, turistas, empresários e políticos. Dom Alonso Mintegui era cônsul honorário do Internacional, time pelo qual meu pai torcia e onde jogara nos juniores em Porto Alegre. Sempre que algum time brasileiro ia jogar em Montevidéu, ele conseguia ingressos para mim e alguns amigos, e podíamos ir até o vestiário. Recentemente fui a São Paulo a convite do vereador Ademir da Guia, que resgatou um título de Cidadão de São Paulo, outorgado em 1964, que meu pai não pôde receber por causa do golpe de Estado e lembrei a ele que já o tinha conhecido, no vestiário do Palmeiras no estádio Centenario, no jogo contra o Estudiantes de La Plata pela taça Libertadores. Nesse jogo entramos no vestiário e até batemos bola com os jogadores antes do jogo.

Mas até em eventos de futebol, em que a política deveria ser deixada de lado, acontecem coisas quando se está no exílio. Certa vez a seleção brasileira estava em Montevidéu, hospedada no Hotel Plaza na Plaza Independencia, para um amistoso contra a seleção uruguaia, e os jogadores, então, decidiram ir ao nosso apartamento na Leyenda Patria para levar um abraço do Brasil ao meu pai.

Lembro que foi uma festa para os meus amigos, todos queriam ir lá. O capitão Wilson Piazza disse a meu pai:

– Presidente, como vai? Os jogadores queriam vir aqui lhe trazer um abraço. Viemos almoçar no Cangaceiro e resolvemos todos vir até aqui convidá-lo para assistir ao jogo de quarta à noite.

– Eu te agradeço muito, Piazza. Isso para quem está longe de seu país é um gesto inesquecível – disse Jango, sorrindo e com um olhar muito doce.

Piazza, que era uma pessoa bem esclarecida, foi logo se desculpando. Jango não sabia do que se tratava e perguntou:

– Mas o que houve, Piazza? Estou muito contente com a presença de vocês.

– Pois é, presidente, mas peço desculpas pela ausência de nosso Pelé. Ele disse que estava indisposto. Ele é muito medroso nessas questões e tem receio de ser mal interpretado pelos militares brasileiros.

– Não te preocupes, capitão. Só a presença de todos vocês aqui já me deixa muito orgulhoso, e tua coragem mais ainda.

Meu pai entendeu o medo do Pelé, mas eu, não. Só vim a entender depois, porque, na época, mesmo sendo ele um grande ídolo do futebol brasileiro, disse não se importar que o Brasil não tivesse eleições para presidente, governadores, senadores etc., porque o povo brasileiro não sabia votar mesmo. E essa era a mesma justificativa usada pela ditadura.

Quarta à noite meu pai não pôde ir ao jogo, mas eu e a turma de amigos fomos ao estádio ver um pedacinho do Brasil que me trazia ainda um pouco de nostalgia. Apesar de haver jurado a bandeira uruguaia, o hino brasileiro ainda calava fundo no meu coração. No exílio aprendemos novos hinos, à medida que os diferentes países vão nos acolhendo. Eu ainda aprenderia o hino argentino e o inglês, já no fim do exílio, antes da morte de meu pai.

•

No verão, Punta del Este ficava tomada pelos argentinos, sobretudo os "portenhos", naturais de Buenos Aires, que são muito pedantes no trato com os uruguaios e no dia a dia. Gostavam de frequentar a alta sociedade e produziam grandes eventos que geravam repercussão na imprensa argentina.

Meu pai tinha aversão a esses eventos sociais, mas como conhecia muitos políticos argentinos, vez ou outra tinha que ir a essas festas.

Certa vez, dom Romero, governador da Província de Corrientes, na Argentina, um peronista importante na sustentação do partido naquele país e com um permanente contato com "Puerta de Hierro"*, na Espanha, esteve na fazenda com a família e convidou meu pai e os amigos que ali estavam para uma festa na semana seguinte, no Cantegril Country Club de Punta del Este, onde haveria a eleição da Miss Punta del Este e onde estariam outros políticos peronistas. Meu pai disse que pensaria sobre o convite, mas caso não fosse pediu que dom Romero transmitisse a eles o abraço do também ex-presidente do Brasil e exilado político no Uruguai.

Dias depois, à noite na fazenda El Milagro, meu pai convidou Rivero, Bogado, Maneco Leães e eu para acompanhá-lo e voltar dirigindo, caso bebessem mais do que o recomendado.

Maneco sempre levava presentinhos para Tito, e com isso conseguia que o mordomo lhe reservasse a melhor cama, cuidasse da roupa dele e lhe fizesse outros agrados enquanto estava lá.

---

*Alusão à residência do presidente Perón, exilado em Madri nas imediações do monumento Puerta de Hierro. (*N. da E.*)

Maneco andava sempre arrumado e perfumado, mas os outros nem se importavam com a aparência. Do jeito que chegavam do campo, sujos e empoeirados, saíam para o centro da cidade para tomar um uísque, passar pelo cassino e voltar às três, quatro da manhã.

Meu pai tinha um cachorro chamado Ranger, que adorava. Quando chegava de Tacuarembó, enroscava-se nas pernas dele e os dois não se separavam. Por mais sujo e fedorento que estivesse, depois de estar no brete, na mangueira de gado, em carniças espalhadas no campo, não desgrudava do meu pai, que deixava o bicho entrar na sala da fazenda e ficar perto dele e dos amigos.

O pior era quando íamos sair de carro e o Ranger começava a latir para ir junto. Com pena do bicho, meu pai o deixava ir no banco de trás do carro. Quase sempre nos dividíamos em dois carros, mas meu pai chamava Maneco para ir no carro com ele. Não tinha jeito: e lá ia Maneco, com sua colônia francesa, e atrás o Ranger, com seu fedor de carniça. Do outro carro, nós caíamos na gargalhada.

Em uma dessas ocasiões, alguém se lembrou da festa do Cantegril Country Club e convenceu meu pai a passar no clube da nata da sociedade argentina. Estávamos todos daquele jeito, saídos da fazenda, sujos de barro e descamisados.

Ao chegar ao clube, evidentemente nos perguntaram se havíamos sido convidados, pois nossas roupas destoavam muito dos trajes elegantes usados na festa.

Havia uma mesa reservada para Jango bem na frente da pista onde seria realizado o desfile. Meu pai ficou logo constrangido e quis ir embora, mas Rivero o convenceu a ficar, dizendo que pegaria mal retirar-se logo depois de chegarem.

Meu pai foi sentar-se mais ao fundo com alguns políticos argentinos. Empolgados, Rivero e Bogado tomavam várias bebidas que iam passando e comendo antes de todos, com medo de que a comida acabasse. Já estavam meio altos quando Rivero conheceu outro piloto argentino que trabalhava para um grande empresário do setor de construção pesada, que lhe perguntou se era o piloto do presidente Goulart. Rivero confirmou e o homem se apresentou. Disse que se chamava Jorge Sandoval e era comandante do empresário argentino Guillermo Cohen. Contou que pilotava tanto o Lear Jet quanto o cargueiro 727 da empresa, transportando os cavalos de polo do chefe. Ele quis saber se Jango também gostava de cavalos.

Rivero, que além de piloto era muito amigo de Jango e depois foi preso pela ditadura uruguaia por pertencer ao MLN-T, tinha uma visão muito diferente do mundo, assim como meu pai, uma visão mais voltada ao humanismo, à solidariedade entre as pessoas, ao desenvolvimento social. Depois de ter bebido, achou aquela pergunta muito vã. Para ele, viajar com cavalos em cargueiro para deixar os bichos à disposição de um jogo de polo no exterior era excesso de vaidade pessoal em um mundo com tanta desigualdade. Achava uma atitude típica da burguesia, que não sabia onde mais aplicar o dinheiro. Então respondeu sem hesitar:

– Não, o presidente Jango não viaja com cavalos. Só viaja com modelos argentinas. Nosso avião, um Cessna 210, viaja repleto de mulheres.

O tal piloto, é claro, imediatamente encerrou a conversa, pois viu que tinha sido mal interpretado. Era melhor não falar mais em cavalos de polo voando em aviões.

Meu pai viu que a festa não era muito de seu agrado e tratou de se desculpar, dizendo que tinha outro compromisso. Passou ao lado de Rivero e disse a ele:

– Chega de provocação, Rivero, vamos embora.

– Mas, doutor, ainda não vimos as candidatas a miss. O desfile nem começou.

– Que miss coisa nenhuma, vamos embora!

E ficamos sem ver a rainha de Punta del Este, que naquele ano não foi uma argentina. Quem venceu o concurso foi uma paraguaia.

•

Certo dia, estávamos em Montevidéu, e eu, minha mãe e Denize recebemos um telefonema do Percy, na fazenda de Tacuarembó, avisando que o avião de meu pai estava perdido com ele a bordo. Foi desesperador, pois não sabíamos o que havia acontecido, para onde tinha ido e nenhum plano de voo com a matrícula da aeronave havia sido reportado à aviação civil do Uruguai naquele dia nem nos dias anteriores. Pessoas ligadas a ele em Montevidéu começaram a chegar a nosso apartamento na Leyenda Patria para entender o que ocorrera, entre elas Ivo Magalhães, que era seu procurador, dom Mintegui e a mulher, e Cláudio Braga.

Minha mãe disse para ficarmos em casa, em vez de irmos ao colégio, pois era melhor que ficássemos juntos até que tudo fosse esclarecido. No exílio já circulavam notícias de sequestros, desaparecimentos, fugas, golpes, rebeliões, e nossa vida pode mudar em uma questão de segundos.

Muito depois, lá pela tarde, o Percy ligou novamente e disse que eles haviam saído da capital paraguaia e não haviam reportado pouso em nenhum aeroporto da rota. A única coisa que podíamos fazer era esperar. Mas o que fazia no Paraguai se não havia plano de voo? Ligamos para o aeroporto de Assunção, que informou não haver boletim de decolagem daquele aeroporto. Passamos horas sem receber notícias.

Em meio ao silêncio e à tensão, Ivo Magalhães explicou:

– Dona Maria Thereza, não vamos nos preocupar até termos mais notícias. Não haver registro da decolagem não quer dizer que o voo não tenha saído de lá. Eu sei, pois já estive no Paraguai com o dr. Jango e ficou combinado que não fossem feitos registros de nenhum tipo, tanto para proteger sua condição de exilado no Uruguai, como para o Brasil não pressionar demais o governo do Paraguai.

– Ainda bem, Ivo. Espero então que logo tenhamos notícias – disse minha mãe, preocupada.

Na verdade houve uma verdadeira odisseia do exílio. Meu pai, Maneco Bigode e Rivero haviam decolado da fazenda de Tacuarembó diretamente para o aeroporto internacional do Paraguai. Ficaram dois dias em Assunção e voltavam clandestinamente, sem plano de voo, para a fazenda de Tacuarembó, como se não houvessem saído do Uruguai. Na volta, o tempo fechou – um perigo para eles, que viajavam em um Cessna 210, sem piloto automático. Rivero tentou prosseguir em voo raso, para ver se encontrava o rio Uruguai e, assim fosse possível, descer até Artigas, Salto e pousar no Uruguai. Mas foi impossível, não havia visibilidade. A solução foi descer os trens de pouso e, olhando pela janela lateral, fazer um pouso de emergência –onde fosse viável. Depois de 1h45 de voo, desceram em uma estrada de terra no interior rural. Eles não sabiam onde estavam.

Segundo Rivero, meu pai ficou profundamente nervoso e começou a bradar:

– Por que tu não viste que esse tempo estava uma merda, Rivero? Olha aí no que deu, agora vão me prender. Onde estamos? No Brasil, na Argentina? Olha que merda! Tu sabes onde pousamos, na Argentina ou no Brasil?

– Fique tranquilo, dr. Jango. Não estamos no Brasil, não passamos o rio Uruguai, estamos em território argentino.

– Pior ainda. Se estivesse no Brasil, ficaria preso no meu país. Com estes milicos argentinos a puxarem o saco dos brasileiros, vão me deportar para lá. E, pior ainda, vou perder meu exílio no Uruguai, porque não avisei que ia sair do país.

Maneco Bigode, sobrinho do Bijuja, lá de São Borja, tentava tranquilizar meu pai:

– Calma dr.! Vamos sair dessa!

Duas horas depois chegaram dois carros da polícia. Meu pai e os amigos perguntaram onde estavam. Os policias informaram que estavam na província de Corrientes, perto da fronteira com o Brasil, em Paso de Los Libres. A notícia do pouso forçado do avião do ex- -presidente Jango em território argentino chegou rápido às autorida- des brasileiras. Com medo de sei lá o quê, o regime militar brasileiro mandou fechar a Ponte da Amizade que liga os dois países, Brasil e Argentina, pois Jango estava do outro lado. Sete anos depois, quis o destino que seu corpo, inerte, passasse por aquela ponte, rumo à sua amada São Borja.

Jango e Maneco foram para um hotel em Libres. O juiz local lavrou um ato de prisão para Rivero e apreensão do avião, por sobrevoo ilegal do território argentino. Começavam ali os problemas.

À noite meu pai ligou para minha mãe, avisando que estavam em segurança. Aliviados, ele e os amigos só precisavam esperar os desdobramentos políticos dos próximos dias. A Argentina era governada por Juan Carlos Onganía, um dos tantos generais das ditaduras militares da América Latina. Meu pai temia que o deportassem para o Brasil. O cônsul brasileiro se apresentou no hotel e foi questionado por meu pai sobre o motivo de terem fechado a ponte se sabiam que ele estava sozinho, desarmado e que não representava qualquer risco à segurança do Brasil.

Segundo o cônsul, a ponte foi fechada quando se soube que caravanas de brasileiros estavam sendo organizadas para ir até Paso de los Libres para ver Jango. Ele ficou contente com o carinho que os brasileiros demonstravam por ele e sentiu que o sacrifício do exílio não estava sendo em vão.

No entanto, Jango ficava cada dia mais nervoso, aguardando os desdobramentos diplomáticos. Os militares tinham colocado uma escolta no hotel. Rivero estava preso em uma delegacia, à disposição da justiça argentina. Meu pai estava nervoso, sem saber o que as duas maiores ditaduras da América Latina decidiriam sobre sua vida.

Após dois dias de consultas, chegou à unidade militar de Paso de los Libres um telegrama do comandante em chefe das Forças Armadas argentinas, Alejandro Agustín Lanusse, com o seguinte texto: "Liberem imediatamente o avião, piloto e passageiros. Prestando ao ex-presidente do Brasil, dr. João Goulart, todas as homenagens que merece sua mais alta hierarquia. Tenente General Alejandro Augustín Lanusse."

João Goulart e João Vicente, no dia do nascimento do filho. Rio de Janeiro, 22/11/1956

Acervo/Família Goulart

Jango e João Vicente nadam no rio Uruguai. São Borja, 1961.

Jango, João Vicente e Denize almoçam em restaurante de Copacabana. *c.* 1960.

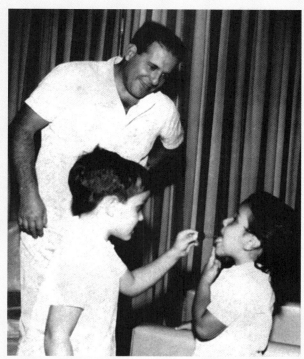

João Vicente aplica vacina Sabin em Denize enquanto Jango os observa. Rio de Janeiro, 1962.

Jango, João Vicente e dona Maria Thereza na fazenda da família. São Borja, 1963.

João Vicente no trabalho do pai. Brasília, outubro de 1963.

Jango abraça o filho ao desembarcar no exílio. Uruguai, 4/4/1964.

João Vicente ao lado de seu pai em reunião no Palácio das Laranjeiras. Rio de Janeiro, 1963.

Em frente à primeira casa no exílio, dona Maria Thereza é observada por policiais que asseguravam a segurança da família. Solymar/Uruguai, 1964.

João Vicente brinca com o cachorro de dona Margot, a vizinha, no quintal da casa da família Goulart. Solymar/Uruguai, 1964.

Primeiros momentos no exílio: a família Goulart na praia de Solymar. Uruguai, 1964.

Dona Maria Thereza, João Vicente e Denize, na casa de Solymar. Uruguai, 1964.

Denize, João Vicente e os primos Ike e Vivi, no Teatro Solís. Montevidéu/Uruguai, 1965.

João Vicente e Denize no apartamento de Leyenda Patria, prontos para ir ao Teatro Solís. Montevidéu/Uruguai, 1965.

Erwy School, a primeira escola onde João Vicente estudou no Uruguai. Montevidéu, 1964.

João Vicente e amigos em seu aniversário no Hotel Columbia. Montevidéu/Uruguai, 22/11/1968.

Dona Maria Thereza e Jango no primeiro verão na casa El Ventisco. Punta del Este/Uruguai, 1965.

Aymoré Moreira — técnico da seleção brasileira responsável pelo bicampeonato mundial —, João Vicente e Jango se encontram após jogo entre Brasil e Uruguai. Montevidéu, 1967.

João Goulart mateando à beira do rio Uruguai. 1966.

Jango e Carlos Lacerda conversam sobre a Frente Ampla, no apartamento de Leyenda Patria. Montevidéu/Uruguai, 1966.

Dona Maria Thereza retorna ao edifício Fontainebleau, em Leyenda Patria, onde a família morou nos primeiros anos no exílio. Montevidéu/Uruguai, c. 1977.

Jango e João Vicente no Lido. Paris/França, 1972.

João Goulart e dona Maria Thereza com os filhos na Europa. 1972.

Jango sentado em seu lugar preferido, próximo à lareira, na fazenda El Milagro. Maldonado/Uruguai, 1975.

Jango, na fazenda El Milagro.
Maldonado/Uruguai, 1970.

Entrada da fazenda da família. Maldonado/Uruguai, 1974.

João Vicente com o cachorro Kafka, companheiro de exílio na Argentina.
Maldonado/Uruguai, 1976.

João Vicente com Stella, sua primeira esposa (à direita), e Cielo, a amiga do casal. Maldonado/Uruguai, 1975.

Jango com amigos em seu aniversário na fazenda El Milagro. Maldonado/Uruguai, 1975.

João Vicente e a irmã, Denize, em festa de aniversário de Jango, na fazenda El Milagro. Maldonado/Uruguai, 1975.

```
.GRUPO DE SÃO BORJA: 1-ARTHUR DORNELLES
                    2-LUTERO FAGUNDES
                    3-JANGO
                    4-IGNORADO
                    5-IGNORADO
                    6-JOÃO JOSÉ FONTELA (CUNHADO DE JANGO)
                    7-MANECO DOS SANTOS (TRABALHA C/JANGO EM MALDONADO)
```

No exílio, João Goulart continuava sendo monitorado pelo Serviço Nacional de Informações (SNI). Foto tirada no aniversário de Jango, na fazenda El Milagro, com anotações do SNI. Maldonado/Uruguai, 1975.

Cláudio Braga, Jango e dom Martin Shenman.
Paso de los Libres/Argentina, 1976.

Passaporte diplomático concedido a Jango pelo
então presidente do Paraguai Alfredo Stroessner.

Casamento de João Vicente e Stella na fazenda El Milagro. Ao fundo, Jango e dona Maria Thereza. Maldonado/Uruguai, maio de 1976.

João Vicente e seu padrinho de casamento, Raul Riff, fiel amigo de Jango, na fazenda El Milagro. Maldonado/Uruguai, maio de 1976.

Entrada do prédio onde João Vicente e Stella moraram juntos pela primeira vez. Quando Christopher, primeiro filho do casal, nasceu, a jovem família morava nesse local. Londres/Inglaterra, junho de 1976.

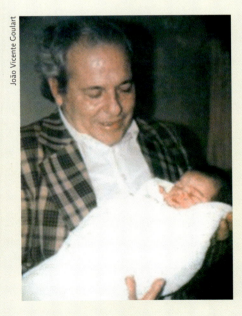

João Goulart e Christopher, no dia do nascimento do primeiro neto. Londres/Inglaterra, 5/10/1976.

Carta de Jango para João Vicente, cerca de um mês antes de seu falecimento. Novembro de 1976.

Trecho:
"Te asseguro que tua carta para mim representou uma alegria imensa. A alegria de um pai, que exilado de sua pátria há mais de doze anos sente enfim o conforto e o estímulo pela posição e o comportamento de um filho que muito quer. Sinto uma saudade tua que nem podes imaginar. [...] Um mundo novo com novos horizontes, com nova concepção da vida e de seus semelhantes vai ser utilíssimo para teu futuro. Este é o maior patrimônio que eu poderia te proporcionar!
Educação e formação... formação cultural, política e moral."

Carta de João Vicente para Jango. Londres/Inglaterra, 29/6/1976.

Jango em sua última viagem à Europa. Madri/Espanha, setembro de 1976.

O último encontro entre pai e filho: Jango se despede de João Vicente no aeroporto de Londres. Inglaterra, outubro de 1976.

Arquivo/Agência O Globo

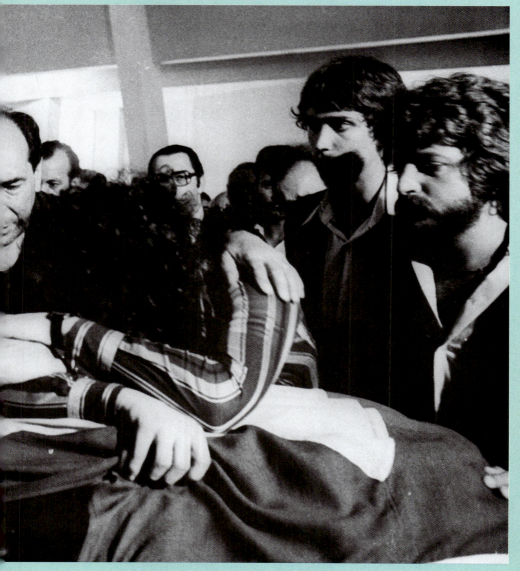

João Vicente chora sobre o caixão de Jango.
São Borja, 7/12/1976.

João Vicente, sua esposa Verônica e dona Maria Thereza, no terreno onde seria erguido o Memorial da Liberdade e Democracia Presidente João Goulart, último projeto arquitetônico de Oscar Niemeyer. A construção foi vetada pelo governador Rodrigo Rollemberg. Brasília, 2015.

João Vicente, Verônica e os cinco bisnetos de Jango. Porto Alegre, julho de 2016.

E assim a situação se inverteu. O comandante da região, que foi ao hotel levar o telegrama para meu pai, colocou-se à disposição. Lanusse cruzaria novamente nossos caminhos depois que se tornou presidente da Argentina ao depor Levingstone. Foi ele quem deu a abertura para a Argentina retomar o caminho democrático e permitiu a volta de Perón.

Havia, porém, um problema: Rivero estava preso, e os militares argentinos nada podiam fazer, pois passariam por cima da ordem do juiz para liberar o piloto e o avião. Diante da situação, o próprio Lanusse fez decolar de Buenos Aires o Tango 1, avião presidencial argentino, para que a força aérea conduzisse o ex-presidente brasileiro novamente a seu exílio em Montevidéu. Quando meu pai foi avisado da situação, teve uma atitude que até hoje muito me orgulha: agradeceu o gesto do comandante em chefe da Argentina e disse que não sairia de lá sem seu amigo e piloto Rivero.

Com isso ele criou, é claro, um constrangimento que coube ao coronel responsável do regimento do Exército argentino resolver. O coronel então ordenou que um pelotão fosse ao juizado e à delegacia onde Rivero se encontrava e solicitasse ao juiz a liberação do brasileiro. Para tal, tinha instruções precisas do comando geral das Forças Armadas Argentinas.

O coronel liberou Rivero, que o acompanhou ao fórum. Por deferência, o coronel foi falar ao juiz sobre o procedimento de soltura. O juiz argumentou que a justiça era autônoma, que o que estava ocorrendo era ilegal e se recusou a entregar a papelada.

O coronel solicitou:

– Capitão, traga o processo.

O capitão dirigiu-se à mesa do juiz, pegou os documentos e, levando-os para o coronel, disse, batendo continência:

– Aqui está, em suas mãos, comandante.

O coronel então, pegou o processo e o entregou a Rivero, que, assustado, perguntou ao oficial:

– Por Deus, o que faço com isso?

– Rasgue-o – disse o coronel, dando meia-volta e abandonando o fórum, levando consigo Rivero.

Paso de los libres ficava para trás.

Meu pai sempre elogiou a atitude independente e aquele gesto de amizade de Lanusse, com o qual nos encontramos em 1974.

Anos mais tarde meu pai compraria uma fazenda perto dali – onde viria a falecer.

O mais incrível é que, quando já estavam na direção de Tacuarembó, o tempo fechou de novo e tiveram que fazer outro pouso forçado, dessa vez já em território uruguaio. Pousaram em outra estrada de terra, perto da ferrovia Tacuarembó-Cerro Largo, já muito perto da fazenda. Tiveram que pegar o trem e depois em, Pueblo Ansina, pegaram uma carona para avisar na fazenda que fossem buscá-los lá.

Estas são as esquinas do tempo, as esquinas que nos fazem recordar aqueles dias de uma infinita saudade.

No exílio, sempre diziam que quanto mais tentamos matar a saudade, mais ela cresce diante de nossa nostalgia. É como diz o tango: *"Nostalgias de las cosas que han passado"*, *"Ya nunca me verás como me vieras, recostado en la vidriera y esperándote"*.

14. Enfim um passaporte

Com o passaporte paraguaio, meu pai sentiu-se mais aliviado e, em 1969, providenciou a primeira viagem ao exterior com a família. Iríamos acompanhá-lo nos exames médicos na França. Sairíamos do Uruguai pela primeira vez e conheceríamos outros países. Adiamos nossa ida por duas vezes, para não perdermos aula, e embarcamos em novembro. Viajamos pela Air France e fizemos conexão em Dakar antes de chegar a Paris.

Meu pai estava feliz, afinal aproveitaria a viagem para encontrar velhos amigos – muitos não o viam havia quase seis anos – e ex--colaboradores que viviam em Paris e com eles conversar abertamente sobre política, como ele gostava.

Não deixou de levar seu inseparável chimarrão, o que trouxe alguns inconvenientes a bordo do avião e na alfândega.

Já amanhecendo, antes de pousarmos em Dakar, meu pai pediu que eu fosse pedir água quente aos comissários, pois queria tomar chimarrão. Levou consigo uma cuia uruguaia, bem menor do que as cuias gaúchas, para economizar a erva-mate que levara, que devia durar toda a viagem, que a princípio seria de 15 dias.

Quando apareci no fundo da aeronave com a cuia cheia de erva na mão para pedir água quente, os comissários ficaram surpresos. Como eu não falava francês, tentei explicar por meio de mímica o que era aquela substância estranha na cuia.

Eu gosto de tomar chimarrão em rodas de amigos à beira da lareira e no entardecer à sombra das árvores, mas não sinto necessidade de tomá-lo todos os dias, tal como meu pai fazia. Ele não ficava um único dia sem sua erva-mate e cultivava esse costume havia anos, desde que era um rapazinho em sua querida São Borja.

Em 1972, quando me mudei de Montevidéu e fui morar em Maldonado, para ficar mais perto de meu pai e dos empreendimentos que ele estava desenvolvendo naquela cidade, coube a mim preparar o chimarrão.

Fizesse chuva ou sol, tivesse eu chegado tarde na noite anterior ou não, às seis e meia da manhã eu tinha que estar de pé para preparar o chimarrão conforme a técnica que ele me ensinara. Se eu deixasse a erva queimar e a bebida não estivesse do jeito que gostava, ele mandava eu voltar e fazer tudo de novo. Talvez seja por causa de todo o trabalho que eu tinha que não criei o hábito de tomar chimarrão todos os dias.

●

Ao chegar à França, fiquei maravilhado com o mundo que se descortinava à minha frente, pois o avanço tecnológico da Europa contrastava enormemente com o do Uruguai, onde tinha crescido e me acostumado a ver carros velhos nas ruas e uma economia completamente voltada ao setor primário. Já naquela época conheci uma Europa cuja economia era altamente industrializada e com uma pujança que eu desconhecia até aquela viagem.

Fomos recebidos no aeroporto por Pedro Toulois, amigo inseparável de meu pai quando estávamos em Paris. Ele o acompanhou em todas as peregrinações, políticas ou médicas, todas as vezes em que estivemos na França até o fim do exílio.

Fomos direto para o tradicional Hotel Claridge, na Champs-Elysées, onde meu pai sempre se hospedava quando passava por Paris.

Depois de fazer o check-in e deixar as malas no quarto, descemos até o hall do hotel para fazer uma lista de pessoas com quem meu pai iria conversar enquanto estivesse em Paris. Fomos registrando os nomes das pessoas e seus endereços para que Pedro Toulois, com seu bom francês, pudesse ligar e programar as reuniões, os almoços e as conversas durante nossa estada em terras francesas.

O primeiro contato da lista foi Violeta Arraes, que, perseguida desde 1964, dava apoio a todos os brasileiros que chegavam à França. Ela era a pessoa certa para conversar e saber a quantidade de brasileiros na França e a situação deles no país. Além de irmã do governador Arraes, que morava na Argélia, Violeta era uma grande combatente e contestadora incansável da violação aos direitos humanos pela ditadura no Brasil. Era também muito ligada a dom Hélder Câmara. Ela foi a primeira pessoa com quem meu pai se encontrou, acho que dois dias depois. Ela morava na Ville Flace 4.

Meu pai pediu a Pedro que ligasse para Hermano Alves, que tinha sido um grande jornalista, deputado e articulista do governo João Goulart na época em que trabalhou nos jornais *Tribuna da Imprensa, Folha de S.Paulo* e *Correio da Manhã*. Ele morava no 5ème arrondissement, Hipotel Moulim 92, Montrouge.

Logo que Hermano chegou ao encontro, ele e meu pai se abraçaram muito e iniciaram uma longa conversa para trocar ideias e organizar outros encontros. Ligaram também para o Josué de Castro, que, segundo Hermano, estava em Paris. Todos se encontraram alguns dias depois e conversaram até tarde.

•

No dia seguinte saímos para conhecer Paris logo depois do café da manhã. O primeiro lugar que meu pai quis visitar foi a imponente Catedral de Notre-Dame. Embora introspectivo, meu pai era muito devoto de São Jorge e de Nossa Senhora Aparecida, e levava sempre consigo uma corrente de ouro com a imagem de São Jorge dada por sua mãe, minha vó Vicentina, conhecida como dona Tinoca. Ao chegarmos à catedral, meu pai comprou uma vela, coisa que não fazia regularmente, e pediu que eu o acompanhasse a um lugar específico para rezar, agradecer as graças atendidas e fazer pedidos espirituais. Ele então acendeu a vela, ficou alguns minutos em silêncio, fez o sinal da cruz e disse:

– João Vicente, agora sim, podemos ir conhecer Paris. Aonde queres ir?

– Pai, nunca te vi acender velas em outra igreja, a não ser na missa do galo, que quase sempre assistimos no Natal.

– Essa vela eu acendi especialmente para meu pai. Foi uma promessa que eu tinha que cumprir.

Não perguntei mais nada, mas naquele momento pensei que eu também acenderia uma vela para ele algum dia. Preciso voltar a essa mesma catedral e retribuir esse gesto de filho para pai, cumprindo a minha promessa.

Fizemos o roteiro turístico completo de Paris, visitando a Torre Eiffel, o Museu do Louvre, a Place de la Bastille, entre outros lugares. O Arco do Triunfo ficava muito perto do Hotel Claridge e passávamos por lá todos os dias. E à tarde aconteciam as reuniões e os encontros com os amigos no hall, estendendo-se até a noite.

Pedro Toulois informou a meu pai ter encontrado alguns contatos de pessoas que não moravam em Paris, mas que ele pretendia encontrar ainda durante a viagem, depois que fizesse seu check-up na cidade de Lyon com o professor Fremond. Pedro tinha conseguido o endereço de Paulo Freire em Genebra, na Suíça, e meu pai disse que o encontraria lá alguns dias depois de sua passagem por Lyon. Foi mais difícil o contato com Arraes, que, por razões de segurança, temia fornecer seu endereço real, que só poderia ser obtido por intermédio da embaixada argelina.

Meu pai disse a Pedro que ligasse para a embaixada e dissesse que ele era o ex-presidente da República do Brasil, e também amigo de Boumedienne, e queria fazer uma visita ao embaixador. Com o telefonema, soubemos que o embaixador não se encontrava, mas que a embaixada ficaria muito satisfeita em recebê-lo por lá, e então nos dirigimos à embaixada da Argélia em Paris.

Fomos muito bem recebidos pela ministra conselheira, a sra. Kara Mostafa Bexghezd, que representava o embaixador e nos deu as informações necessárias e até nos fez um convite para visitar a Argélia. Meu pai agradeceu e, na saída, ainda brincou com Pedro:

— Mas tu imaginas, Pedro, se fôssemos para a Argélia, o escândalo que esse serviço secreto do Itamaraty não faria? Choveriam telegramas cifrados para aqueles milicos lá no Brasil.

— Imagino, sim, senhor presidente. O senhor já notou lá no hall do Claridge alguns arapongas, não notou? São tão mal-disfarçados que às vezes chegam a trocar de lugar para ficar mais perto de nossa mesa no hall do hotel, segurando o jornal para esconder o rosto. Só que não mudam a página, reparou?

— Vi, sim, Pedro; da próxima vez, pergunta a eles em francês se não querem vir tomar um uísque conosco.

No caminho de volta para o hotel, passamos num supermercado, que vendia de tudo, desde comida para animais a artigos de vestuário. Esse tipo de estabelecimento não existia no Uruguai naquela época. Meu pai gostava de comprar várias camisas baratas nesse supermercado, pois dizia que a lavanderia dos hotéis era muito cara e não valia a pena mandar lavar as roupas lá. Ao retornar para casa, Tito lavava as camisas e ele as dava de presente para quem estivesse precisando. Assim, não levava muita roupa para o exterior e voltava com presentes para seus empregados.

Em um dos corredores desse supermercado vimos artigos para animais de estimação, como ração, brinquedos, roupas para o frio, produtos para banho, escovas de dente, entre outros. Em Paris os bichinhos têm muitos privilégios e podem até entrar em restaurantes, táxis e shoppings, mas mesmo assim meu pai se surpreendeu com a quantidade de artigos disponíveis para animais de estimação. Ele então parou e ficou pensativo, até que comentou comigo:

– Olha aí, meu filho, onde vai parar o consumo do sistema capitalista? Com tantas crianças morrendo de fome na África e em outros lugares como o nosso Brasil, como é possível existir aqui um mercado que venda roupinhas para cachorros, coleiras caríssimas e outros produtos? O mercado produz cada vez mais em função do lucro, e não em função das necessidades humanas. Algum dia teremos que corrigir essa balança, como é que vão defender que a economia de mercado regule tudo? Isso é uma loucura. Em uma conversa com o presidente Mao, quando estive na China, ele me disse que, após ganhar a revolução, um de seus primeiros projetos era dar um par de sapatos para cada criança chinesa. Isso significava produzir 300 milhões de sapatos para as crianças. Agora, imagina tu, se deixasses por conta do mercado, isso não teria acontecido nunca, as crianças teriam morrido de fome e a indústria teria feito roupinhas e sapatinhos para cachorros de madame. Tu não achas isso um abuso do sistema capitalista, que só visa ao lucro?

Vez por outra ele ficava mergulhado em pensamentos e refletia muito sobre o desenvolvimento social, e tudo o que fugia às necessidades humanas era considerado supérfluo.

No Hotel Claridge, Hermano já estava à nossa espera para novos contatos. As cabines telefônicas do hotel eram antigas e, na época, as ligações para o Uruguai demoravam muito até serem completadas. Meu pai já sabia disso e pedia à telefonista que fizesse várias ligações; ela era presenteada com uma boa gorjeta.

Programaram um encontro descontraído com estudantes e intelectuais em Paris, no dia seguinte, no apartamento de Oscar Niemeyer, que, embora não estivesse em Paris, deixou seu apartamento-ateliê à disposição. Ubirajara Brito tinha a chave e havia sido autorizado por Oscar a receber as pessoas.

Norma Bengell, que morava no 8ème rue des Mariniers, Paris 14, chegou ao hotel, abraçou Jango com muito carinho e disse a ele que todos estavam com saudades e ansiosos para o encontro. Ela disse a Jango que tinha recebido uma ligação de Glauber Rocha, que estava filmando na Itália, e que também queria ir encontrá-lo em Paris e conversar sobre alguns projetos. Como estava muito em cima da data, marcaria esse encontro com meu pai em outra oportunidade.

As pessoas iam se chegando e a reunião foi excelente. O apartamento-ateliê de Niemeyer era muito aconchegante. Fernando Gasparian chegou e abraçou meu pai. Era um grande empresário e editor que ajudava todos os jornalistas desempregados no exílio. Ao vê-lo chegar, meu pai disse:

– Mas que bom te ver, Fernando! Quantas saudades desse que não foi meu ministro!

– Pois é, Jango, mas ainda vou ser teu ministro. Como está tua saúde? Tens que te cuidar, pois vais voltar antes do que estás esperando.

Antes do golpe, meu pai convidara Gasparian para assumir o Ministério da Indústria e do Comércio. Era um homem profundamente nacionalista e por isso foi perseguido. Nessa reunião os dois conversaram longamente sobre haver no Brasil um veículo de informação que pudesse se contrapor à grande imprensa nacional. Ele havia se exilado na Inglaterra, e já tinha essa ideia de retornar e fazer um jornal que pudesse expor o pensamento nacionalista, em oposição à grande mídia. Quando retornou à terra natal, fundou o jornal *Opinião*, que foi o único semanário de oposição ao governo ditatorial. Posteriormente, esteve conosco muitas vezes em Buenos Aires, para onde nos transferimos em 1973 para fugir das perseguições do regime ditatorial uruguaio.

Gasparian e meu pai eram grandes amigos, e esse encontro entre eles foi memorável. Ainda o encontramos no dia seguinte e, antes de voltar a Londres, ele me convidou para uns dias com ele na capital inglesa. Mal sabia eu que anos mais tarde meu exílio seria lá.

Nesse mesmo encontro compareceram outras pessoas muito interessantes, como o secretário do Partido Comunista francês para a

América Latina, Georges Fourmial, que se colocou à disposição de todos os presentes. Alguns estudantes reivindicavam bolsas para cursos na França e ele prometeu interceder junto ao governo de Pompidou.

•

No dia seguinte saímos com Pedro a fim de alugar um carro para ir a Lyon, onde meu pai seria atendido pela equipe médica. Passamos em várias locadoras para escolher o modelo que alugaríamos. Os mecanismos de locação na época eram diferentes, não utilizavam cartões de créditos como hoje, e quem não apresentasse um comprovante de renda francês ou algo do tipo dificilmente conseguia alugar um automóvel. Foi então que descobrimos que algumas empresas vendiam carros para turistas com obrigação de recompra. Isso facilitava muito o processo e diminuía a burocracia e o preço. Acabamos comprando um Ford Taunus com placa TT vermelha, especialmente para turistas.

Entregaram-nos o carro no outro dia no hotel e saímos com ele pela Champs-Elysée para dar a volta no Arco do Triunfo. Dirigir ali foi um sufoco, pois não havia sinal de trânsito para organizar a enorme quantidade de veículos. Era preciso ter muita paciência e sangue-frio. Depois que meu pai se acostumou ao trânsito de Paris, estávamos prontos para tomar a Autoroute A4 em direção a Lyon.

Ubirajara Brito foi conosco até Lyon e de lá retornou a Paris de trem.

Fiquei deslumbrado com as largas e modernas autopistas francesas. No Uruguai não havia nada igual. Às vezes eu espiava o painel do carro enquanto meu pai dirigia e notava que a velocidade chegava a 170 quilômetros por hora, o que era bastante para aquela época. Fiquei também bastante impressionado com as paradas de conveniência, com restaurantes e bares, dos dois lados da rodovia.

Em Lyon nos hospedamos em um hotel perto do hospital onde meu pai passou dois dias fazendo exames. Lyon me pareceu uma cidade bem diferente de Paris, mais industrial e menos romântica que a capital francesa, mas não estávamos ali a passeio, e sim para avaliar o estado de saúde de Jango.

Meu pai passou por um check-up completo a pedido do professor Fremond, muito recomendado pelo dr. Zerbini e o dr. Macruz como um dos melhores cardiologistas da França.

Depois das apresentações e com os resultados dos exames clínicos em mãos, o professor Fremond disse ao meu pai que estava tudo em ordem para fazer a cineangiocoronariografia naquele mesmo dia e que os médicos assistentes logo iniciariam os procedimentos para tal exame.

Meu pai virou bicho. Ele achava que isso não seria necessário, pois já havia feito o mesmo exame um ano antes, no Uruguai. Supliquei a ele que fizesse logo o procedimento, já estávamos ali. O professor Fremond foi novamente ao quarto e explicou a ele as novas técnicas disponíveis, convencendo-o a fazer, embora ele continuasse com muito medo. Deram-lhe um tranquilizante e ele logo se acalmou. Cerca de três horas e meia depois, ele comemorou o fim do exame, me dizendo que tinha saído vivo.

Passamos a noite no hospital e no dia seguinte o professor Fremond lhe explicou como seria o tratamento dali para a frente.

O infarto que ele havia tido mostrou um leve comprometimento das coronárias. O médico recomendou-lhe que parasse de fumar, comesse menos, diminuísse a ingestão de bebidas alcoólicas e reduzisse o estresse e as preocupações.

– Professor, como o senhor sabe, sou o ex-presidente constitucional do Brasil, deposto por um golpe militar e perseguido no exílio. Como posso não me preocupar com essa situação?

– Senhor presidente, o senhor vai ter que dar um jeito, pois se não mudar os hábitos alimentares e diminuir ao máximo as preocupações, o quadro irá se agravar. Também deverá voltar todos os anos para que possamos reavaliar o tratamento. Aqui na França já existem vasodilatadores específicos que poderão trazer-lhe mais conforto e melhor qualidade de vida.

– Professor, gostaria de saber se o álcool é ou não vasodilatador. Soube que é muito difícil alguém sofrer um infarto depois de beber.

– Senhor presidente, tudo depende da quantidade. Por isso, moderação é o melhor remédio.

Meu pai quis amenizar as recomendações do médico, mas saímos de lá com um duro regime alimentar a ser cumprido e recomendações específicas para cortar o cigarro.

Precisamos passar mais dois dias em Lyon, a fim de encomendar os remédios que seriam entregues em nossa casa no Uruguai. Depois de mais uma avaliação do estado geral de meu pai, enfim conseguimos a liberação para continuar viagem para a Suíça.

A estrada que nos conduziu à Suíça tinha uma paisagem indescritível, com os Alpes erguendo-se diante de nós. Passamos por túneis, atravessamos montanhas, e o Mont Blanc começava a se impor à medida que íamos percorrendo o caminho. A subida, muitas vezes, era íngreme e logo sentimos a temperatura cair. Embora não estivesse nevando, o frio e a umidade provocada pelo gelo das montanhas transformava o asfalto em uma espécie de pista de patinação, e era grande o risco de derrapagem ao longo do trajeto.

Já perto da fronteira com a Suíça, o carro falhou e morreu. Depois de parar o veículo no acostamento, ele disse que estávamos enrascados naquele frio, sem falar francês e sem ferramentas para ver o que tinha acontecido. Sei que ele falava essas coisas para me testar, para saber se eu estava com medo e ver qual seria minha reação.

Abrimos o capô e ele tirou a caixa que guarda o filtro de ar em cima do carburador. Ele me orientou a tapar o buraco do carburador com a mão enquanto tentava dar arranque no motor. Foi em sua juventude, em São Borja, que aprendeu a mexer em carros.

Ele conseguiu fazer o carro pegar e atravessamos a fronteira com facilidade, após apresentarmos os passaportes.

Em Genebra, consultamos o guia Michelin que havíamos comprado em Paris e nos hospedamos em um hotel pequeno, próximo ao lago, onde fica o famoso relógio de flores.

Também consultamos o guia para saber a que distância do hotel ficava a casa de Paulo Freire, que iríamos visitar. Era relativamente perto: 19ème Chemin des Palettes, 1.212, Grand Lancy. Decidimos que faríamos uma visita surpresa a ele na manhã seguinte. No entanto, não tivemos sorte quando chegamos ao endereço, pois ele não estava em casa. Deixei um recado avisando que havíamos estado lá e o endereço do hotel em que estávamos hospedados. O porteiro nos deu o telefone de Paulo, caso quiséssemos ligar mais tarde ou no outro dia.

De lá visitamos algumas relojoarias e depois almoçamos. Passamos a tarde no hotel enquanto meu pai dava telefonemas para o Uruguai e acompanhava os preços de um leilão de gado em Tacuarembó.

Ao anoitecer, recebemos uma ligação do hall do hotel avisando que Paulo estava lá. Meu pai desceu imediatamente para ver o velho amigo e eu desci em seguida. A conversa foi excelente, e eu fiquei encantado com a pessoa fantástica que era o nosso grande educador. O que mais me impressionou foi sua capacidade de acreditar fielmente que era possível mudar as injustiças do mundo por meio da educação.

Meu pai e Paulo conversaram sobre o plano de alfabetização que queriam implantar no Brasil antes do golpe de 1964. Lembraram quando Jango o convidou para desenvolver o Plano Nacional de Alfabetização usando seu método de conscientização de massas. Planejavam criar mais de 20 mil círculos de cultura no Brasil e começaram a capacitação de mais de 6 mil coordenadores que iriam dirigir esses círculos. O plano iria alfabetizar mais de 2 milhões de pessoas só em 1964. Na época, havia 65 milhões de habitantes no Brasil, dos quais 15 milhões eram analfabetos. Mais um projeto que a ditadura enterrou.

– Paulo, acho que a ditadura tem mais ódio de você do que de mim, pois você iria promover a conscientização de nosso povo por meio da reforma educacional. A reforma faria uma revolução – disse meu pai a ele.

Foi um grande encontro, daqueles que não se esquece jamais. Na manhã seguinte, voltamos bem cedo a Paris. O dia estava frio mas muito claro, e o branco da neve nos cumes dos Alpes nos dava a sensação de liberdade.

A viagem de volta foi tranquila, e ainda passamos mais uns três dias em Paris, passeando e assistindo aos espetáculos em famosas casas de show, como Moulin Rouge, Crazy Horse e Lido.

A primeira viagem internacional que fizemos para avaliar a saúde de meu pai e reencontrar amigos queridos tinha sido relaxante e renovara suas energias, mas chegou a hora de retornar a nosso exílio no Uruguai.

Eu voltaria à França com meu pai em 1972, para refazer os exames em Lyon.

O Uruguai ainda era tolerável, mas já estava ficando difícil a convivência com o governo, que ia endurecendo e se aliava, cada vez mais, às ditaduras argentina e brasileira.

15. Sem adormecer, sem os sonhos acabarem

No início da década de 1970, as reuniões de estudantes que frequentávamos no Uruguai eram mais politizadas, e víamos isso quando nos relacionávamos com brasileiros de nossa idade que iam a Punta del Este no verão. Os gostos eram outros e os objetivos de vida também. O processo de americanização estava muito mais acelerado no Brasil do que no Uruguai. Este país mantinha seus hábitos conservadores, enquanto o mundo absorvia o estilo de vida "paz e amor" disseminado pelos Estados Unidos e seus festivais de música e cultura hippie.

Em 1971, ao chegar do cinema na fazenda El Milagro, vi meu pai agarrado ao telefone. Ele acabara de receber a notícia de que meu tio Moura do Valle, casado com sua irmã Sila, tinha falecido em Porto Alegre. Nos primeiros anos de exílio, eles tinham morado em Montevidéu e eu e minha irmã passamos muitos dias em seu apartamento, quando meus pais enfrentaram problemas conjugais e minha mãe foi passar um tempo no Brasil.

Apesar da distância, essa morte atingiu o coração de nossa família. Depois de muito falar para lá e para cá, meu pai ordenou seu piloto, Rivero, a preparar o avião e mandou um carro buscar minha mãe e minha irmã Denize em Montevidéu, pois eu e elas teríamos que ir para o Brasil, sem meu pai. Sete anos depois, essa seria a primeira vez que eu retornaria ao Brasil depois do golpe de 1964.

Eu tinha uns 14 anos e iria conhecer Porto Alegre em circunstâncias nada agradáveis. Eu queria rever e saber como estariam meus primos Ike e Vivi, que haviam estudado conosco nos primeiros anos da Erwy School, após a morte do pai.

Saímos rapidamente de Punta del Este para Porto Alegre. O tempo estava nublado e nosso voo era visual. O tempo fechou e Rivero ficou apreensivo, mas conseguimos chegar ao aeroporto Salgado Filho, na capital do Rio Grande do Sul. Lembro que achei meio estranho ver os policiais do controle de passaportes e fiscais alfandegários falando em português. Como eu estava acostumado a só falar português em casa, estranhei ver outras pessoas falando minha língua materna em público. Encrencaram um pouco com as carteiras de identidade minha e de minha irmã, porque nossas fotos eram muito antigas e tínhamos 2 ou 3 anos. É claro que não tínhamos outro documento brasileiro, apenas o uruguaio, que os filhos de exilados tinham o direito de ter como residentes legais no Uruguai. Esse, porém, não servia.

As autoridades argumentaram que os brasileiros deviam portar documentos válidos, mas como nossas carteiras antigas não tinham data de vencimento e, ao saberem que tínhamos ido até lá em razão da morte na família, as autoridades brasileiras nos deixaram ingressar em nosso país, como cortesia.

Durante nosso exílio, as vezes em que voltei ao Brasil para uma breve estada sempre foram atribuladas, carregadas de expectativas e pesadas como quem carrega consigo algum medo do destino.

Do aeroporto passamos no hotel e em seguida fomos para o apartamento de minha tia Sila. Ela estava arrasada, chorava muito, e falava que queria ver o "Janguinho". Ike se trancara no quarto, onde estava escrevendo poesias. Meu primo tinha mudado muito. Desde a volta ao Brasil, cresceu dentro dele um profundo sentimento de revolta contra a sociedade e ele usava sua escrita para contestá-la. A poesia e as letras eram suas armas para dizer ao mundo que a hipocrisia fazia mal a sua alma. O cachorro Dumbo ainda perambulava pela casa, já velhinho. Adelina, a empregada, tinha envelhecido e resmungava pelos cantos.

Vivi, mais equilibrado, nos recebeu na sala muito triste, mas acompanhou toda a cerimônia do enterro. Ike não quis ir nem ver seu pai morto. Tomava vinho, garrafa atrás de garrafa. Eu entendia seu sofrimento, havia convivido com ele no exílio e às vezes penso que a saída forçada de seu país lhe trouxe uma introspecção profunda. Poucas pessoas o entendiam, como o Juca, filho da tia Landa, e eu.

Essa primeira estada em Porto Alegre me mostrou o quanto estava distanciado do Brasil, de seus costumes, conversas, modismos, músicas e estilo de vida.

O trânsito era muito mais intenso, carros novos circulavam por toda parte, em comparação aos velhos carros uruguaios. As pessoas usavam roupas coloridas, muito diferentes das vestimentas cinza e azul-marinho tão comuns no Uruguai. Não se via muita gente de gravata e ternos escuros pelas ruas, e era possível ver as pessoas falando gírias e se divertindo com coisas fúteis e passageiras. Os jornais exibiam notícias de futebol, carnaval, a chegada das férias e até de crimes que chegavam a ser engraçados, como o do sujeito que matou a sogra e viu que ela tinha ressuscitado ao chegar em casa. Segundo a imprensa, o Brasil era o melhor país do mundo, e quem não gostasse dele que saísse.

Fomos ao enterro de meu tio, que foi realizado à noite. Ainda não tinha visto o cemitério todo iluminado e corredores com túmulos como se fossem edifícios. Isso me marcou muito, pois na época acreditava que as pessoas não podiam ser enterradas à noite.

No dia seguinte fomos conversar com tia Sila, que nos esperava no apartamento. Minha mãe disse-lhe que meu pai queria que ela e os meninos fossem para o Uruguai conosco. Ele estava preocupado agora que ela, sozinha, teria que reestruturar a vida sem o marido.

Tia Sila relutou um pouco, mas concordou em nos acompanhar. Queria falar com o "Janguinho", pois ele sempre a ajudou a dirigir seus negócios rurais em São Borja.

Foi uma viagem triste. Minha tia olhava o tempo todo pela janela do avião, poucas vezes ela saiu de sua introspecção. Olhou para os filhos e perguntou quanto tempo faltava para chegar.

•

Meu pai e minha tia conversaram bastante. Ele mandou chamar o advogado Manoel Viana Gomes ao Uruguai para poder organizar os bens e a fazenda São José, em São Borja, de propriedade de minha tia, para que ela ficasse mais tranquila.

Minha tia contou ao meu pai que os filhos estavam envolvidos com drogas e o movimento hippie, como muitos jovens da época, e disse que eles precisavam de tratamento. Contou que no Brasil estava difícil dar continuidade ao tratamento, uma vez que as clínicas disponíveis não tinham capacidade de internação suficiente e cuidados psicológicos necessários. Decidiram que os três passariam aquele verão em Punta del Este, morando em uma casa alugada. Depois foram para Buenos Aires passar uma temporada na clínica Gradiva, do dr. Kalino, o que piorou a situação, pois, além de cara, era uma clínica bastante opressiva.

Aquele verão sem dúvida foi inesquecível. Muitos remédios, como estimulantes e imunodepressores, que no Brasil eram usados como drogas, eram vendidos no Uruguai sem exigência de receita médica. Muitos jovens brasileiros iam para lá comprar esses medicamentos e fazer um estoque para depois do verão.

A geração rock'n'roll se misturava aos jovens já engajados nas lutas políticas. Juntos, organizavam manifestações pela liberdade e contra as ditaduras, com associações e pregações do culto à paz e ao amor tanto no rock quanto no reggae.

Lembro-me de uma conversa entre meu pai e meu primo Ike que bem distingue essas duas concepções de liberdade:

– Mas por que essa revolta toda contra o mundo, José Henrique? – perguntou meu pai. – A sociedade vai mudando aos poucos. Só porque não gostas disso ou daquilo, tu não podes ignorar o mundo, deixar os cabelos crescerem, ironizar as pessoas que usam gravatas para trabalhar dignamente ou simplesmente preferir falar com os cachorros e não com as pessoas, pois não acreditas nelas. Tens que mudar teus conceitos. O mundo não é o que pensas; existem pessoas que pensam diferente de ti.

– Tio Janguinho, meu mundo é meu e posso ficar sozinho nele. E tu não tens nada a ver com isso, nem ninguém que queira me dizer o que devo fazer ou pensar. Eu luto com minha caneta, pois escrevo o que penso e sou livre para isso, para gostar ou não gostar das coisas tais quais elas são, e não acredito que possa mudá-las, estou sozinho e assim quero permanecer.

– Mas, quando não concordamos com as coisas, devemos lutar para intervir na realidade e fazer propostas de mudança. Se discordares da sociedade em que vives, não basta tu ironizá-la, tens que fazer algo para modificá-la. Em vez de te fechar em teu mundo com drogas e álcool, então pega uma metralhadora e tenta modificar o que não concordas, pois também é uma forma de morrer.

– Vou continuar como sou, tio Janguinho, e terminar como quero.

– Estás a caminho de te destruir, José Henrique.

– Pelo menos saberei que foi minha essa opção.

Fiquei muito impressionado em testemunhar meu primo, de apenas 13 ou 14 anos, afirmando suas convicções a meu pai.

•

No Uruguai as agitações políticas começaram após a morte de Che Guevara, em outubro de 1967, na Bolívia. Vários movimentos de esquerda haviam se organizado e pelas ruas de Montevidéu já circulavam os tupamaros, movimento organizado de esquerda contrário aos tradicionais partidos de direita e de centro uruguaios – os *colorados* e os *blancos*, respectivamente. Dizem que os tupamaros surgiram ainda na década de 1960 inspirados em uma esquerda trotskista, maoista e socialista. Alguns anarquistas, vendo a impossibilidade de chegar ao poder pela via democrática, teriam se inspirado na Revolução Cubana de 1959 para organizar o movimento.

A presença de Guevara, em 1961, na Universidade de la República no Uruguai, havia despertado curiosidade e muita vontade de mudanças nos jovens daquela nação.

Após a morte do guerrilheiro, vários jornalistas estiveram em minha casa levando fotos dele já morto para que meu pai ajudasse na identificação, uma vez que tinham estado juntos na Base Militar de Irkutsk, na então União Soviética. Segundo Raul Riff, Jango socorreu o guerrilheiro nas manhãs fornecendo a erva para o mate, uma vez que seu estoque havia acabado e naquela base militar obviamente não havia aquele tipo de "mercadoria".

A atividade clandestina se desenvolveu no início dos anos 1970, durante a presidência de Pacheco Areco, apesar de já em 1969 terem sido registrados vários roubos e ataques a entidades de direita, como rádios, cassinos, empresas multinacionais e estatais, para a formação e estocagem de armas.

No Uruguai, um país pequeno e sem montanhas onde se esconder, os tupamaros desenvolveram uma das mais perfeitas técnicas de guerrilha urbana conhecidas. Supõe-se que, no auge do movimento, a organização chegou a contar com 10 mil membros militantes. Quase todas as famílias uruguaias tinham ao menos um parente dentro do movimento, que chegou a conquistar a simpatia popular.

Eu tinha vários amigos cujos pais eram do movimento. Nacho, Ignacio Grieco, meu grande amigo até hoje e posteriormente companheiro de prisão, já em 1972 tinha seu pai fora do país, pois foi um dos mentores do grande assalto ao Cassino San Rafael, ocorrido em 1969.

Em 1970 a luta armada já havia tomado dimensões maiores, tinha apoio estudantil e os tupamaros iniciaram a luta contra o governo democrático, porém extremamente violento de Pacheco Areco, que transferira para as Forças Armadas o combate aos "subversivos" por meio de medidas de segurança aprovadas pelo parlamento de direita uruguaio.

Em 1972, houve novas eleições presidenciais e Pacheco Areco, já no exterior, apoiou o candidato Juan María Bordaberry, seu títere, que veio a vencer.

Na época a ditadura brasileira mandou o delegado Fleury para Montevidéu, pois temia que o candidato de esquerda pudesse ganhar as eleições e o movimento tupamaro ter uma participação política maior no Uruguai. Para que isso não acontecesse, os prisioneiros deviam ser submetidos a sessões de tortura a fim de denunciar as novas células, muitas delas, por serem novas, não tinham ainda experiência de combate urbano, que vinha crescendo dentro do Movimento de Libertação Nacional.

O "adido cultural" Dan Mitrione, que havia treinado agentes do Cinemar e Dops do Brasil nas técnicas de interrogatório – ou seja, tortura –, foi enviado para operar dentro da embaixada americana no Uruguai, a serviço das Forças Armadas e da Polícia uruguaias. Mas ele não foi longe. Os tupamaros descobriram a real função do agente americano, o sequestraram e mataram alguns dias depois.

Com a chegada de Fleury e outros agentes que sucederam a Dan Mitrione, o Movimento de Libertação Nacional teve algumas baixas relevantes.

Campos Hermida e o inspetor Víctor Castiglioni eram os homens da espada das Forças Armadas. Cooptaram alguns "cabeças" do movimento, como Amodio Pérez, e, em maio de 1972, estouraram o local onde os tupamaros tinham mantido vários sequestrados que viriam a ser negociados, como Pereira Reverbel, presidente da companhia elétrica do Uruguai, o embaixador britânico Geoffrey Jackson e outras pessoas. Nessa operação das Forças Armadas, morreram vários integrantes do MLN-T.

Essas ações, sem dúvida, levaram ao golpe de Estado comandado pelo presidente Bordaberry, que em 27 de junho de 1973 fechou o Congresso, entregou o poder às Forças Armadas e permaneceu no palácio presidencial por mais algum tempo como um verdadeiro fantoche e traidor da pátria.

Foi também no início dos anos 1970 que conheci Stella, que anos depois se tornaria minha esposa. Nós nos conhecemos em seu aniversário de 15 anos, e dali para a frente nos tornamos quase inseparáveis até nosso casamento, em 20 de maio de 1976. Depois moramos em Londres, onde nasceu nosso primeiro filho, Christopher Belchior.

Na fazenda havia um Fuscão 1500 vermelho que usei para ir ao aniversário de Stella com dois amigos que estavam lá em casa, o Roberto Haase e o Peruano.

Esse fusca já tinha sido batido por Rivero em um acidente mal-explicado. Para a surpresa de todos, Rivero foi preso nesse ano por pertencer ao MLN-T.

Meu pai ficou muito desgostoso, pois Rivero nada tinha falado para ele. Na condição de exilado, meu pai não podia interferir na política uruguaia, e poucos iriam acreditar que ele não sabia absolutamente nada sobre o envolvimento de Rivero nos movimentos contrários ao governo.

Foch Diaz, que havia nos vendido a fazenda El Milagro e que tinha relações com a Força Aérea, disse a meu pai que Rivero estava sendo procurado para interrogatório pelas Forças Armadas uruguaias e que poderia levá-lo a Boizolanza e apresentá-lo às autoridades para depor. Rivero nunca mais saiu de lá.

Anos depois da morte de meu pai, Foch Diaz tentou levantar suspeitas sobre as circunstâncias e abriu um inquérito na justiça uruguaia e argentina para investigação. Mas ele era um alcaguete e ficava na volta de meu pai, pois servia como interlocutor. Ele usava meu pai e meu pai o usava para esses contatos.

E assim começaram os anos difíceis no exílio uruguaio. Jango não era mais bem-visto pelos militares uruguaios, que cada vez mais precisavam dos militares brasileiros, sobretudo do Terceiro Exército, situado no Rio Grande do Sul.

As ruas e esquinas de Montevidéu já não eram mais seguras. Os milicos tinham medo dos tupamaros, que tinham medo dos milicos. Paravam os carros com quem quer que estivesse dentro deles, fossem mulheres ou crianças, e os militares mandavam todos descerem dos veículos com as mãos na cabeça e ficarem de costas para a capota. Em seguida, com as metralhadoras apontadas para os passageiros, revistavam-nos. Depois de se certificarem de que não portavam armas ou bombas, autorizavam-nos a ficar de frente para eles e terem os documentos de identificação retirados dos bolsos. Só então entravam na cabine do carro para verificar o que havia embaixo dos bancos e, por último, faziam-nos abrir o porta-malas. Tudo era feito muito devagar e com medo, e fazer qualquer movimento mais brusco era perigoso, porque havia o risco de ser atingido por tiros. Algumas famílias haviam passado por isso, e a explicação dada pelos militares era sempre a mesma: haviam reagido.

Certa vez, eu, meu pai, Maneco Leães e Ivo Magalhães fomos parados no bairro de Pocitos, perto do Parque Rodó. Meu pai levava na cintura um .38 Smith Wesson, e, antes que os milicos soubessem quem ele era, temi pela sua segurança. Antes de ser revistado, ele disse ao cabo calmamente quem era e que estava armado. Pediu-lhe calma e, se necessário, que se comunicasse por rádio com o ministro do Interior a fim de se certificar da autenticidade do que estava falando. Foram momentos tensos, mas, depois de várias consultas, fomos liberados, e o revólver foi apreendido, ficando à disposição do Ministério do Interior. Não lembro se foi devolvido, mas me recordo que meu pai pediu ao dr. Di Bello, seu advogado no Uruguai, que solicitasse a devolução às autoridades. Anos mais tarde passaríamos por uma situação semelhante na Argentina, em uma barreira militar montada em um cruzamento de estradas entre Mercedes e Gualeguaychú, na província de Corrientes.

A pressão no Uruguai continuaria até termos que sair do país em 1973. As aves migratórias voariam de novo, em busca de outros entardeceres, à espera da noite escura.

•

Meu pai tinha muitas preocupações políticas. Estava vendo nosso refúgio uruguaio desmoronar e cada vez mais pensava em alternativas. Após a prisão de Rivero, ele nos mandou um recado da prisão para que ficássemos com um piloto chamado Hugo Wilkins, que havia sido seu copiloto. Soubemos de algumas acusações que lhe haviam imputado, mas Hugo não era do time, era medroso, andava sempre como que escondido, e nós também tínhamos medo de que ele fosse algum informante, pois não falava às claras, mas mesmo assim meu pai ficou com ele até que a poeira baixasse.

Os tupamaros haviam comprado um avião, um Cessna 310, através de uma sociedade anônima chamada Sargo S.A., com ações ao portador, que foi entregue a Rivero para fazer voos clandestinos para a organização. Em um abastecimento de combustível, ele caiu da asa do avião e quebrou o braço. Preparava-se para fazer um voo sem comunicação para o Chile, onde haveria uma reunião dos movimentos clandestinos de esquerda na América Latina, conduzindo um alto dirigente tupamaro, Washington Alanis. O encontro seria realizado nas cercanias de Santiago, com ERP, montoneros, tupamaros e os guerrilheiros do MIR.

Desde então, o cerco se fechou. Sabíamos que muitas vezes havia espiões entre nós, e meu pai aguentava isso calado. Hoje, muitos anos depois, temos provas do monitoramento permanente dentro de nossa casa por meio de depoimentos, documentos liberados pelos órgãos de segurança, fotografias do SNI e outros indícios da marcação cerrada que sofríamos no exílio. Às vezes apareciam pessoas estranhas em nosso caminho. Certa vez, uma Kombi com dois homens dentro estacionou na entrada da fazenda em Maldonado. Meu pai saíra de carro para ir ao banco no centro e realizar algumas inspeções no abatedouro; ao voltar, parou ao lado do veículo, que continuava no mesmo lugar, e perguntou:

– Boa tarde, por que estão parados desde cedo aqui? O que houve?

– A bateria do carro pifou. Já empurramos, mas não está pegando. Achamos que é algo no distribuidor e já mandamos alguém ver se encontra um novo.

– Mas a que vieram? Vocês estão parados na entrada de minha fazenda, querem ajuda? Posso mandar um motorista buscar a peça.

– Somos apenas vendedores de seguros e íamos oferecê-los aos empregados da fazenda.

– Então, enquanto esperam, vamos até a casa para tomar um café ou um chimarrão. Já estão parados há muito tempo e devem estar com fome.

Os dois homens acabaram aceitando o convite e acompanharam meu pai até a casa no carro dele. Depois de tomarem café e conversarem, os dois agradeceram a atenção e foram saindo, não sem antes perguntar:

– Muito obrigado pelo café, senhor. Como se chama?

Meu pai imediatamente respondeu:

– Mas vocês acham que sou bobo? Acham que eu não sei quem vocês são? Acham que cheguei a presidente do Brasil sendo idiota? É claro que vocês sabem muito bem quem eu sou. Por favor, podem dizer a quem os mandou me vigiar que estou aqui no Uruguai cumprindo minhas obrigações como refugiado político e que passo meus dias trabalhando. Não precisam bisbilhotar minha vida.

Ele sempre soube que era vigiado, mas ia levando e não deixava esse tipo de preocupação transparecer à família. Mas as tinha, e muitas vezes eram exageradas, quando saíamos sozinhos de noite e voltávamos de madrugada das festas.

●

Mesmo com o agravamento da situação política, meu pai ia fazendo política com os brasileiros que iam ao Uruguai e trabalhando. Continuava a aumentar alguns de seus negócios no setor primário e agregava valor a tudo o que produzia. Em Tacuarembó terminou a represa para plantio de arroz, a primeira do Uruguai, e que até foi tema de reportagens naquela época graças à inovação de irrigação por gravidade. Hoje o Uruguai é um grande exportador de arroz.

Montou em Maldonado um engenho de arroz para descascar, empacotar e vender o produto a varejo em pacotes de um e de cinco quilos, e criou uma marca: "Arroz Maldonado." Abriu um abatedouro em Maldonado, onde havia dois açougues, além de fornecer carne para vários outros estabelecimentos e abrir um frigorífico de produtos embutidos, onde o gado que não tinha engordado nas *praderas* era levado para abate e fabricação de subprodutos industrializados, como presunto, mortadela, salames e outros derivados. Por isso viajávamos muito entre Tacuarembó, onde Percy tomava conta da fazenda e da plantação, e Maldonado, onde meu pai tinha montado esses outros negócios com várias pessoas.

Continuava recebendo sempre os amigos de São Borja: Bijuja, Luthero, Protásio e Sisi Souza, seu parceiro na juventude e seu comprador de gado no Brasil, por quem tinha muito apreço. Sisi estava sempre presente nas histórias que meu pai contava dos velhos amigos em São Borja. Baixo e bem magrinho, era meigo e tinha muito bom humor. Ele e Jango passavam horas conversando, dando risadas e lembrando os velhos tempos. Era gostoso ver meu pai gargalhando, tão à vontade como se estivesse de volta ao Brasil.

Em uma das conversas, lembraram-se de um episódio engraçado em uma noite do Carnaval de 1939 ou 1940 em São Borja. De tão bêbado que estava, Sisi caiu em um sono profundo em um dos cabarés pelos quais a turma passou e ninguém conseguiu acordá-lo de jeito nenhum. Maneco Vargas, então, teve a ideia de irem até a funerária, comprarem um caixão e colocar Sisi dormindo dentro do ataúde na porta do cemitério, com um par de sapatos mais apertado. Quando acordou de madrugada, ainda meio bêbado, Sisi pensou que tinha morrido de verdade e passara para o outro lado. Tentou abrir a tampa e conseguiu, mas custou a entender o que tinha acontecido. Quando se deu conta da peça que haviam lhe pregado, saiu para procurar a turma, que ainda vagava pelas ruas de São Borja, a fim de mostrar a eles como se morria realmente.

Certo dia, meu pai, Maneco Bigode, Sisi e Rivero iriam viajar para Tacuarembó. Fui dirigindo a caminhonete até a pista da fazenda carregando vários suprimentos que eles levariam.

Fiquei na pista até a decolagem, e já estava voltando quando percebi o pequeno Cessna dando a volta com os trens de pouso abaixados e tentando fazer a curva mais inclinado do que de costume. Então retornei à cabeceira da pista, pois imaginei que haviam esquecido de alguma coisa, embora não tivesse ficado nada na caçamba da caminhonete.

Quando Rivero desceu do avião, seus olhos estavam arregalados e ele estava todo suado.

– O que houve? – perguntei.

– Quase não consegui estabilizar o avião – respondeu ele, muito preocupado.

Os passageiros desembarcaram e se perguntaram o que havia acontecido. Algo no estabilizador da cauda quase derrubou o Cessna naquelas condições, não fosse a força descomunal que Rivero disse ter tido para segurar o manche do avião.

Viram então que a haste que segurava o estabilizador de cauda havia quebrado, o que tornou o manche do Cessna tão pesado para voar.

– E agora, doutor? O que vamos fazer? Não temos essa peça aqui para substituir.

– Rivero, vamos dar um jeito nisso. No caminho pousamos em Sarandí del Yí e vemos o que é possível fazer. João Vicente, traz um alicate e um arame aí da caminhonete. Vamos arrumar isso.

E foi assim que meu pai se deitou na grama sob a cauda do avião para dar um jeito na haste que havia se soltado.

– Pronto, cambada! Agora vamos embora que isto vai funcionar até trocarmos as peças. Não posso perder o leilão de gado lá em Tacuarembó!

– Doutor, é muito arriscado decolar assim! – avisou Rivero.

– Arriscado nada, Rivero. Já voei em aviãozinho de lona em condições muito piores. Se tiver necessidade, pousa em alguma coxilha, mas não podemos perder o leilão.

Sisi, amedrontado, disse:

– Janguinho, quem sabe eu fico e pego um ônibus e tu mandas me buscar na rodoviária de Tacuarembó. Talvez sem meu peso a decolagem seja mais tranquila.

– Não fales bobagens, Sisi. Tu não pesas nem sessenta quilos! João Vicente, tira um saco de batatas de dentro do avião e bota na caminhonete para o Sisi ficar tranquilo. Senão ele vai se borrar nas calças. Vamos embora, entra logo, Sisi!

E assim todos subiram a bordo do Cessna novamente, com um saco de batatas a menos.

Esse episódio reflete bem a coragem pessoal de meu pai ao enfrentar seu destino. Ele era muito pragmático e sabia que sua trajetória, tanto política como pessoal, era regida pela confiança em si mesmo, e isso transmitia muita segurança a seus interlocutores e aos aliados políticos. Quando retornei ao Brasil sem ele, conversando com antigos adversários políticos, soube que muitos deles diziam que quem conversasse mais de meia hora com Jango acabava aderindo a ele.

Era assim que ele fazia política. Nunca vi meu pai falar mal de seus adversários. Falava das atitudes erradas que vários deles tiveram em detrimento da nação, do povo, da sociedade que vivia sob a tutela do autoritarismo da ditadura, mas nunca atacava suas famílias ou apontava os defeitos das pessoas. Não suportava a traição e o mau-caratismo e se decepcionava com os ingratos.

16. Paris
Uma válvula de escape

Em 1971 vivíamos um período eleitoral em que as eleições gerais iriam definir o novo presidente da República, assim como o Congresso Nacional, até para saber se Pacheco Areco, que já governava com as famosas "medidas de segurança", teria a possibilidade de ser reconduzido à presidência através de uma emenda que não foi aprovada. Apesar de ser uma democracia, o Uruguai vivia uma repressão diária na caça ao movimento tupamaro, que já considerava Pacheco Areco um aliado das forças militares e denunciava a inconstitucionalidade daquelas medidas. Tanques circulavam pelas ruas e soldados armados até os dentes entravam para revistar as casas sem nenhum tipo de ordem judicial, podendo até deter "suspeitos" sem informar para onde seriam levados. Prevalecia a ordem militar, e vivia-se praticamente em um "estado de sítio", no qual podiam atirar em grupos que tivessem atitudes suspeitas depois das dez da noite.

Diariamente sabíamos de pessoas que haviam desaparecido e outras que reapareciam semanas depois, sem conseguir lembrar direito o que lhes acontecera, de tanta tortura que haviam sofrido.

E as eleições foram realizadas nesse clima de tensão e medo. O vencedor foi uma espécie de candidato suplente dentro do Partido Colorado, caso não fosse aprovada a reeleição de Areco.

Seu principal adversário era o grande líder do Partido Nacional, Wilson Ferreira Aldunate, que, com a simpatia das esquerdas e com a ala mais progressista do partido, era um candidato com fortíssimas possibilidades de ganhar a eleição em 1971.

Por duas vezes ele tinha estado conosco na fazenda El Milagro, em Maldonado, junto com seu vice Carlos Julio Pereira, conversando com meu pai, e já o alertando sobre a grave situação institucional caso a vitória fosse do Partido Colorado, que praticamente já governava com o apoio da ditadura brasileira. Meu pai entendeu o recado e, é claro, torcia pela vitória de Wilson Ferreira Aldunate.

Lembro que se despediram depois de tomar mais um uísque e se desejaram boa sorte.

Ao sair, lembro que Wilson ainda disse:

– Com minha vitória, tenha certeza de que não irão incomodá-lo mais aqui em meu país. Irei devolver a cidadania perdida a meu povo e oferecer mais tranquilidade e bem-estar aos uruguaios. E, é claro, aos exilados. Também darei atenção a suas sábias palavras e chamar os movimentos de esquerda para esse diálogo de reconstrução nacional.

Essa foi a última vez que vi Wilson antes de encontrá-lo exilado em Buenos Aires, três anos depois.

As esquerdas, apesar de nunca antes terem tido força nas eleições no Uruguai diante dos dois grandes partidos, Blanco e Colorado, nesse ano lançaram a figura carismática de um general de esquerda, Líber Seregni, agrupados numa frente ampla dentro do Partido Democrata Cristão, atingindo 14 parlamentares no Congresso Nacional pela primeira vez.

E aconteceu o previsto: houve mais votos que eleitores. Não foi aprovado um plebiscito da reeleição concomitantemente com o sufrágio, e pela famosa e complicada lei de lemas o candidato mais votado,

Wilson Ferreira Aldunate, perdeu a eleição para o neófito suplente do Partido Colorado, Juan María Bordaberry, que posteriormente traiu o povo uruguaio, aceitou o golpe, fechou o Congresso e ficou como títere dos milicos uruguaios, até não servir mais aos militares e tomar um pé na bunda, como merecem os traidores.

Wilson denunciou a traição e o roubo dentro da Corte Eleitoral uruguaia e a chamou de comitê do Partido Colorado. Assim, o Partido Colorado (de Pacheco e Bordaberry), somando outros candidatos, chegou ao total de 40,96% dos votos, cabendo ao Partido Nacional 40,19% dos votos apurados.

Houve muita demora e a recontagem foi proibida, o que caracterizou claramente a fraude contra o sistema eleitoral, que contou até com o apoio da ditadura brasileira, que atuou insistentemente pela vitória de Bordaberry.

Anos depois, com a liberação de documentos pelo National Security Archives, ficou comprovada a participação brasileira, dirigida por Ernesto Geisel.

Nessa eleição lembro-me que o próprio Pacheco Areco saiu antes do país, com medo da vitória do Wilson Ferreira Aldunate, e foi esperar o resultado na Espanha, com medo de não poder sair do país, caso perdesse.

Por saber das incursões de agentes brasileiros em Montevidéu com o intuito de monitorar as eleições uruguaias, por precaução meu pai também achou melhor ir para a França esperar os resultados de seus exames por alguns dias. Lembro que ele ligava da cabine telefônica do Hotel Claridge para Claudio Braga e Ivo Magalhães, seus assessores, que permaneciam no Uruguai e tinham mais sensibilidade para interpretar a apuração dos votos.

Meu pai aproveitou a estada em Paris para retomar o contato com alguns brasileiros por lá, enquanto a crise se desdobrava no Uruguai. Visivelmente nervoso, talvez previsse um futuro não muito seguro dali para a frente naquele país.

Seu amigo Pedro Toulois novamente o ajudou muitíssimo nos contatos na França. Em Paris, meu pai se reuniu com Celso Furtado, Luiz Hildebrando, Márcio Moreira Alves, Maurílio Ferreira Lima, Glauber Rocha, Hermano Alves e David Lerner, entre outros.

Conversando com Pedro no Hotel Claridge, meu pai disse:

– Pedro, acho que não ficarei muito tempo por aqui, pois quero voltar antes da posse de Bordaberry para fazer algumas articulações no Uruguai e saber com meus amigos da oposição e da esquerda uruguaias suas impressões do que vamos ter pela frente. Estou preocupado, pois eles dependem muito da ditadura brasileira, e esse grupo que chega ao poder é muito ligado aos milicos uruguaios. Embora se digam legalistas, já têm demonstrado muito contato com os piores setores do Dops e da inteligência brasileira. Tenho a impressão de que eles vão aderir, e tenho que organizar minha família e os negócios para estar pronto para um novo exílio. Liga aí para o Luiz Hildebrando e para o Celso, veja se eles querem jantar hoje à noite comigo e com o João Vicente, assim te libero para ficares com a família.

Luiz Hildebrando foi para a França após 1964, quando foi demitido da Universidade de São Paulo, para chefiar uma equipe do Instituto Pasteur, um dos mais renomados do mundo na área de pesquisas médicas. Trabalhou na França até 1997. Era um dedicado cientista que a ditadura do Brasil não precisava; ao contrário, perseguia.

Ele e meu pai conversaram sobre a vida no exílio e sobre os rumos da ciência e tecnologia, áreas que estavam entregues às moscas no Brasil. Segundo ele, mesmo depois de restaurada a democracia, o avanço tecnológico demoraria a voltar ao país, pois a subserviência era tal que a recuperação nessa área seria de um esforço hercúleo.

Meu pai lamentou muito e disse a ele que antes do golpe havia iniciado uma política independente na área de tecnologia. Comentou sobre um encontro que tivera com Luis Salmerón, na viagem anterior, em que manifestaram preocupação com a dependência de tecnologia do Brasil por falta de educação e preparação à introdução e pesquisa científica.

JANGO E EU, MEMÓRIAS DE UM EXÍLIO SEM VOLTA

– Veja só, Luiz, como o Brasil pode prescindir de ti, que hoje chefias uma equipe de pesquisa, uma das mais avançadas na área de vacinas do Instituto Pasteur da França, ou prescindir do Salmerón, que saiu do Brasil também perseguido em 1964 e hoje é diretor do Instituto de Energia Atômica francês, competindo nas pesquisas com os Estados Unidos e a União Soviética? – disse meu pai. – É isso que falam através de uma imprensa censurada, disseminando aquelas bobagens de ditadorzinho de republiquetas, "Brasil, ame-o ou deixe-o", "Ninguém mais segura este país", o "Milagre brasileiro", e não sei mais quantas asneiras. E nós que éramos os incapazes, com gente dos melhores quadros como o Darcy, o San Tiago, o Evandro, o Paulo, o Celso, o Waldir, que está na Sorbonne dando aulas de direito internacional comparado, o Almino, o Doutel, o Hermes Lima. Até na cultura tínhamos pedido ao Vinicius que assumisse a embaixada no Paraguai, pois precisaríamos de alguém com visão para defender o projeto "Sete Quedas", ou o que ninguém fala da nomeação que fiz, do Di para a Suíça para divulgar nossa arte por intermédio da pintura. Tudo, tudo esconderam.

– É, Jango, temos um longo caminho a trilhar, e tua vinda a Paris injeta ânimo em todos nós. Temos que estabelecer estratégias. Gostaria de te convidar a visitar o Instituto Pasteur; se puderes, pede ao Pedro que me ligue e montamos uma visita oficial ao instituto.

– Não te prometo, Luiz, sabes como os arapongas da embaixada estão de olho em tudo. Aqui mesmo, dentro do hotel, tenha certeza de que estão nos vigiando, e não quero criar constrangimentos ao governo francês com visitas oficiais a órgãos públicos. Ontem mesmo não quis ir à embaixada uruguaia para acompanhar as apurações da eleição.

– Bom, Jango, mas se quiseres ir, mesmo informalmente, sem anúncio de tua presença, te recebo lá para conheceres as instalações de Primeiro Mundo em pesquisas avançadas. Não é longe, é na 25 e 28 da rue Du Dr. Roux, na Paris 15ème.

Voltamos ao quarto para esperar mais umas ligações e fazer, como sempre ao fim da tarde, o chimarrão. Íamos esperar o Celso Furtado, com quem jantaríamos mais tarde.

Antes da hora descemos pela Champs-Elysées e fomos caminhando até a sede da Aerolíneas Argentinas para tentar marcar nossa passagem de volta e onde meu pai poderia ler os jornais argentinos.

Ao retornar ao hotel, pediu uma ligação urgente com o Raul Riff. Queria conversar com ele pessoalmente em Montevidéu sobre sua preocupação, não só com relação ao exílio no Uruguai, como também sobre os acontecimentos no Brasil, pois o governo Geisel preocupava.

Riff disse-lhe que estava muito apreensivo com os resultados eleitorais do Uruguai. Garantiu ter informações de que o governo brasileiro tinha muito interesse em apoiar o novo governo de Bordaberry, e que meu pai deveria repensar sua situação por lá.

Claramente preocupado, meu pai queria retornar o quanto antes para reestruturar sua situação. O governo brasileiro entrava em uma fase de repressão violenta com a censura à imprensa e aos movimentos de esquerda brasileiros, enquanto o Médici fazia-se de popular nos jogos de futebol e aparecendo em público nos estádios e o Delfim Neto adotava a política econômica de fazer crescer o bolo através de empréstimos internacionais para depois dividir, o que nunca aconteceu.

●

O encontro com Celso Furtado foi muito amistoso.

– Como a França está te tratando, Celso? – quis saber meu pai.

– Presidente, estou bem profissionalmente, mas como o senhor sabe, é grande a saudade que sinto do Brasil, principalmente do sertão da minha Paraíba – respondeu Celso.

– Soube que estás a serviço nas Nações Unidas.

– Não, presidente, estou na Sorbonne como professor titular efetivo. Desde que cheguei aqui, fui contratado para lecionar economia do desenvolvimento e economia latino-americana na Faculdade de Direito e Ciências Econômicas. Mas realmente estou fazendo algumas viagens a serviço das Nações Unidas como conferencista. Nessas viagens pelos diversos países a gente vai deixando nossa sementinha, né, presidente?

– É uma pena, Celso, que lá no Brasil tenham podado todas as árvores em que nossas sementinhas tinham sido plantadas. O que pensávamos ser um golpe por um curto período está se tornando interminável, e não sei mais se voltaremos vivos ao Brasil. O Médici está prendendo, perseguindo, torturando nossos companheiros, e o que vemos é um endurecimento do regime militar. Eles tomaram gosto pela coisa e vai ser difícil mudar, se o panorama mundial não mudar. Se não forem forçados por uma mudança internacional, o jeito é aguentarmos firme e nos prepararmos para ver nossos netos nascendo no exterior.

Continuaram a conversa na boêmia e alegre Montmartre, por sugestão de Celso. A Place du Théâtre estava lotada de artistas de todos os tipos dançando, recortando papéis e desenhando caricaturas e perfis dos visitantes, artistas de circo, palhaços e músicos que alegravam a noite.

Fiquei atônito com a variedade de personagens e artistas que perambulavam por ali, tanto na praça quanto dentro dos restaurantes. Sentia que mergulhava em um mundo que emanava cultura e jorrava conhecimento.

– Como estás vendo a atual situação do Brasil, Celso? Até onde esses milicos vão pressionar nosso povo, sufocar os salários e pregar o desenvolvimento endividando o Brasil?

– É verdade, presidente. Com o controle e a manipulação da imprensa, estão estimulando um ufanismo muito prejudicial ao Brasil. O que fizeram ano passado com a vitória da Copa do Mundo foi criar uma verdadeira onda mentirosa de progresso econômico que na realidade não existe. Qualquer dia a corda estoura e vai sobrar sempre para o lado mais fraco: nas costas dos trabalhadores.

– Pois é, Celso. Quando lançamos o plano trienal, tínhamos certeza de que poderíamos modificar a base da economia nacional olhando um pouco mais para o mercado interno, mas nos atropelaram com condições congressuais que inviabilizaram a essência do plano, que era estancar a disparada do processo inflacionário.

– E, diga-se de passagem, um processo herdado do governo Juscelino, que havia rompido com o Fundo Monetário Internacional; para realizar a construção de Brasília, o Brasil teve que, irremediavelmente emitir moeda para cobrir os compromissos da criação da nova capital.

– Nós deixamos o governo brasileiro com uma dívida externa de 1,2 bilhão de dólares. Hoje, segundo as más línguas, o Brasil deve mais de 10 bilhões de dólares, Celso, e a luta por esse falso desenvolvimento é de novo o controle da inflação, que já se encontra em mais ou menos 30% ao ano – disse meu pai.

– Presidente, não só isso: os níveis de pobreza cresceram demasiadamente, pois assim como aumentou assustadoramente o bolo do Delfim sem que houvesse divisão, o Brasil cresceu a uma taxa de 7% seu PIB, concentrando renda e aumentando a pobreza. Hoje tem-se mais pobreza com o achatamento salarial – acrescentou Celso.

– Eles não falam, mas os níveis de inflação estão se aproximando aos dos dias do golpe. No dia 1º de abril tínhamos um índice de 36% acumulado anuais, e eles argumentam que a inflação era de 68%. Essa era a inflação projetada para fins de 64. Não podemos nos manifestar por essa nossa imprensa "puxa-saco" da ditadura. Quando alguém mais progressista quer divulgar ou publicar uma divergência do sistema, sua empresa é fechada, e seus dirigentes são presos e torturados. Esse é o modelo de desenvolvimento que querem, e vários empresários que elogiam e lambem as botas da ditadura são aliciados para esse esquema.

– E até financiam os órgãos de repressão, Celso, pode ter certeza. Essa é a democracia que pregam. Essa é a nação "Pra frente, Brasil". Mas um dia a história os colocará no lugar que merecem, como ditadores, como subjugadores da população brasileira, como seres repulsivos diante da nacionalidade e da Constituição brasileiras – disse meu pai.

Às vezes a conversa ganhava um tom triste, quando falavam da possibilidade de não voltarem mais ao Brasil; mas em outros momentos a esperança se renovava nos risos e alegrias provocados pelos artistas que circulavam por lá.

O tempo passa lento, mas um dia no exílio pode conter toda uma vida.

– É, Celso, nós temos que ter paciência. Como te disse no hotel, estou voltando para o Uruguai para rever minha situação por lá. Não estou gostando do rumo que a América Latina está tomando, mesmo com a possibilidade do retorno de Perón à Argentina e das eleições no Chile, onde o senador Allende pode vir a ganhar. É do Brasil que os Estados Unidos controlam as democracias latino-americanas. Eles querem definitivamente a hegemonia econômica e política do continente.

Quando voltei à mesa meu pai estava dizendo a Celso que precisavam marcar um encontro maior com os exilados de Paris no ano seguinte, a fim de traçar uma estratégia política em relação ao Brasil, uma ação conjunta e que mostrasse a coesão nos princípios democráticos e de respeito à ruptura constitucional que vinha sendo praticada pela ditadura brasileira.

Já era tarde e meu pai queria ainda me levar para assistir a um show de cancã em Montmartre mesmo. Convidou Celso a nos acompanhar, mas ele recusou porque precisaria fazer algumas pesquisas cedo no dia seguinte.

Pediram a conta e tiveram uma grande surpresa quando ela chegou bem cara.

– Celso, não pode ser, dá uma olhada aí e vê se essa conta está certa. Acho que não pode ser, está muito cara.

Celso pegou a conta para checar e começou a ficar vermelho, pois acho que não tinha prestado muita atenção ao preço do vinho que pediu.

– Presidente, não tinha reparado no preço do vinho, é muito caro.

Meu pai, vendo o constrangimento de Celso, soltou uma sonora gargalhada e falou:

– Não te preocupes não, Celso, me dá aqui que vou pagar com *traveler's cheks* que trouxe e mais os francos que troquei.

Dando um sorriso gaiato, ainda brincou com Celso:

– Mas com esse planejamento, nós tínhamos que cair mesmo, não é, Celso?

E saímos os três rindo. Celso ia para casa. Nós o deixamos num táxi: em frente à praça do théâtre. Nós nos despedimos e ainda pudemos ouvi-lo ele dizendo seu endereço ao motorista:

– 11ème rue de Rovergue Chevilly Same...

Creio que esse foi o último encontro entre eles.

●

Fomos a uma casa de shows de cancã ali perto. Não era o Moulin Rouge, o maior deles em Montmartre, mas um menor chamado Monsegnor, perto de onde estávamos. Foi a primeira vez que tomei champanhe com meu pai e ficamos horas conversando sobre nosso futuro.

– João Vicente, que achas se conseguíssemos vir morar na Europa? Será que vocês se acostumariam a viver aqui? Tu não achas Paris uma cidade melhor para morar do que Montevidéu? Será que Denize e tua mãe também gostariam de vir para cá?

Meu pai tinha o hábito de pedir a opinião das pessoas e as analisava sob todos os aspectos.

Sua tenacidade e convicções o faziam crescer em qualquer circunstância, mantendo-se fiel a seus princípios inabaláveis. Não abrir mão de seus princípios era o maior temor de seus inimigos.

A certa altura, depois de algumas taças de champanhe, comecei a falar com o dono do cabaré Monsegnor. Na época eu tinha 15 anos e meu posicionamento era muito mais a favor dos soviéticos do que dos americanos.

Enquanto elogiava as repúblicas soviéticas, não me dei conta de que estava falando com um russo branco totalmente contra o socialismo marxista implantado na União Soviética após a queda dos czares.

Meu pai dava risadas e a certa altura me disse:

– João Vicente, já está na hora de voltares para o hotel. Acho que bebeste demais.

E assim chamou um táxi e pediu que o motorista me levasse direto para o hotel. Fiquei sem o segundo ato do show de cancã. Acordei de ressaca, e passei dois dias bebendo água.

•

No dia seguinte tivemos que providenciar a passagem de volta ao Uruguai, ir ao banco trocar dinheiro e receber outros amigos que queria rever antes de voltar para a América do Sul.

Anotei em sua agenda os nomes dos amigos: Maurílio Ferreira Lima, Glauber Rocha e David Lerner, que queriam conversar com ele. Com meu francês precário pedi que a telefonista ligasse primeiro para Maurílio.

Passei o telefone do quarto ao meu pai, e os dois combinaram de se encontrar mais tarde naquele dia.

Tentei ligar para David, mas outra pessoa atendeu e não consegui entender o que disse. Resolvemos esperar Pedro Toulois chegar para nos ajudar com os telefonemas.

Marcaram um almoço em um restaurante bem perto dali, na Galeria Champs-Elysées, a umas duas quadras do hotel, na mesma calçada em direção ao Arco do Triunfo.

Fomos caminhando até a sede da Aerolíneas Argentinas para checar os horários de passagens. Meu pai tinha dúvidas se ia direto para Montevidéu ou se passava por Madri, pois Jorge Antônio, um empresário ligado a Perón, havia lhe pedido para dar um pulo na capital espanhola para um encontro com Juan Domingo.

No grande hall havia vários jornais de Buenos Aires à disposição dos clientes que aguardavam atendimento. Nos sentamos para ler as notícias sobre grandes debates políticos falando em abertura na Argentina, naquele final de 1971.

Em março daquele ano, tinha assumido a presidência argentina o general Alejandro Augustín Lanusse, o mesmo que havia liberado Jango daquele episódio do Cessna em Paso de los Libres e que agiu com autonomia não entregando meu pai às autoridades brasileiras, mesmo depois de ele sobrevoar o território argentino sem autorização.

Lanusse ensaiava a abertura e Perón queria conversar com Jango sobre isso. Lanusse reabriu os comitês dos partidos políticos na Argentina e tinha criado o Grande Acordo Nacional, com a proposta de reorganizar as forças políticas argentinas e restabelecer o processo eleitoral.

Meu pai, então, decidiu mudar a passagem e passar por Madri.

– Pedro, é melhor eu ir conversar agora com o Perón, ele deve ter notícias mais precisas da Argentina. Esse Lanusse agiu com correção comigo e é ele agora que está querendo entrar na história como o general que promoveu a abertura na Argentina, e pode ser bom para nós, que estamos enfrentando uma situação adversa no Brasil – disse meu pai, no café em que paramos depois de sair da loja da companhia aérea.

– Presidente, se essa é sua intuição, deve ir a Madri. Vamos falar com o Riff para atrasar um pouco mais a ida a Montevidéu ou Punta del Este para encontrar o senhor.

Glauber e David Lerner já estavam em uma mesa muito animada quando chegamos ao restaurante. Eu não conhecia Glauber, e vi que era um cara simpático e muito afetuoso com meu pai. Fiquei com uma impressão muito boa.

– Agora, sim, vamos encontrar uma solução para derrubar aqueles milicos! Não é, Jango? Vamos incendiar o caminho deles! – disse Glauber, freneticamente.

A conversa sisuda logo parou e todos na mesa entraram na farra.

– Jango, vieste sozinho a Paris para dar uma escapada de dona Maria Thereza? Aqui tenho umas amigas artistas muito bonitas, podíamos promover um encontro e tomarmos um uísque esta noite, não é, João Vicente? – brincou ele. – Sabes, Jango, tu não és um homem deste planeta, tua capacidade de conduzir intelectos é fantástica. Soube que alguns milicos que te traíram junto com a corja da UDN diziam que falavam contigo o menos possível, pois tu és tão cativante que eles tinham medo de aderir.

Glauber dava muitas risadas, falava espontaneamente e gesticulava bastante. Disse a meu pai que estava com vontade de escrever sua primeira peça de teatro e que inauguraria seu repertório com Jango.

– Vai com calma, Glauber, qual é tua ideia? – perguntou meu pai.

– Olha, Jango, é uma peça muito especial, em três atos. No primeiro se desenvolveria uma mistura da história, com os personagens e as realizações. O segundo ato seria uma espécie de comoção política em que tuas propostas não seriam aceitas pelo povo, que começaria a pensar em uma mudança revolucionária.

– E o terceiro ato, Glauber, o que seria?

– Ah, aí é que você vai achar fantástico! O terceiro ato seria teu velório e o povo comendo teu cadáver – exclamou o cineasta.

– Mas o que é isso, Glauber? Vamos fazer umas mudanças, eu ainda não morri – retrucou meu pai meio encabulado meio rindo daquela ideia mirabolante de Glauber.

A peça de fato foi escrita por Glauber, depois da morte de meu pai, e já foi montada no Brasil duas vezes.

Outros amigos de David e Glauber chegaram e a conversa ficou cada vez mais extrovertida e se estendeu por mais umas três horas dentro do restaurante.

Fiquei alguns minutos conversando num canto com Glauber e soube que ele estava filmando na Itália, para onde me convidou a ir no dia seguinte.

– Vamos para lá, João Vicente, fica uns dias conosco por lá, vamos nos divertir. Deixa que eu falo com o Jango. É bem melhor do que o Uruguai! Por lá não fumamos maconha, não, é só haxixe, e do bom.

– Ele não vai deixar, Glauber. Estamos indo para Madri e de lá voltamos para o Uruguai – respondi, encabulado. Mas não teve jeito, ele gritou do canto da mesa:

– Jango, deixa o João Vicente ir comigo para a Itália me ajudar a filmar lá naquela belezoca de país. Pode deixar que eu cuido dele e boto também umas secretárias para cumprir essa tarefa.

É claro que meu pai não deixou.

– Não, Glauber, temos muitos compromissos antes de voltar ao Uruguai, mas não vão faltar oportunidades para irmos te visitar.

Em 1972, Glauber passou por Punta del Este para visitar meu pai e de lá foi para Cuba, creio que para filmar na ilha também.

Estivemos novamente com Glauber em Paris em 1974 e a situação política havia mudado no Brasil. Geisel ensaiava uma abertura, e o intuito era estimular o ego do general por meio de palavras dos exilados, e Glauber foi um dos escolhidos para dizer e repetir que Geisel daria a abertura que acabou não acontecendo, e o Brasil teve mais um general presidente, João Figueiredo.

•

O almoço se estendeu até as oito da noite e, ao voltarmos para o hotel, recebemos dois recados de telefonemas recebidos; um de Jorge Antonio, em Madri, e outro de Raul Riff, no Brasil.

Jorge Antonio, para quem ligamos primeiro, queria avisar Jango que o general Perón não estaria em Madri naquela semana, pois tinha viagem marcada com sua esposa Isabel pela América Central e ficaria mais de dez dias fora.

Meu pai decidiu então deixar para ir a Madri no ano seguinte e conversar com seu velho amigo.

Ligamos também para o Riff, e meu pai confirmou seu retorno a Montevidéu dois dias depois. Pediu que Riff fosse ao Uruguai imediatamente para conversarem sobre os assuntos políticos que muito o preocupavam.

Por volta das dez da noite, quando já havíamos decidido o retorno a Montevidéu, tocou o telefone do quarto informando que Glauber estava no bar do hotel com algumas convidadas, entre elas a magnífica estrela Norma Bengell e outras fãs do presidente que queriam conhecê-lo.

Meu pai deu um longo e carinhoso abraço em Norma, pois já se conheciam, e depois cumprimentou cada uma das pessoas no grupo.

Glauber estava eufórico e meu pai tinha por ele um carinho muito especial, como artista e intelectual capaz de influenciar uma transformação política e cultural no Brasil. Jango acreditava que Glauber poderia ser um dos mais aptos condutores intelectuais a influenciar a ditadura no sentido de admitir uma evolução cultural dentro dos rígidos parâmetros da censura e assim ocasionar uma transformação política.

Glauber era suficientemente inteligente para criar uma ficção surrealista e brasileira que até os ditadores que queriam uma "abertura lenta e gradual" acreditassem que isso fosse possível. A teoria era que se conseguíssemos fazer um pequeno orifício na taipa da grande represa, a própria força da água abriria de vez uma grande fenda para derrubar a represa.

Dodora, uma antiga amiga de meu pai, também chegou ao hotel e se uniu a toda aquela manifestação verde e amarela no exílio. Até os sisudos franceses que estavam no bar começaram a se aproximar da mesa, que àquela altura reunia mais de dez pessoas animadas e cheias de saudade do Brasil.

O exílio transforma os homens, faz deles gigantes da resistência, ao passo que os que serviam à ditadura se tornavam títeres da inconsequência, do servilismo, da subserviência dos opressores.

●

Era hora de deixar a Europa. A travessia do Atlântico sempre gerava expectativa, pois, dependendo dos ventos, corria-se o risco de haver uma escala técnica em Recife, e se isso acontecesse meu pai seria preso.

No Uruguai tudo estava em transformação. Não podíamos imaginar as modificações que estavam à nossa espera. A ditadura brasileira começava a estender seus tentáculos sobre toda a América Latina, e nós sabíamos que algo muito grande começava a mudar em nossas vidas. Meu pai parecia pressentir que a perseguição começaria. Dali para a frente tudo mudaria.

17. 1972, 1973: A mudança
A queda da democracia no Uruguai
e a perda do sonho de liberdade

Ao voltarmos da Europa, após as eleições presidenciais no Uruguai, sentíamos como se o Apocalipse houvesse começado, tão deteriorada que a democracia uruguaia ficaria a partir dali, com Bordaberry na presidência. Fomos acuados por defender a liberdade, a democracia, os direitos humanos e individuais de ir e vir, a justiça e a legalidade, e começávamos a ver ali o verdadeiro monstro que se torna o indivíduo quando lhe outorgam poder e as bestas não têm que prestar contas de suas barbáries contra a sociedade.

Retomamos nossas atividades quando chegamos em Montevidéu, e em dezembro fomos passar o verão na fazenda El Milagro, onde meu pai gostava de ficar.

Ele apreciava que eu participasse das conversas com seus articuladores políticos, talvez para que eu entendesse as razões das estratégias que adotava e dos passos que dava. Isso foi muito bom para minha formação, pois me deu uma visão muito ampliada de acontecimentos políticos, situações econômicas, projetos sociais e me legou um conhecimento intuitivo do Brasil. Foi uma forma talvez de me manter em contato com o Brasil que eu não conhecia, com os melhores professores para falar sobre aqueles assuntos: meu pai, Riff, Doutel, Mirza, Darcy, Josué, Moniz Bandeira, Talarico, Orpheu Salles, Roberto Alves e tantos outros que vinham conversar no exílio com Jango.

O Uruguai ia se complicando no plano político, pois as forças democráticas não aceitavam a condução e o rumo que o governo Bordaberry ia adotando. Ele governava com menos de um terço do Congresso Nacional, e, cada vez mais apoiado pelos militares, ia violando os direitos dos cidadãos por meio de decretos e atos institucionais legados pelas famigeradas medidas de segurança herdadas de Pacheco Areco.

Íamos nos acostumando com aqueles atos de violência, vivendo de acordo com as regras que nos eram impostas. Em 1972, depois de conversar com meu pai, decidi ir morar em Maldonado, para ficar mais perto dele. Continuei com os estudos, e meu pai me ajudou a montar uma criação de porcos em um pequeno campo, chamado Abra de Perdomo, perto de San Carlos, e os fornecia ao frigorífico de embutidos que ele tinha na fazenda El Milagro. Estava na quarta série ginasial e preferi pedir transferência para o turno da noite do Liceo Departamental de Maldonado; assim, tinha mais tempo para ir ao campo e estudar à noite.

Com a prisão de Rivero, meu pai começou a ficar preocupado, pois os militares uruguaios passaram a ser mais pressionados pela ditadura brasileira para incomodar e perseguir os exilados, alegando que era a pedido da justiça brasileira para que dessem informações.

As operações militares, realizadas sem autorização judicial mas amparadas pelas "medidas de segurança", não respeitavam mais ninguém: eram feitas em casas de políticos, associações, clubes de recreação etc. Todos podiam ser atingidos sem prévio aviso. No início de 1972, meu pai começou a sentir que sua condição de ex-presidente do Brasil e exilado no Uruguai passara a ser um incômodo para as autoridades uruguaias, quando, em fevereiro, El Milagro foi invadida em uma dessas operações militares. Três caminhões do Exército, cada um levando mais de vinte soldados, chegaram para uma grande revista em todas as construções da fazenda: galpões, casas, engenho de arroz, frigorífico e residência pessoal. Até o quarto de meu pai, com seus documentos, roupas e pertences pessoais, foi revistado.

•

Era um domingo cinza e nublado do mês de março, e o dia despertou El Milagro com o assobio trêmulo do vento nas janelas. A temperatura tinha caído mais do que o esperado para aquela época do ano, quando meu pai bateu na porta do meu quarto e me acordou, dizendo:

– João Vicente, acorda e pega um carro da garagem para ir até Maldonado comprar meus jornais. Depois, vamos até San Carlos verificar tua criação de porcos. Faz tempo que não vou naquele campo e com este verão que está terminando meio seco quero ver como estão aquelas novilhas holandesas que mandei deixar lá.

– Tá bom pai, deixa eu levantar, passar uma água no rosto e já estou indo – respondi.

Peguei um Corcel que tinha lá na fazenda e fui para Maldonado. Era comum naquela época ver caminhões e jipes militares pelas cidades, por isso não prestei muita atenção na volta para a fazenda, quando vi, já na saída de Maldonado, uma concentração de caminhões militares parados no entroncamento do início da estrada. Pensei que devia tratar-se de algum procedimento em andamento.

Mal sabia eu que aqueles seriam os mesmos que invadiriam nossa fazenda sem aviso. Acabei não comentando com meu pai sobre a concentração de veículos na estrada.

Entreguei-lhe os jornais e me sentei ao lado dele, perto da lareira. Cerca de uma hora depois, o Peruano, meu amigo de anos da Erwy School e que também tinha ido morar e trabalhar em Maldonado, entrou esbaforido pela cozinha e gritando:

– Doutor, doutor Goulart, o senhor não vai acreditar! As forças conjuntas estão vindo pela estrada e acho que vão invadir a fazenda.

Meu pai e eu imediatamente nos levantamos do sofá. Ele logo se dirigiu para as grandes janelas envidraçadas, abrindo as cortinas para olhar a estrada. Então vimos os caminhões e jipes do Exército uruguaio em alta velocidade na estrada que levava à fazenda.

Os soldados desembarcaram correndo e cercaram os galpões, deitaram-se nos arredores das casas apontando seus fuzis para todos os lados, como se estivessem em guerra contra as vacas e os terneiros holandeses que pastavam por ali.

Enquanto isso, mais dois jipes com metralhadoras antiaéreas foram até a pequena pista de capim onde meu pai eventualmente descia com seu monomotor, e de duas caminhonetes brasileiras saíram os "oficiais de comando", um coronel, um major e dois capitães, tranquilamente, para falar com o pessoal da fazenda.

Como era domingo, não havia muita gente por ali. O frigorífico de embutidos e o engenho de arroz não estavam funcionando, então os oficiais se dirigiram ao Peruano, que foi ao seu encontro na área de galpões.

Muito nervoso, meu pai resmungou comigo:

– Mas o que esses filhos da puta querem aqui, meu filho? Prenderam o Rivero e agora, de alguma maneira, querem me incriminar por pressão dos milicos brasileiros? Eu não me submeti aos gorilas brasileiros, tu achas que vou me submeter a esses miliquinhos uruguaios? Acham que vão me humilhar?

– Calma, pai, vamos ver o que querem – eu falei, tentando acalmá-lo.

– Eu não vou lá no galpão, vê lá o que eles vão fazer. Me traz um uísque e vai lá com o Peruano falar com eles.

Fiz o que ele me pediu e fui até o galpão. Maneco Bigode já havia chegado e estava lá conversando com os oficiais quando me aproximei.

Eles afirmavam ter uma ordem do comando supremo das Forças Armadas para revistar a fazenda inteira. Maneco ainda tentou argumentar e perguntou o que estavam procurando em um estabelecimento rural. Ríspidos, eles alegaram estar autorizados pelas medidas de segurança a vasculhar tudo.

Quando me aproximei foram logo perguntando se eu era o filho de Goulart.

Respondi que sim, e falei que meu pai estava lá dentro querendo saber o motivo para eles estarem ali.

Pareceram surpresos por meu pai estar em casa, e o coronel perguntou se poderia ir até lá para explicar pessoalmente a operação em curso.

– Vou perguntar ao meu pai, oficial – respondi, calmamente. E acrescentei: – O senhor pode vir comigo até a casa sem levar a metralhadora?

– Claro que sim. Capitão, fique com minha arma e preste atenção enquanto me dirijo à casa.

O coronel e o major me acompanharam até a casa. Os capitães ficaram no galpão dando instruções aos soldados e cabos.

Permaneceram no acesso à cozinha, do lado de fora, enquanto eu perguntava a meu pai se ele queria falar com o coronel.

– Ainda teve a cara de pau de vir falar comigo, não é, João Vicente? Não adianta, manda ele entrar para ver o que diz – disse meu pai, e foi esperá-lo sentado perto da lareira.

O coronel entrou, enquanto mandava o major ficar do lado de fora.

– Com licença, senhor Goulart, venho aqui em nome das Forças Armadas uruguaias, pois houve uma denúncia e temos que cumprir as ordens do comando e revistar o estabelecimento – disse o coronel.

– Sou exilado em seu país, coronel, e sei bem o tipo de poder que exercem, assim como a força e a prepotência. Cumpra com o seu dever, que conheço bem por seus pares militares brasileiros. Vou sair, porque não quero testemunhar sua alegoria fantasiosa. Se tivesse vindo para me prender, deveria estar acompanhado do senhor ministro do Interior, pois sou o ex-presidente constitucional do Brasil sob proteção das Nações Unidas. Agora me dê licença. O senhor Maneco irá acompanhá-los durante a revista – disse meu pai. Em seguida virou-se para mim e falou: – Vamos, João Vicente, pega o meu copo e o gelo, e vai dirigindo. Vamos para Montevidéu encontrar tua mãe e tua irmã.

Os militares revistaram toda a fazenda em busca de armas e documentos, mas nada encontraram, é claro. Ali, ainda sob a Constituição uruguaia em vigência, começava o ocaso da liberdade e da democracia, pelas quais Jango tanto tinha lutado em seu país e que o assombrava no exílio também.

•

Ao chegarmos em Montevidéu, saímos todos para jantar no Columbia Palace. Lá, meu pai contou à minha mãe o que tinha ocorrido em Maldonado, e ela falou:

– Não dês bola, Jango. Não fiques assim nervoso porque isso vai te consumir. Teu médico já disse que não podes ficar preocupado e nervoso dessa maneira, tens que cuidar de tua saúde.

– Pois é, Teca. Mas às vezes penso que este nosso exílio está se prolongando demais. Acho que ainda vais voltar viúva e com netos para o Brasil, de tanto que está demorando – disse meu pai.

– Para com isso, Jango! Deixa de ser pessimista! Logo, logo, vamos voltar.

– Não sei, Teca, algo me diz que não voltarei mais ao meu país.

– Para de tristeza, Jango, vamos dançar este tango que tu gostas antes de servirem o jantar.

Ouvindo o velho cantor de tangos que ali se apresentava, os dois se levantaram e começaram a dançar.

•

Em maio de 1972, o frio já alcançava a fazenda El Milagro. Era o clima ideal para acender a lareira, partidas de xadrez, um bom vinho e calorosos bate-papos com os amigos. Era uma roda animada, principalmente quando iam os amigos e companheiros de meu pai levando notícias do Brasil. Às vezes havia mais de dez pessoas hospedadas na fazenda e as conversas iam desde política a futebol. Ele gostava de provocar as discussões entre os amigos gremistas e colorados e depois ficava rindo das polêmicas que criava. Uma maneira doce de passar o tempo com os amigos, quando queriam deixar um pouco de lado a preocupação constante com as arbitrariedades da ditadura.

A certa altura meu pai me chamou e disse:

– João Vicente, eu podia pedir isto a outra pessoa, mas tenho uma missão para ti hoje. Uma pessoa muito especial veio do Brasil com o marido só para me visitar, e quero que tu os busque no hotel San Rafael para jantar conosco mais tarde, está bem? – disse ele em tom de alegria.

– Tudo bem, pai, eu vou. Mais tarde conversamos e tu me dás as coordenadas.

Ele voltou para a lareira e chamou Bijuja, seu administrador de gado, para falar sobre a tropa de bois gordos que vendia todos os anos no mês de maio em São Borja.

A noite ia caindo e meu pai avisou que tinha um compromisso fora e que os amigos saíssem para jantar.

– Maneco, tu que conheces mais os restaurantes aqui de Punta del Este, pega um carro e leva o Bijuja e o pessoal de São Borja para jantar – disse ele.

– Eu não vou sair, não, já conheço o eleitorado. Vou fazer um bife na casa velha e me tapar com meu poncho – disse Bijuja.

– João Vicente, tu vais buscar a Maysa, uma grande cantora brasileira que veio ao Uruguai só para me visitar, pois somos grandes amigos há muito tempo. Ela está aqui com o marido, que é ator. Ela foi muito corajosa de vir me ver, quando muitos daqueles que ajudei politicamente a crescer no Brasil sequer aparecem, ou, quando vêm passear, fingem que não nos veem quando cruzam conosco na rua. Por isso, meu filho, faço questão que tu vás lá pessoalmente buscá-la, e não um motorista qualquer.

– Claro, meu pai, já estou indo!

– Olha, vai com aquele Mercedes que veio do Brasil e que os milicos prenderam por muito tempo lá em São Borja e depois nos devolveram, e busque-os no San Rafael às nove horas. Leve os dois lá no restaurante Krakatoa, de nosso amigo argentino Gervásio, que eu vou estar lá esperando.

Esse Mercedes 280 C, modelo 1962, era o carro brasileiro que meu pai levou para o Uruguai. Cada exilado estava autorizado a ter um carro para sua locomoção por tempo indeterminado. Na época, não havia montadora de veículos no Uruguai, tampouco existia Mercosul, e os carros lá eram todos importados e custavam quase 250% do preço de um similar no Brasil. Por essa razão havia um controle rígido dos veículos que entravam no país com os turistas, para que não permanecessem em território uruguaio após o prazo de noventa dias.

O Mercedes fora confiscado na Granja São Vicente, após o golpe de 1964, e devolvido depois, e por isso tinha um significado especial para meu pai. Foi o Cocota Azambuja, seu ajudante de ordens, que foi pegá-lo em um quartel de Santa Maria e viu que estava sendo usado pelo comandante do batalhão, que se gabava de usar o carro do Jango, o "comunista subversivo e cassado". Quando chegou ao Uruguai, esse veículo tinha até uns furos de bala no para-lama traseiro, e os militares alegaram erros na prática de tiro ao alvo no quartel.

Ao chegar ao hotel, fui direto à recepção informar que estava ali para buscar a sra. Maysa Matarazzo e seu marido, o senhor Carlos Alberto. O responsável pela recepção me avisou que eles já haviam descido e aguardavam por mim no bar do cassino.

Fui até o bar do cassino e vi aquela figura magnífica, que só conhecia por fotos, recostada no balcão. Os cabelos eram ruivos, meio rebeldes, e olhos verdes brilhantes, usando um excêntrico vestido branco e conversando com seu acompanhante e um pouco ansiosa. Eu me aproximei e disse:

– Maysa, eu sou João Vicente Goulart, meu pai pediu que eu viesse pessoalmente buscar vocês.

– João Vicente, Jango fez questão de mandar tu me buscares, né?
– perguntou ela, visivelmente emocionada. Em seguida me abraçou muito forte.

Ela me apresentou a seu marido e comentou sobre a antiga amizade entre ela e meu pai. Carlos Alberto assentiu, como se de fato compreendesse o elo entre eles.

– Onde está teu pai, João Vicente? Vamos lá que quero matar as saudades – disse ela.

– Vamos, sim, Maysa. Ele está ansioso esperando por vocês no restaurante Krakatoa – falei, já saindo com eles em direção à rampa de acesso onde estava o carro.

Quando se encontraram no restaurante, vi um dos mais belos e calorosos abraços entre amigos de muitos anos.

Meu pai educadamente abraçou Carlos Alberto e agradeceu por sua sensibilidade em permitir que Maysa fosse vê-lo, ao que ele disse:

– Presidente, pelo amor que sinto por Maysa, eu sabia que este encontro faria bem a ela. Ela não ficaria em paz enquanto não viesse até aqui para vê-lo – disse Carlos Alberto.

Maysa e Jango vararam a madrugada como se fossem colegiais recordando o passado e revivendo os bons momentos.

– Jango, tu te lembras dos meus shows em São Borja? Maysa fazendo shows beneficentes em São Borja! Tu achas que alguém acreditou naquilo? Eu cantei lá no Passo para os eleitores de tua querida cidade – disse ela com um sorriso e zombando do tempo que havia passado.

Ao fim do jantar, Maysa disse que não queria voltar para o hotel e pediu que a levássemos a uma boate. Foi a primeira vez que vi meu pai dançar em uma discoteca.

Creio que depois dessa noite nunca mais se viram; Jango morreu em dezembro de 1976, e Maysa, no início de 1977. Mas a lembrança do encontro dos dois amigos permanece viva em minha memória.

•

Sempre que meu pai queria uma coisa, era muito persistente. Isso chegou a desgastar minha relação com ele, pois sempre recorria a mim para fazer desde as coisas mais simples até as mais complexas. Só vim a entender isso depois, com o tempo.

•

Em 1972, Raul Riff foi ao encontro de meu pai no Uruguai para conversarem sobre a situação política na América Latina.

– Riff, estou muito preocupado com o novo cenário político que está sendo desenhado na América Latina, e acho que a situação vai se agravar. Te chamei aqui para fazermos a redação de uma entrevista reafirmando a nossa posição e distribuir para a imprensa internacional, já que dificilmente teremos oportunidade de publicá-la no Brasil.

– Presidente, estou aqui para isso. Vamos trabalhar, mas antes quero lhe transmitir uma grande preocupação dos exilados. Essa sua decisão de não retornar enquanto houver um brasileiro sem poder voltar precisa ser discutida. Muitos acreditam que sua volta pode forçar uma abertura no regime e um caminho para a anistia – disse Riff.

– Riff, tu sabes que não me encanto com o nado do cisne. Essa ditadura é muito violenta e rígida. Temos conversado com amigos exilados em vários países do mundo, mas por enquanto vamos manter nossa posição. Não se trata de intransigência, apenas de saber que caldo quente não faz mal a ninguém. O general Serafim, que tu conheces lá de São Borja, tem me escrito e dito em suas ponderações que se eu voltasse só teria permissão para ficar confinado em São Borja. Isso eu não aceito! Em Paris conversei com Juscelino e repeti a ele que não voltarei para me submeter à vontade dos milicos. Bastante magoado, ele disse que tinha se arrependido de ter voltado, pois estava sendo humilhado pelos milicos no Brasil.

– Bom, Jango, vamos então começar a pensar nessa tua possível entrevista, pois sabes que está cada vez mais difícil publicar qualquer coisa a teu respeito ou mesmo da causa trabalhista.

– Então tá, Riff, vou pedir ao João Vicente que traga aquela minuta sobre nosso pensamento, que escrevemos há quatro meses, e que precisamos reformular para adequar ao atual momento político brasileiro.*

●

Durante muito tempo essa carta aos brasileiros ficou guardada nos arquivos pessoais de meu pai. Hoje, por meio do Instituto João Goulart, que fundamos com a finalidade de resgatar sua memória e sua luta, estamos organizando e publicando livros, produzindo documentários e montando exposições para levar o pensamento de Jango às novas gerações.

●

Já era tarde, por volta de onze da noite, quando meu pai disse ao Riff que era hora de parar e sugeriu ir tomar sopa no restaurante Oásis, onde poderiam conversar mais sobre a viagem à França e os encontros com os outros exilados por lá.

No restaurante a conversa girou em torno da situação latino-americana, porque meu pai estava receoso da instabilidade política, já que o Chile e o Uruguai estavam tendo dificuldade em manter seus regimes democráticos.

– Riff, não confio na estabilidade política do Uruguai. O presidente eleito pela direita já deu sinais de entregar a segurança institucional do país às Forças Armadas. Eles contaram com assessoramento dos serviços secretos do Brasil nas eleições. Fontes seguras me garantiram que muitos agentes brasileiros vieram para cá clandestinamente acompanhar as eleições, dando cobertura e instruções às Forças Armadas uruguaias, inclusive com inteligência militar do Terceiro Exército.

---

*A íntegra da carta está na seção Apêndice. (N. da E.)

– É, Jango, tens que ter cuidado, pois pelo que se vê no Brasil tem também uma linha muito dura nas fileiras do Exército brasileiro que está dizimando os companheiros que decidiram pela luta armada, e isso pode também fortalecer as operações encobertas dos órgãos de informação – disse Riff, pausadamente, coçando o vasto bigode. – Estamos notando no Brasil duas linhas militares para a sucessão do Médici. Temos que esperar qual delas sairá vitoriosa, pois é difícil prever daqui a dois anos como se comportarão em relação a uma distensão política.

– Acho que vou esperar as férias do João Vicente e vou com ele até Madri conversar com o velho amigo Perón. Não queria ir agora, pois pode parecer provocação aos milicos brasileiros, que vivem nos vigiando por aqui, mas temos que criar alternativas. Qualquer hora o Uruguai, que é dependente do Brasil, cai como um castelo de cartas.

– É bom procurar alternativas políticas. Já se fala na volta do Perón depois de 17 anos de exílio e a CGT [Confederación General del Trabajo] argentina tem muita força, segurou a resistência peronista durante todos esses anos e inclusive com o braço armado dos Montoneros, que não baixaram a guarda e resistiram à ditadura argentina por todo esse tempo. Mas tu já conheces bem o homem, estivemos lá, quando tu, como ministro do Trabalho em 1953, precisavas de dados da organização sindical no país e levantamos a luta argentina naquela oportunidade, inclusive com Eva Perón, que era ministra de Bem-Estar Social naquela época. Ele gosta muito de ti.

É, desde lá que os milicos não nos engolem. Tu te lembras do manifesto dos coronéis? Os mesmos generais de 1964 que nos acusavam de querer implantar uma república sindicalista. Uma grande besteira que gerava medo nos quartéis, eles veem fantasma em tudo o que favorece o povo mais humilde, a classe trabalhadora, os mais necessitados. Tudo o que é reforma social eles veem como comunismo. E o pior é que sempre ficam ao lado dos interesses econômicos das grandes corporações, das multinacionais, contra o povo e seus verdadeiros e legítimos interesses.

É por isso que os chamamos carinhosamente de gorilas, Jango. Muito peito e pouca inteligência, sobra prepotência.

– Esse teu "carinhosamente" é muita bondade para com eles – comentou meu pai com um sorriso maroto. – Vou passar no cassino antes de voltar para casa. O João Vicente te leva e depois vem me buscar. Sei que tu não gostas muito dessas noitadas, né, Riff? Mas eu vou lá um pouco para distrair a cabeça e amanhã então tomamos chimarrão pela manhã.

•

Depois de deixar o Riff na fazenda, voltei ao centro de Punta del Este, no começo da avenida Gorlero, onde ficava o Casino Nogaró. Os cuidadores de carro sempre deixavam um lugar bem na frente do cassino para estacionar o carro de meu pai. Gostavam demais "del doctor Goulart", como vários porteiros, crupiês, garçons o chamavam. Deixei o carro estacionado, fui ao bar do cassino, pois na verdade eu tinha 15 anos e não podia entrar na sala de jogos. Contudo, apesar de minha idade, eu já dirigia e de noite não havia muito controle nas ruas de Punta del Este, cidade balneária com muitos turistas no verão e quase ninguém nas ruas quando finalizava a temporada; *"ni los perros por la calle"*, escrevia-me Jango anos mais tarde, em 1976, quando eu, já morando na Europa, perguntava por notícias do Uruguai. Meu pai me escrevia cartas dando esse tipo de informação, dos amigos, dos preços das coisas, da situação política e de suas aflições naquele fatídico ano de 1976, quando terminou seu exílio e o nosso, pois ele partiu para a eternidade.

•

Sinto muitas saudades daqueles tempos. Estava no final da adolescência, época em que se consolidavam dentro de mim valores sólidos, verdadeiros e pragmáticos. Acompanhando meu pai, fui entendendo os conceitos fundamentais da vida, aqueles dos quais não se abre mão.

A conduta de meu pai, sua convicção de que precisamos nos ater aos fatos, ter amor ao próximo e conservar nosso livre-arbítrio me serviram de exemplo para construir o meu caráter. Com ele aprendi, antes de tudo, que o mais importante é o coletivo e o bem comum, depois, nossas aspirações e, por último, nossos interesses individuais, bem menos importantes do que os coletivos.

Aprendi que a luta em favor das minorias, dos excluídos, dos enfermos, dos sem oportunidades, dos sem-terra, dos sem-teto, dos sem esperança e sem cidadania é a única que vale a pena ser travada. Essa era a luta de meu pai, no Brasil e nos países onde ficou exilado. Nunca perdeu sua determinação serena, mas tenaz, de lutar pelos oprimidos, e sabia que a morte é apenas uma das etapas da luta, de toda uma existência.

•

Em 1972, um grupo de estudantes do Colégio Stella Maris, de Montevidéu, sumiu na cordilheira dos Andes, em um avião da Força Aérea uruguaia, a caminho do Chile, para disputar um jogo intercolegial de rúgbi. Eu também havia estudado em uma escola inglesa, a Erwy School, e conhecia alguns dos rapazes desaparecidos na cordilheira, apesar de serem mais velhos que eu.

Um deles era filho de Carlos Páez Vilaró, um artista plástico muito conhecido no Uruguai e amigo de meu pai, que criou a Casapueblo, uma galeria de arte e hotel em Punta Ballena.

O Uruguai inteiro ficou na expectativa do desaparecimento daquele avião, um Fairchild que sumira na neve fria da cordilheira dos Andes. O país inteiro aguardando as buscas por sobreviventes do acidente. Depois de uma semana, a operação de resgate foi suspensa pelas autoridades do Chile e da Argentina. Se não tivessem colidido contra os Andes, o que era mais provável, depois de sete dias era impossível haver sobreviventes. Decidiram deixar o inverno acabar para tentar resgatar os corpos no verão.

Meu pai decidiu ir dar um abraço em Páez Vilaró, em solidariedade ao desaparecimento de seu filho. Estávamos no restaurante Oasis com o escritor Josué Guimarães e fomos todos juntos até Punta Ballena. Vimos muitos carros parados do lado de fora da casa quando chegamos. Amigos, repórteres e curiosos cercavam a Casapueblo. Páez Vilaró nos recebeu estranhamente esperançoso.

– Presidente Goulart, muito obrigado por vir até aqui neste momento.

Meu pai apresentou Josué a ele, que disse ter lido seu livro de contos *Os ladrões*. Josué também elogiou a arte de Vilaró, que disse ser muito apreciada no Rio Grande do Sul, seu estado natal.

– Como está tua alma, Páez? – perguntou meu pai tentando trazer conforto ao artista.

– Presidente, estou fazendo as malas para ir até a cordilheira dos Andes. Tenho certeza de que meu filho está vivo e que voltará para casa.

Era tanta a certeza que movia aquele homem que seu semblante era mais de esperança do que de entrega. Estava ansioso para partir e comandar as buscas pelo avião desaparecido, certo de que encontraria o filho, Carlitos Páez, vivo. Nesse momento compreendi que a esperança é realmente uma força suprema e sua magnitude é infinita.

Essa história já é por muitos conhecida. Várias pessoas morreram no acidente; outras tiveram a dura missão de sobreviver na neve, e foram até obrigados a se alimentar dos corpos dos companheiros mortos. Vilaró tinha razão: seu filho foi um dos sobreviventes, e sua intuição de pai nos serviu como um grande exemplo de fé e esperança.

Nunca se deve perder a fé, pois nela reside a esperança do retorno a casa.

•

Certa noite estávamos no cassino Nogaró, em Punta del Este, e vimos o anúncio de que haveria um espetáculo com Vinicius de Moraes, Toquinho e Marília Medalha na semana seguinte.

Minha mãe estava conosco e disse que gostaria de ir lá com as amigas. Meu pai disse que falaria com Farito para providenciar a reserva de uma mesa grande e que provavelmente iria também.

– Sabes, né, Teca, que eu cheguei a indicar Vinicius para a embaixada em Assunção, antes do golpe? – falou meu pai.

– Eu sabia que tinhas feito a indicação, mas não cheguei a saber se ele permaneceu ou não depois do golpe – comentou minha mãe.

Quando não estava ensaiando ou quando o show terminava, Toquinho subia para o bar e conversava muito com meu pai. Os dois se gostavam muito.

Meu pai combinou de encontrar Vinicius certa tarde na casa onde ele estava hospedado no San Rafael. Levamos duas garrafas de uísque Old Parr para a longa conversa que teriam pela frente.

Meu pai perguntou a ele sobre a nova geração de músicos brasileiros que estavam surgindo com composições que mostravam resistência ao regime, músicas de protesto. Perguntou por Chico Buarque, Caetano Veloso, Geraldo Vandré. Estava impressionado com a coragem daqueles artistas. Lembro que a certa altura perguntou a Vinicius por que ele, com tanto talento, não entrava naquela onda de letras de protesto. Acho que ele não gostou muito da pergunta, nem meu pai gostou muito da resposta. E acabou sobrando uísque. Acho que ficamos no máximo uma hora, e desde então a amizade virou protocolar. Na despedida, meu pai falou:

– Até a próxima então, Vinicius. Já que não vais fazer nenhuma letra de protesto, vê se não fazes como o Pelé, dizendo que o povo brasileiro não precisa votar porque não sabe mesmo, né?

– Eu sou o poeta do amor, Jango, eu canto o amor – disse Vinicius. Durante a turnê não voltaram a se encontrar.

Já estava decidido que em julho eu retornaria à Europa com meu pai, dessa vez direto para Madri.

Chegamos à capital espanhola numa sexta-feira e tivemos tempo de fazer alguns passeios e conhecê-la, pois o encontro com Perón seria apenas na terça. No primeiro dia, saímos para dar uma volta e paramos em um restaurante de tapas e vinhos, conversando e saboreando um presunto pata negra, até que o sono falou mais alto e voltamos ao hotel para dormir.

Na chegada ao hotel, recebemos o recado deixado pelo secretário do Jorge Antonio, empresário argentino que cuidava dos assuntos de Perón. Ele confirmava o café da manhã na casa de Jorge Antonio no dia seguinte.

Com a notícia de que teríamos um compromisso cedo no dia seguinte, meu pai se arrependeu de ter ficado fora até tarde e pediu que a recepção nos acordasse às oito da manhã no dia seguinte. Disse que tomaríamos uma ducha rápida e pegaríamos um táxi para ir.

Não deu tempo: às sete horas já havia um carro com motorista à nossa disposição, parado na frente do hotel, para nos levar até a casa de Jorge Antonio.

Entramos no carro e meu pai logo perguntou se o secretário, chamado Félix, era argentino ou espanhol e há quanto tempo trabalhava com Jorge Antonio. Ele disse ser da Catalunha e fazer parte da equipe do empresário havia muito tempo. Informou que o café seria no escritório dele, localizado em uma das áreas comerciais mais nobres da capital espanhola.

No imenso escritório, fomos recebidos com muita pompa por duas funcionárias, que imediatamente nos conduziram a um gabinete. Jorge Antonio e meu pai trocaram um abraço caloroso e demorado e nos sentamos a uma grande mesa para tomar café com vista para a avenida.

Depois de muito conversarem sobre a Argentina, notamos um claro entusiasmo de Jorge Antonio ao comentar sobre os vários políticos argentinos que estavam em peregrinação constante até Madri para falar com Perón. Ficou claro para meu pai que era Jorge Antonio quem definia quem seria ou não recebido por Perón.

– Presidente Jango, o general está muito ansioso para o encontro entre vocês e pediu que eu o levasse para almoçar com ele na segunda-feira, para que possam conversar sobre o cenário político no Brasil, na Argentina e no Uruguai. Ele está entusiasmado para retornar ao país depois de tanto tempo e, em razão da amizade que existe entre vocês, creio que vai convidá-lo a fixar residência na Argentina.

– Mas como ele está tão confiante de que vai voltar, Jorge?

– Ele vai lhe contar pessoalmente, mas já posso adiantar que ele vai voltar de qualquer maneira.

– Então estaremos lá na segunda para conversar sobre política com ele. Já sei que com você falaremos apenas de negócios.

– Sim, presidente. Vou precisar de seus conhecimentos para começar a reorganizar as exportações de carne argentinas para novos mercados a partir do ano que vem. Sei que o senhor tem contatos no mundo árabe, e teremos que redirecionar os mercados.

– Muito bem, Jorge, conversaremos então em outra oportunidade, após meu encontro com o presidente.

De lá voltamos ao hotel para ligar para a América do Sul, como era de praxe.

Meu pai comentou que achou o Jorge muito eufórico com a volta do Perón à Argentina. Por outro lado, disse saber que os militares argentinos ainda tinham muita munição para usar. O melhor era aguardar o encontro com o presidente na segunda, a fim de fazer uma análise mais completa do cenário.

Depois de um fim de semana agradável e divertido, o telefone do nosso quarto no hotel tocou cedo na manhã de segunda-feira. Atendi e ouvi uma voz rouca do outro lado, pedindo para falar com meu pai, chamando-o de Janguito. Nunca tinha ouvido ninguém falando espanhol chamá-lo assim e perguntei quem era. Para minha surpresa, a voz rouca exclamou: "Juan Domingo Perón!" Pedi-lhe um momento e, quase sem acreditar, chamei meu pai, avisando que o general em pessoa estava ao telefone querendo falar com ele.

Os dois se cumprimentaram rapidamente e meu pai avisou que já estava a caminho do encontro. Puerta de Hierro não ficava muito longe de onde estávamos. A casa de Perón era grande, confortável, com um portão de ferro na entrada e um muro com plantas muito verdes. Mas nada de luxo no seu interior. O carro estacionou perto da porta de entrada e vimos que não havia seguranças nem policiais na porta, nada que indicasse que ali morava o maior líder argentino, que, segundo os meios de comunicação, estava prestes a voltar de um longo exílio fora do país.

O secretário de Jorge Antonio disse que nos esperaria do lado de fora. Em seguida um senhor baixo, meio careca e muito educado nos abriu a porta e se apresentou como José, o assistente do general Perón.

Tempos depois soube que aquele era José López Rega, que se tornou o temido chefe da Aliança Anticomunista Argentina (Triple A), perseguidor e exterminador de muitos companheiros latino-americanos após a morte de Perón na Argentina. Naquele momento, nem meu pai imaginaria quem era *el brujo*, o grande manipulador e homem forte do governo Isabelita após a morte de Perón em 1974, em pleno exercício do poder.

O general, vestido com roupas simples e chinelos nos pés, nos recebeu muito animado por encontrar meu pai em sua casa. E o famigerado López Rega foi quem nos serviu café.

Conversaram sobre quando meu pai, em 1952, então ministro do presidente Getúlio Vargas, foi à Argentina conhecer o movimento sindical da CGT dos "descamisados". Relembraram quando Beijo Vargas, irmão de Getúlio, invadiu Santo Tomé, tomando à bala a cidade argentina. Brasil e Argentina só não romperam relações graças à amizade entre Perón e Getúlio, ambos presidentes. Meu pai recordou a ele a admiração que tinha por Evita e sua luta pelos humildes na Argentina. Conversaram sobre o exílio que ambos estavam vivendo, sobre a política americana e o terrível e insistente poder intervencionista do Departamento de Estado Norte-americano na ingerência dos assuntos internos de nossos países, e sobre o comitê dos quarenta chefiado por Henry Kissinger.

Perón chamava meu pai sempre de "Janguito", mas meu pai se dirigia a ele de um modo mais solene, chamando-o de presidente.

Perón falou muito do retorno a seu país natal e disse a meu pai que se preparasse para ir morar lá no ano seguinte. Ele era muito espirituoso e já sabia do pouso forçado que meu pai fizera com o Cessna na Argentina com o piloto Rivero e seus desdobramentos com o então comandante em chefe das Forças Armadas argentinas, tenente-general Alejandro Augustín Lanusse, que naquele momento ocupava a presidência daquele país. Dando uma risada gostosa, disse a meu pai que Lanusse queria promover a abertura e entrar para a história como o general que redemocratizou a Argentina.

– No mês passado ele enviou dois generais de divisão como emissários para me devolver o cargo de general do Exército argentino, que haviam me usurpado no golpe de 1955, quando tive que me exilar. – disse Perón.

– Meu presidente, ele foi correto na ocasião do meu pouso forçado e não me entregou às autoridades brasileiras, como esperavam os militares. Mas me diga, ele mandou lhe devolver a patente de general e o senhor aceitou? O que aconteceu depois? – perguntou meu pai.

– Eu lhes disse que voltassem a meu país e falassem a seu presidente ilegal que, para chegar a general do Exército argentino, precisei de talvez vinte anos de estudo, assim como ele. Mas para me tornar Juan Perón precisei ter colhões. E que ele enfiasse no rabo as insígnias que desejava me devolver!

As risadas foram instantâneas. Eu nunca tinha visto tamanha presença de espírito, de coragem, de certeza política de que ele voltaria. Com aquela resposta ao presidente "ilegal" argentino, era mesmo uma certeza de que, com o título de general ou não do Exército, ele continuava sendo o líder absoluto do país. Argentina era seu nome.

Pediram o almoço em um restaurante próximo. Não havia empregados na casa, a não ser José López Rega, que depois do almoço retirou os pratos. Isabelita, então casada com Perón, estava viajando pela América Central.

Perón voltaria e poderia mudar o quadro democrático das velhas veias abertas de nossa latinidade. Todos acreditamos nisso, e lutamos, fomos para a Argentina de Perón, uruguaios, chilenos, bolivianos, peruanos que acreditavam na democracia. Perón foi presidente, mas lamentavelmente López Rega foi o "bruxo", e fomos tragados, empolgados com o sonho de liberdade, pela famigerada operação Condor.

Saímos de lá muito esperançosos. Meu pai saiu falando que se não era possível agora retornar para o Brasil, ele estava disposto a pensar em ajudar a redemocratização via Buenos Aires com a possível volta de Perón. Vi em seus olhos como se sentia com o ânimo renovado. Do hotel, meu pai ligou para Jorge Antonio para agradecer a recepção e marcar com ele outro encontro, dessa vez no hotel, porque voltaríamos a Montevidéu dois dias depois. Jorge Antonio foi até lá na quarta e ele mesmo nos levou para o aeroporto.

Nunca me esquecerei de Perón, homem íntegro, sabedor de sua importância, conhecedor das aspirações do povo argentino. Mesmo sem Eva, ele sabia que sua missão era voltar a sua terra, para lá morrer, independente e distante das reformas que pretendia.

Só se avança quando existem exemplos. Perón e Eva são até hoje para o povo argentino o símbolo da tenacidade.

•

Sempre digo que o exílio nos ensina a ser aves peregrinas. Agora era hora de pensar em mudar de hábitat e ir para onde havia esperança de nossos sonhos se tornarem realidade.

Na chegada a Montevidéu meu pai ficou na expectativa dos desdobramentos da política argentina, e queria, em 1972, deixar clara sua posição e seu pensamento sobre o exílio. Articulou novamente uma possível publicação do seu pensamento a respeito dos anos de exílio no Uruguai e pediu que Doutel fosse até lá para desenvolverem o texto para publicação.

O exílio cobra um alto preço político e afetivo a todos que são obrigados a viver longe de sua terra natal. Naquele ano de 1972, aos 14 anos, minha irmã entrou em um processo depressivo e deixou de se alimentar, vindo a sofrer de anorexia profunda e a pesar trinta e poucos quilos. Meus pais ficaram desesperados, não sabiam o que fazer e não queriam tomar a decisão drástica de interná-la. Depois de alguns meses de tratamento com o Pechito, um amigo argentino de meu pai e professor de ioga, ela conseguiu sair da crise e agradecemos a Deus a superação de mais uma passagem difícil naquele ano.

Como passei a morar em Maldonado, comecei a me apegar mais aos amigos que fiz lá. Em novembro de 1972, conheci Stella, em seu aniversário de 15 anos. Quatro anos depois ela se tornou minha esposa e é a mãe de três de meus filhos: Christopher Belchior, Marcos Vicente e João Alexandre. Christopher foi o único neto que meu pai conheceu, em Londres, onde morávamos na época.

Nós nos conhecemos na rua, quando eu caminhava com meu amigo Nacho, e ela, com sua amiga Cielo. Stella me convidou para sua festa de aniversário, que seria realizada nesse mesmo dia, à noite. Foi lá que começou nossa história de amor.

O tempo passa, a vida muda e depois tive mais três filhos, Vicente Teodoro, João Marcelo e José Dinarte, com outra mulher maravilhosa, Rita.

Hoje, tenho também o amor de Luiza, minha filha depois que me casei com sua mãe, Verônica, minha alma gêmea e com quem dividirei a vida até o fim.

Peguei o Doutel no aeroporto Carrasco, em Montevidéu, e fomos direto para nossa casa no Parque dos Aliados. Tinha vindo de Maldonado e meu pai já estava à espera dele para a análise e correção dos rascunhos da carta sobre sua situação; o documento seria enviado ao Rio para uma possível publicação no *Jornal do Brasil*. Riff esperaria Doutel voltar para irem falar com o Nascimento Brito sobre a possibilidade de publicação das palavras do ex-presidente. Restava saber se a censura prévia nas redações permitiria.

No encontro, Doutel foi muito enfático ao dizer a meu pai que não tinha certeza da publicação da carta, pois, com a rigidez do regime, qualquer manifestação contrária era duramente combatida.

– Doutel, vamos ler primeiro na íntegra e depois tu levas a carta para o Rio. Se tu e o Riff acharem que devem suprimir alguma coisa, saibam que podem modificar o texto, confio em vocês, mas o importante é que saia alguma coisa sobre meu pensamento a respeito desses oito anos de exílio, que já estão longos demais, vou te dizer.

– Tá bom, presidente, vamos trabalhar.*

•

Lembro-me de que, depois dessa revisão, a carta foi conduzida ao Brasil por Doutel de Andrade, mas não foi publicada. Mais uma vez cassaram as palavras de Jango, além de já terem cassado sua esperança.

---

*A íntegra da carta está na seção Apêndice. (*N. da E.*)

18. Gaivotas migram em direção ao condor: Peregrinação e busca por uma esperança. Uruguai, Argentina, Paraguai, Londres, Paris

No Uruguai, 1973 foi o ano da ruptura.

Em 27 de junho o Poder Executivo estava sendo pressionado pela instabilidade interna e a guerrilha urbana dos tupamaros travava confronto direto com as Forças Armadas uruguaias, que haviam assumido, ainda no governo anterior de Pacheco Areco, por meio das medidas de segurança, a perseguição aos guerrilheiros que não concordavam com aquelas medidas golpistas; o parlamento se autodissolve e é instalado um conselho de governo, que responde cegamente à orientação dos militares.

E assim foi instaurado o golpe de Estado no Uruguai.

Juan Maria Bordaberry aceitou permanecer na presidência como uma marionete das Forças Armadas, traindo o povo uruguaio que o havia elegido. Sua atitude foi covarde, traiçoeira, mesquinha e repulsiva. Posteriormente os próprios militares o retiraram do poder, pois já não atendia mais aos seus interesses.

Bordaberry rerminou a vida execrado, junto a outros torturadores militares e ex-ministros, condenado à prisão por crimes de lesa-humanidade.

Uma greve geral é convocada pela Confederação Nacional do Trabalho (CNT) e os sindicatos. Locais de assembleias, a Universidad de la República e as ruas são invadidos pelas Forças Armadas. Os partidos, as pessoas e os exilados de esquerda são imediatamente perseguidos e pressionados. Alguns são presos, intensificando-se assim a luta urbana pela aniquilação de qualquer voz dissidente, fosse ela de opinião ou armada. Jornais e semanários de esquerda são fechados: suas redações são lacradas, jornalistas são perseguidos e barreiras de revistas são montadas em todas as ruas de Montevidéu, e nenhum direito individual era garantido.

Estudantes ocupam as avenidas dispostos a lutar contra o golpe, operários formaram barricadas nos sindicatos e o país literalmente para. O ministro do Interior, coronel Nestor Bolentini, inicia contatos com a CNT tentando terminar com a greve geral.

No dia seguinte o general Seregni, que havia sido candidato da Frente Ampla e um militar com muito prestígio, convoca a população a insurgir-se contra o golpe. Os militares golpistas novamente tentam terminar a greve.

A Frente Ampla e o Partido Nacional reafirmam seu compromisso com a democracia.

Em 29 de junho a imprensa nacional noticia uma tentativa de golpe militar no Chile.

Estávamos preocupados com os acontecimentos e víamos o nervosismo de meu pai crescer acirradamente. Ele dizia que os militares uruguaios só o respeitavam porque ele estava protegido pelo Estado democrático. E acreditava que as Forças Armadas brasileiras haviam apoiado o golpe, tendo em vista a quantidade de caminhões, caminhonetes, armas e infraestrutura que tinham enviado ao Uruguai.

Alguns de seus amigos políticos ainda permaneciam no país, mas já eram continuamente chamados a depor; outros se escondiam no interior. No Brasil, Riff alertou para que atentasse para sua segurança. O Azambuja, seu antigo e bom amigo, oficial de gabinete do Exército, foi até o Uruguai avisar-lhe que havia sigo alertado pelo comandante do Terceiro Exército em Porto Alegre de que não podiam garantir a integridade de meu pai por parte dos militares uruguaios e que era possível que cometessem arbitrariedades, sobretudo pela desconfiança desde a prisão de Rivero e suas supostas relações com a União Soviética e com Cuba.

– Azambuja, esses milicos ficam vendo fantasma do comunismo até embaixo da cama deles. Mas vou ficar de olho. Eles não entenderam ainda que na democracia todas as correntes de pensamento têm direito de expressão e propostas, o comunismo, o fascismo, a direita ortodoxa, o socialismo democrático, o nacionalismo, a social-democracia. Ou eles acham que vão construir democracia sem voto, apenas com disciplina, censura, prepotência e autoritarismo? Vão entrar para a história como ditadores, ou acham também que poderão escrever a história daqui a cinquenta anos?

Cerca de 15 dias após o golpe no Uruguai, telefonaram-nos da Casa Rosada, avisando que o presidente Héctor Campora queria falar com meu pai, pois tinha instruções do general Perón para prestar-lhe todo o apoio em sua ida a Buenos Aires o mais depressa possível.

O pânico tomava conta das ruas de Montevidéu. Nada se podia falar nos bares, havia espiões e alcaguetes nos restaurantes, clubes, salões de reuniões e qualquer conversa suspeita podia ser delatada como subversiva. Não se podia sequer dar risadas, pois os milicos desciam dos jipes armados e perguntavam aos jovens do que estavam rindo, batiam e os empurravam para dentro das caminhonetes, levando todos para a detenção nos quartéis. Nem os levavam para a delegacia de polícia, pois estes já não mandavam em nada quando o assunto era questão militar. As pessoas eram presas sem ao menos saber por quê. Alguns eram soltos; outros nunca mais apareciam.

Meu pai ligou então para o major Pablo Vicente, um velho amigo peronista que estava em Buenos Aires, pedindo que ele se certificasse com a Casa Rosada sobre a veracidade de tal ligação. Havia muitas ligações falsas para investigar relações de pessoas que estavam ligadas ou não ao movimento tupamaro, e esse era um dos métodos utilizados. De uma hora para outras muitas pessoas, por medo da ditadura, começaram a trair amigos que sabiam ter alguma ligação com movimentos de esquerda. Bastava uma manifestação de simpatia a eles e contra o golpe, que já era passível de prisão e processo pela justiça militar. Do dia para a noite, surgiram juízes militares, todos coronéis da ativa, e os escreventes eram também capitães e oficiais das Forças Armadas do Uruguai.

Perón retornara à Argentina em 20 de junho, acompanhado pelo fiel Campora, presidente recém-eleito da Argentina com 49,5% dos votos válidos. O desembarque no aeroporto de Ezeiza foi boicotado e muitos simpatizantes do peronismo foram massacrados. Articulava-se desde o início a renúncia de Campora, só faltava o momento certo. Golpe no Uruguai, massacre no aeroporto de Ezeiza, tudo era confuso. O Chile do companheiro Allende, amigo de meu pai, também estava confuso. Muitos boatos, muitas expectativas, notícias desencontradas.

A divisão de grupos peronistas nos 18 anos de exílio do general tinha se acirrado de tal maneira que o próprio Perón, um pouco distanciado da realidade argentina, custava a acreditar. Como viemos a saber posteriormente, o "brujo" López Rega já exercia com Isabelita um forte domínio sobre o general, já em idade avançada, e dali para a frente foi tomando as rédeas do processo político argentino dentro do peronismo.

No Uruguai o golpe continuava a se consolidar. Fábricas e refinarias uruguaias são reintegradas à força e os militares vão prendendo mais e mais trabalhadores e líderes estudantis. Em todo o país as aulas são suspensas por tempo indeterminado, e o fim da greve é decretado com penalidades militares a quem desobedecesse às ordens de voltar ao trabalho.

Trabalhadores são acusados de sabotagem e subversão. Estudantes são mortos na desocupação da Universidade de la República. Baleado e morto na sala de aula ocupada em protesto ao golpe, o estudante Ramón Peré é enterrado em Montevidéu. Seu funeral leva milhares de pessoas às ruas em protesto.

Líderes da Frente Ampla de esquerda são presos, entre eles o general Líber Seregni, candidato nas eleições anteriores à presidência da República. Senadores e deputados começam a ser procurados para detenção.

Milhares de uruguaios saem do país, são perseguidos pelas forças de repressão, torturados, mortos e assassinados dentro dos quartéis, no exílio e nas asas da operação Condor, que viria logo a seguir.

•

Em 1973 encontramos uma força que não conhecíamos, uma força de mudança que se agigantou dentro do seio familiar, e, apesar de meu pai sempre dar a cobertura necessária para disfarçar as circunstâncias políticas, víamos estampada em sua face a preocupação constante, sua alma machucada, talvez pensando na distância da pátria, e tendo de migrar para outros países quando tinha lutado incansavelmente pela liberdade e democracia com justiça social. A família tinha que aprender esses conceitos, valorizá-los, entender a luta, erguer a cabeça e seguir vivendo em nome das causas patrióticas que o derrubaram e seguiam impedindo sua volta ao lar.

Ele havia desenvolvido vários negócios no Uruguai e sua condição de exilado político continuava valendo; não queria perdê-la, a não ser que pudesse se deslocar dentro do território uruguaio e sair sem pedir autorização (esperaria o desenrolar dos acontecimentos na Argentina).

Aos poucos fomos para a Argentina. Primeiro viajamos até lá com o Cessna 210 de meu pai. Pousamos no aeroporto de Don Torcuato, perto de Buenos Aires, e de lá seguimos de carro para o centro. Lá paramos no Hotel Liberty, aonde iam os exilados e se faziam reuniões políticas. No começo esse era nosso endereço, ficávamos poucos dias e retornávamos para o Uruguai. O amigo de meu pai, Luis Bogado, que já morava na província de Misiones, perto de Corrientes, onde tinha um campo, apresentou-o a vários fazendeiros para ver se tinha interesse em desenvolver ali o que mais sabia: atividades rurais.

O cenário político no Uruguai piorava a cada dia. Vários amigos parlamentares também começaram a exilar-se na Argentina, entre eles Wilson Ferreira Aldunate, Zelmar Michelini e Gutiérrez Ruiz. Além de políticos, eram ligados às atividades do setor primário.

Buenos Aires fica a 15 minutos de voo de Montevidéu, e era fácil ir e voltar, muitas vezes no mesmo dia. Meu pai sentiu a grande divisão que havia no seio peronista e, depois do retorno do general, estava cada vez mais difícil o contato com o líder do governo por intermédio de Antonio Cafiero e do major Pablo Vicente.

López Rega tinha assumido o controle e já se especulava sobre o cerco a Perón dentro de sua própria casa. Isso era cogitado pelos setores peronistas de esquerda que estavam se distanciando do centro de governo. Diziam que López Rega, junto com Isabelita, já controlava diariamente, dentro da residência oficial em Olivos, os medicamentos, o acesso de pessoas e a agenda de Perón. O general havia forçado a renúncia de Campora e vencido as novas eleições de setembro com 60% dos votos válidos, mas quis que Isabelita entrasse na chapa presidencial como vice-presidente, em uma clara demonstração de força que na campanha foi mote de divulgação eleitoral: "Argentina, Perón-Perón."

López Rega sabia que o grupo de Jango era ligado à esquerda peronista, por isso dificultou o encontro com ele. O Chile havia caído no dia 11 de setembro. López Rega fazia restrições a esse grupo e a todos os grupos de esquerda que se articulavam na Argentina com a volta de Perón, dificultando o acesso ao líder. Ele representava a direita, reacionária e corrupta, como bem ficou comprovado depois no escândalo da loja maçônica P2, que aliciou mais de mil personalidades italianas, ibéricas e latino-americanas, culminando com o escândalo do Banco Ambrosiano e o sequestro do ex-primeiro-ministro Aldo Moro.

López Rega, que antigamente trabalhava na Polícia Civil da Argentina, se autopromoveu a delegado geral e encaminhou a criação da temida Triple A, a Aliança Anticomunista Argentina, que começou a atuar ainda na democracia, após a morte de Perón, desde o governo de Isabelita de 1974 até o golpe de Rafael Videla em 1976. A Triple A perseguiu, sequestrou e matou cidadãos comuns, líderes peronistas e de outros países que moravam na Argentina, com a esperança de que dali pudesse haver uma proposta de abertura e libertação da América Latina sob a tutela das ditaduras apoiadas por Washington, em uma clara política de intervenção do departamento de Estado americano, liderado pelo secretário Henry Kissinger.

•

No Uruguai as coisas iam se complicando. Prisões, sequestros, fim de habeas corpus, juízes militares distribuindo sentenças protegidos pela "segurança nacional". Em nome dela prendiam até idosas, que sem saber muitas vezes tinham dado abrigo a um sobrinho vindo do interior, cuja participação nos movimentos de esquerda estava sendo investigada. Amordaçada e impotente, a sociedade civil via seus direitos individuais serem extintos. Começamos a ser perseguidos, e meu pai passou a ser incomodado dia após dia. Muitos dos que costumavam visitá-lo já não iam mais, pois temiam serem barrados na volta, na fronteira do Brasil. Na fronteira uruguaia, seus carros eram depenados, tinham que aguardar dez, 12, 15 horas nas madrugadas frias até que algum integrante da inteligência das Forças Armadas uruguaias aparecesse para serem submetidos a um interrogatório exaustivo, em que tinham que responder sobre armas, drogas, cartas de comunistas para o MLN-T, que na verdade não existiam. E assim os amigos foram se afastando, a fim de evitar o constrangimento e o perigo.

Os militares uruguaios queriam atingi-lo de qualquer forma. Ivo Magalhães, seu procurador nas empresas, começava a se afastar dele com medo dos milicos uruguaios ávidos para pegá-lo. Os militares brasileiros também pressionavam. Os relatórios do SNI que temos hoje nos mostram claramente o medo que tinham da amizade entre Jango e Perón e de seus movimentos. O Uruguai tinha que melhorar sua capacidade de produção energética, e meu pai tinha pedido aos irmãos Mendes Júnior que fossem até lá fazer o levantamento da construção da represa do Palmar, que geraria a energia necessária para suprir o deficit. Em uma viagem ao Uruguai, Murilo Mendes acertou a construção da represa e Ivo Magalhães ficou, como engenheiro que era, responsável pelos contatos com a ditadura uruguaia. Era hora de afastar-se de Jango, daquele que o havia acudido em todos os momentos de sofrimento no exílio e lhe havia estendido a mão para que pudesse sobreviver com a família lá. É assim que os fracos e ingratos agem diante do sofrimento dos outros. Ele passou a ser o contato da Mendes Júnior, responsável pela represa que tiraria o Uruguai do deficit energético. Era uma obra da ditadura uruguaia. Ivo Magalhães ficou conhecido como "o homem de Cristi del Palmar", em uma referência ao general Cristi, o verdadeiro mandachuva no governo uruguaio. Depois da deposição de Bordaberry, tornou-se o homem forte do Uruguai.

Certo dia, eu e meu amigo Hasse estávamos em Maldonado e encontramos Maneco Bigode, Bijuja, Protásio, Luthero e Maneco Leães, todos amigos de meu pai de São Borja.

Maneco Bigode estava nos levando para comer em um restaurante de Punta del Este enquanto meu pai estava com outras pessoas em El Milagro e se encontraria conosco depois. Maneco parou em um posto para abastecer o Dodge Dart cupê vermelho e preto quando fomos abordados por um policial. O sujeito disse haver uma denúncia contra o carro, mas não sabia o que era. Disse que poderiam ir até a delegacia falar com o chefe de investigação para esclarecer o que era.

Maneco Leães, muito astuto, disse que Maneco Bigode nos deixaria no restaurante e iria até a delegacia verificar o que havia contra o carro, a fim de informar a meu pai.

O sujeito não aceitou, disse que tudo seria esclarecido rapidamente e depois nos deixaria no centro para almoçar.

Chegamos na delegacia esperando que tudo se esclarecesse sem demora. Lá nos direcionaram para o prédio ao lado, do batalhão militar, e ficamos todos detidos para averiguações por uma questão de segurança nacional.

Quando souberam que tantas pessoas ligadas a Jango estavam detidas na delegacia e à disposição do setor de inteligência das Forças Armadas, logo chegou uma ordem de Montevidéu para a Polícia sair do inquérito e colocar os investigados em regime de isolamento, até que fossem interrogados por agentes da inteligência do Exército. Não nos colocaram em celas, mas não nos permitiram conversar com outros que estavam lá. Não nos deixaram sair sequer para comprar algo para comer no bar da esquina.

As viaturas militares, três Maverick pretos sem placas, chegaram no dia seguinte levando dois coronéis da inteligência, três capitães e outros agentes. Os carros tinham sido presentes da ditadura brasileira ao novo governo ditatorial uruguaio.

Pediram a chave do Dodge Dart, que permanecia encostado na praça de Maldonado, e levaram o carro para dentro do quartel para desmontá-lo. Acredito que foi um procedimento encenado, em vez de uma denúncia anônima sobre o carro. Paralelo a isso começou o interrogatório. Eu e Hasse, com 15 e 16 anos, respectivamente, fomos os primeiros a ser submetidos a perguntas realmente desconcertantes, com o intuito de nos intimidar. Vimos que a detenção foi mais um recado do que realmente uma prisão, como se dissessem que lá não teríamos mais imunidade.

Essa detenção, no entanto, não foi nada se comparada com a que sofri meses depois no Batalhão de Engenheiros nº 4, na Laguna del Sauce, em Maldonado.

●

Era uma manhã de sol de primavera na fazenda El Milagro, em agosto de 1973. Eu cursava a quarta série ginasial do Liceo Departamental de Maldonado.

Em torno das nove da manhã, Tito, mordomo de meu pai, me acordou, batendo na porta do quarto, dizendo que o diretor do liceu queria falar comigo. Tinha deixado um número de telefone e queria que eu ligasse para ele urgentemente. Achei aquilo estranho. Por que Apolinário Perez, o diretor – reacionário – que não gostava do nosso grupo, telefonaria para mim? Achei que fosse algo do conselho de classe, pois, alguns dias antes, nossa chapa do DCE havia decidido fazer uma greve de três dias em apoio aos professores suspensos por Perez por pertencerem à Frente Ampla.

Nosso grupo pertencia a uma corrente estudantil chamada 26 de Março, que tinha uma posição simpática aos movimentos de esquerda – especialmente aos sindicatos – e de muita contestação aos setores militares que haviam produzido o golpe de Estado. Por consequência, também era simpático ao movimento Tupamaro, que se havia sublevado em armas contra a ditadura imposta no Uruguai.

Muito estranho o tal do telefonema.

Retornei a ligação, mas alguém da secretaria do liceu atendeu e me informou que o diretor estava ocupado, mas que realmente precisava de minha presença naquele momento, para informar sobre as novas decisões a respeito da greve que os alunos haviam decidido em assembleia.

Argumentei que era aluno da quarta série noturna. Mas mesmo assim a secretária pediu que eu fosse até o colégio para conversar com o diretor. Eu não poderia deixar tal honraria passar inadvertidamente. Era o momento de conversar sobre os conflitos entre estudantes e direção da instituição.

Lembro-me muito bem que, após tomar um rápido café da manhã, fui tranquilamente até Maldonado, numa Brasília que eu tinha. Ao fazer a volta pela avenida que ficava atrás do colégio, vi três caminhões militares na frente do prédio e mais de quarenta soldados armados com fuzis FAL cercando a instituição. Fiquei realmente impressionado. Pensei que fosse uma revista completa nas dependências do colégio, mas, como não tinha nada a temer, entrei com o carro no pátio de estacionamento, pois pensava que a reunião nada tinha a ver com o procedimento militar que – estava claro – acontecia no colégio.

Assim que estacionei o carro, fui cercado por uns oito soldados apontando seus fuzis para mim. Aos berros, ordenavam que eu saísse do carro com as mãos na cabeça, sem fazer qualquer movimento brusco. Pediram que eu encostasse os braços na capota do carro, então me revistaram e depois verificaram o carro.

Do pátio do estacionamento, apontando armas contra mim, mandaram que eu fosse caminhando em direção aos caminhões militares. Nesse momento realmente fiquei muito apreensivo, pois não sabia o porquê daquela violência, já ali na minha chegada.

Fui caminhando lentamente. Vi que estudantes desciam pelas escadas do prédio e entravam em caminhões do outro lado da rua. Como eu, estavam sendo presos e tinham armas apontadas na cabeça. Quando cheguei perto dos caminhões, perguntei inocentemente a um dos militares:

– Para onde estão me levando? Estou preso?

– Cala a boca e sobe no caminhão de uma vez! – e me empurrou com as mãos e as armas para dentro da caçamba.

Caí, ainda a tempo de ver que havia outras pessoas sentadas nos bancos que iam de um lado a outro do caminhão. Então me obrigaram a colocar um capuz preto e fedorento. Mandaram que eu me sentasse ao lado daqueles outros presos e gritaram:

– Sem abrir a boca!

Naquele momento eles ainda estavam trazendo outros estudantes. Enquanto isso, um dos presos falava, outro perguntava e outros resmungavam sem entender muito bem o que estava acontecendo.

Foi então que escutei a voz de meu grande amigo Nacho, que estava ali do meu lado. Quando perguntei:

– És tu, Nacho?

Ele teve a presença de espírito de responder:

– Claro que sim, Vicente! Tu pensas que iam nos deixar de fora?

Nesse dia a operação militar em nome da segurança nacional levou do ginásio uns 25 estudantes e uns seis ou sete professores. Até o dono da cantina do colégio foi levado, não sei se por subversão ou por excesso de bebida, pois era um cara fantástico, humilde e que nada entendia de política. À noite, às vezes deixava que os alunos do turno da noite bebessem algumas cervejas, mas estava longe de ser subversivo.

Não sabíamos para onde estavam nos levando. Como era uma ação militar, e não policial, pensamos que nos levariam para a praça, onde ficava a Chefatura de Polícia, ao lado do Quartel das Forças Armadas – ali, meses antes, junto com o pessoal de São Borja, fôramos ouvidos pela inteligência do Exército uruguaio.

Mas nada disso aconteceu. Após os caminhões serem carregados com os estudantes e alguns professores, seguimos em uma longa viagem.

Aproximadamente uma hora depois, o caminhão parou e começaram a nos retirar de lá, um a um, para fazer a triagem. Durante o trajeto eu tinha notado que podia ver minimamente através da costura do capuz. Imagino que outros estudantes tenham percebido o mesmo.

Aquele era um lugar desconhecido. Nacho foi um dos primeiros a sair do veículo. Eu era o próximo depois dele. Descíamos da caçamba por uma pequena escada. Havia uns quatro soldados na beira dos caminhões que nos pegavam pelos braços e faziam alguns testes.

Pegaram o Nacho e o ameaçaram com um soco. Talvez por ter encontrado também uma brecha de visão no capuz, Nacho, com reflexo espontâneo, esquivou-se. Então escutei:

– Está olhando o quê, filho da puta?

E meu amigo foi coberto de socos e chutes.

Percebi que era minha hora de caminhar e, para não apanhar, fechei meus olhos e fui em frente. Devem ter repetido comigo a ameaça de soco que fez Nacho reagir. Mas ali eu já tinha aprendido minha primeira lição do cárcere: ver o menos possível o rosto dos militares.

Durante os três dias que estive naquele lugar, fiz questão de não levantar muito o capuz, mesmo quando pedia para urinar e era levado, por um guarda de plantão, até uma parede suja. Evitava assim a pistola .45 engatilhada na cabeça.

Após a triagem, levaram-nos em direção a enormes galpões de lona. Ali, ainda encapuzados, encontramos colchonetes. Fomos colocados lado a lado, como porcos num criadouro, quase sem poder nos mexer.

Pelas vozes que vez ou outra ecoavam pelo galpão, percebia que outros amigos, Pikín, Benjamín, Julián, Juancho, dr. Baeza (o que me causou enorme espanto), além de Nacho, tinham sido presos naquela gigantesca operação militar das Forças Conjuntas. Eram também essas vozes conhecidas, saídas de diferentes cantos do galpão, que ajudavam a me localizar.

A voz de Pikín, o mais velho da minha turma, era a que ecoava do fundo, à esquerda.

Ele era um escultor de madeira muito conhecido em Maldonado. Tinha uma barba longa, resultado de uma promessa que fizera havia anos. Na prisão, às vezes ouvia-o gritar:

– Milicos, filhos da puta! Cortaram minha barba, minha personalidade!

E então era levado para o pátio, para apanhar e ficar horas de pé, de *plantão* em frente ao muro.

Eu conhecia dr. Baeza pelas cervejas que tomávamos nos bares de Maldonado. O médico tinha uma clínica no edifício Vanguardia – e parece que o prenderam para descobrirem que tipo de assistência médica prestava em seu consultório. Como era diabético, no cárcere recebia alimentação especial, diferente das nossas horríveis quentinhas.

Para receber as refeições, sentávamos no colchonete. Éramos autorizados a levantar o capuz ligeiramente, de modo que não enxergássemos o rosto dos guardas de plantão. No segundo dia de prisão, pouco depois de receber a comida, ouvi Pikín:

– Guarda, posso repetir a berinjela?

O soldado da guarda ficou furioso com a pergunta e dirigindo-se ao fundo do galpão, onde estava Pikín, gritava:

– Que merda é essa? Você está me sacaneando? Levanta já daí e vai agora para o muro.

Nem Pikín nem o guarda tinham como saber, mas a verdade é que dr. Baeza dividira com alguns companheiros os legumes que lhe foram servidos.

Do galpão, pouco tempo depois de chegarmos, fomos encaminhados, um a um, para o banho – a ducha era bem forte, saída de uma mangueira parecida com aquelas usadas pelos bombeiros. Depois, colocaram-nos sentados em cadeiras e nos rasparam o cabelo, como se estivéssemos em um campo de concentração.

Eu tinha 16 anos e passava por essa verdadeira arbitrariedade. Estava preso, incomunicável por três dias, sem que a prisão tivesse sido decretada por algum juiz. A polícia não sabia que eu estava encarcerado. Minha família estava desesperada para saber meu paradeiro – eu estava em uma unidade militar, mas em qual delas? Meu pai, eu soube depois, foi acompanhado por um médico durante os três dias que fiquei sumido, pois sua pressão arterial não se estabilizava.

Até a noite não houve muito movimento no cárcere. Ainda encapuzados, tínhamos que ficar quietos, deitados no colchonete. A qualquer hora da madrugada podíamos ser acordados e levados aos pontapés pelo pátio até chegar aos oficiais. Meus interrogatórios aconteceram sempre de madrugada. Durante o dia, colocavam-nos de pé, com as pernas abertas – aliás, bem abertas pelos pontapés das botinas militares – e os braços dobrados atrás da cabeça. Isso durava horas, até a câimbra tomar conta e o corpo cair. Só então éramos levados de novo aos colchonetes.

Soube por um guarda, cobra mandada, que, só por ser minha namorada, Stella, que tinha 15 anos, foi presa com a amiga Cielo, de 16 anos. Fiquei muito preocupado, pois não sabia o que aqueles bárbaros seriam capazes de fazer. Stella foi muito forte e encarou aquilo tudo. Quando saí da prisão, soube que ela tinha sido liberada dois dias antes, após ser interrogada pelo comandante da unidade. Ela foi a primeira pessoa que fez questão de ir me ver na fazenda El Milagro, contra a vontade de seus pais e, naquele momento, também dos meus. Ela sempre esteve a meu lado, mesmo que houvesse quem dissesse que o melhor para nós dois seria nos afastarmos. O destino foi mais forte e, graças a Deus, ela se tornou minha esposa e mãe de três de meus amados filhos: Christopher Belchior, João Alexandre e Marcos Vicente.

Foi também o guarda que informou que estávamos no Batalhão de Engenheiros nº 4, uma base militar onde pousavam aviões de viajantes vindos de diversas partes da América Latina, que chegavam a Punta del Este, o paraíso turístico uruguaio.

A operação tinha sido coordenada pelo capitão Stocko, um torturador que vivia aguardando uma promoção. Não sei se o coronel Bianchi e o capitão Stocko figuram entre os torturadores do Uruguai, mas deveriam fazer parte de uma terrível lista na qual figuram outros assassinos, como José Nino Gavazzo.

Meu encontro com Stocko e Bianchi aconteceu em meu primeiro interrogatório, às duas da manhã da minha primeira noite no cárcere. Fui acordado com o grito:

– Guarda, tragam o prisioneiro Goulart agora!

Imediatamente um dos vigias me levantou, eu continuava encapuzado. Levei uma chave de braço, senti a pistola na minha nuca. Fui levado para fora. Estava frio. Havia um grande espaço aberto, um pátio coberto de pedrinhas, entre o pavilhão onde estávamos e os prédios de tijolo em que eram feitos os interrogatórios.

– Vamos correr até a sala dos oficiais!

Os guardas me puxavam. Eu corria, de capuz, no meio da noite, tropeçando nas pedras soltas do pátio sem iluminação. No auge da corrida soltaram meu braço e gritaram:

– Cuidado, o degrau!

A reação foi levantar a perna. E como não havia degrau, me esborrachei no meio das pedras.

Fiquei ali, todo esfolado, com medo de me levantar e tomar um tiro nas costas. Após todo este terrorismo, ainda foi necessário pedir licença para ficar de pé.

Ao chegar à sala onde seria interrogado, colocaram-me próximo a uma mesa. Ao meu redor, percebi que havia várias pessoas – todas em silêncio. Devia ser umas quatro ou cinco, mas não consegui ver ninguém – também não queria, na verdade. Forçaram-me a sentar em cadeira, colocada na frente daquelas pessoas. Todos continuaram em silêncio.

Depois de passar muito tempo escutando apenas a respiração daquelas pessoas, alguém disse, de maneira debochada:

– Muito bem, muito bem. Primeira pergunta: quem traz as armas para teu pai e para o Movimento Tupamaro?

– Não sei. Não sei sequer que existam armas e que meu pai possa trazê-las. Ele é exilado e não se mete na política uruguaia.

– Muito bem, muito bem... – disse outro militar imitando o anterior. – Segunda pergunta: teu amigo Rivero, te manda saudações. Nós o temos bem guardadinho. Tu o conheces, não é? Ou vai nos dizer que não sabias que ele é um *tupa* a serviço dos subversivos brasileiros?

– Não sei, eu não tenho nada a ver com isso! – falei com a maior ênfase que consegui naquele momento.

– Muito bem, muito bem! – alguém disse novamente. – Terceira pergunta: essa briga entre teu pai e o Brizola é para despistar, não é? Na verdade estão armando um contragolpe daqui do Uruguai, não é isso?

– Não sei. Faz tempo que a relação entre ambos está rompida. Faz muito tempo que não se falam.

– Muito bem, muito bem... – uma voz repetia de uma forma cínica e jocosa.

De repente as perguntas pararam. Eu não sabia o que fazer – intuí que o interrogatório tivesse terminado, mas percebi que aquilo era apenas uma forma de me intimidarem para a próxima vez. Via claramente que era um jogo. O silêncio era interminável, mas aquelas pessoas continuavam na minha frente, respirando. Depois de muito tempo, eles foram se levantando, aos poucos, um de cada vez.

Cada um deles passava atrás de mim, batia em meu ombro, simulando simpatia, e repetia:

– Perdestes, Vicente, perdestes...

Assim foi, sucessivamente, até saírem todos. Um tempo depois entraram soldados que me levaram de volta ao galpão. Dessa vez, sem correria. Eles fingiam se importar com minha situação e davam a entender que eu seria morto durante o próximo interrogatório:

– Eu também tenho família e entendo teu destino. Se quiseres, mando um adeus à tua família. Queres escrever algo para eles? Para te despedires?

Para um adolescente, aquele era o momento de ficar alerta, e também de entender o significado do exílio e da luta que meu pai travava longe de nossa pátria. Fiquei orgulhoso dele. Meu pai não era um Juan María Bordaberry, que, após ser eleito pelo povo uruguaio, tornou-se títere da ditadura, traindo seu povo e permanecendo como presidente sem que houvesse Congresso para governar com ele.

Conheci a ditadura e sei como ela age. Conheci e valorizei ainda mais o que meu pai pregava: liberdade, justiça social, legalidade, democracia e coerência, sempre lembrando que os interesses coletivos devem estar acima dos nossos interesses individuais.

O segundo interrogatório, no dia seguinte, foi bem pior. De novo, era madrugada. Eu estava encapuzado havia horas de pé, em frente a um muro, com as pernas abertas e as mãos na cabeça. Fui algemado, mãos para trás, e obrigado a correr pelo pátio de pedregulhos. A corrida às cegas e o grito de "Cuidado, o degrau!" seguidos do tombo nos pedregulhos já não eram exatamente surpresas.

Cheguei à sala sendo estapeado no ouvido. Algemaram-me à cadeira. Senti, então, que, às minhas orelhas, foram fixados objetos que pareciam brincos de metal. Percebi que havia relação entre eles e o movimento de uma alavanca – ou de uma manivela – que me lembrou o velho telefone da fazenda de Tacuarembó. Então percebi que os brincos se tratavam de magnetos que emitiam choques quando minha resposta não agradava aos interrogadores.

Após repetidas perguntas sobre contrabando de armas, movimento estudantil e, principalmente, a respeito de brasileiros que nos visitavam, o espancamento parou por um tempo. Os *brincos* e as algemas foram retirados. Novamente voltamos a um profundo silêncio. Depois de um tempo, um dos quatro militares que estavam na minha frente, falou?

– Bom, Janguinho, nós sabemos que tu não gostas dos milicos, não é verdade?

– Nunca disse nada a respeito. – Respondi meio tonto, meio covardemente, para não apanhar de novo.

– Ah, também não sabes mentir muito bem. Já te seguimos, tu e teus amigos Nacho e Benjamim, por bares de la Plaza de Maldonado e no bar Plaza de Paco. Quando bebem, vocês falam é dos milicos. Olham para o quartel, dizem que vão colocar uma bomba na nossa cabeça. Não te recordas disso? Tu pensas que somos imbecis, que não havia gente nossa escutando o que vocês conversavam?

– Isso são brincadeiras que às vezes surgem nos bares, só isso.

– Se tu não gostas de milico, agora vais ter a chance de matar um deles.

Imediatamente, um dos oficias colocou uma arma na minha mão e disse:

– A pistola está carregada, podes atirar agora em qualquer um de nós! Vamos! Atires para ver se tu és macho mesmo. Atires e mates um milico. Acho que tu és mesmo um poltrão!

Eu disse que não faria nada daquilo. Calmamente, coloquei a arma sobre a mesa, à minha frente.

Houve de novo um silêncio que pareceu eterno. Aos poucos, lentamente, um a um, os homens se levantavam, passavam por trás de mim e, batendo em meu ombro, diziam:

– Covarde, covarde, covarde...

Após uns dez minutos chegaram os soldados, que me levaram para a tenda onde estavam os demais prisioneiros.

Nunca um colchonete duro no chão foi tão bom quanto naquele dia. Dormi profundamente até o almoço, quando me entregaram aquela comida terrível.

Suportei mais dois interrogatórios, todos na mesma sala, embora a tortura tenha passado a acontecer sem qualquer preâmbulo.

Em minha terceira sessão, a pancadaria teve início assim que fui algemado à cadeira. As perguntas giraram em torno do 26 de Março e de suas ações dentro do movimento estudantil do Uruguai.

A gigantesca operação das Forças Armadas uruguaias que resultou na minha prisão e na de mais de setenta pessoas – entre estudantes, professores e até o dono da cantina do colégio – foi um fracasso político e militar. Nas buscas, sequer foi encontrada alguma arma. Então a justificativa da operação passou a ser o combate ao tráfico de drogas.

Acabaram encontrando na casa de um de nossos amigos de turma uma latinha com pequena quantidade de maconha. Tentaram incriminar todos que haviam sido detidos por causa da tal latinha.

Isso mesmo. Foram quarenta gramas de maconha numa embalagem do tamanho de uma latinha de bala Valda que resultou da grande operação militar das Forças Conjuntas uruguaias.

Foi assim que passei à minha última sessão de tortura. Depois de colocarem nas minhas orelhas os magnetos, procederam ao eletrochoque. Então iniciaram a tortura psicológica. Ao contrário dos outros interrogatórios, não me perguntavam sobre armas, mas se eu e outras pessoas tínhamos ou não fumado a maconha da latinha que encontraram. É evidente que eu e os demais presos, para que cessem a tortura, afirmamos que tínhamos fumado. Agora imagine quarenta gramas de maconha para aquela quantidade de gente.

Depois de três dias preso, finalmente me soltaram. Reconheci o carro em que tenentes fantasiados de roqueiros passavam em frente aos bares e restaurantes da noite de Punta del Este. Eram os mesmos que conversavam disfarçados com a turma nos bares – um deles até mesmo participava das reuniões do DCE do colégio.

E foram eles que me levaram a um juiz de Maldonado para que eu fosse escutado.

A recomendação deles, tenentes da inteligência do exército uruguaio, era que eu dissesse que não fui maltratado em nenhum momento, e que tudo o que havia acontecido nada tinha a ver em relação ao meu pai.

Eles se esqueceram, contudo, que todas as perguntas, a maioria delas no interrogatório, tinham sido sobre as supostas armas que meu pai trazia com a ajuda de Maneco, o piloto, contrabandeadas do Paraguai para assistir à guerrilha uruguaia. E já não se lembravam que até um codinome – Janguinho – me arranjaram. Durante a viagem em direção ao juizado, diziam que eu devia seguir minha vida tranquilamente. E que eu voltasse o quanto antes para a sala de aula, para não perder muitas matérias.

Meu pai foi minha melhor visão, ao chegar ao juizado de menores. Depois de um forte abraço na porta do Fórum, ao ver minha cabeça raspada, ele chorou. Eu, que havia segurado as emoções até aquele momento, chorei também, abraçado a ele.

Prestei meu depoimento acompanhado por um advogado levado por meu pai. Depois, voltando para casa, senti no rosto a brisa da liberdade das ruas de Punta Del Leste.

Disse a meu pai:

– Obrigado, pai. Essa brisa, a emoção da liberdade, não tem preço.

– Meu filho, tu não tivestes culpa pelo que fizeram contigo. Eles quiseram me atingir com essa violência. Mas eles não vão mais te humilhar – nem aqui nem em qualquer outro lugar. Rasparam a tua cabeça para que voltes às aulas e todos vejam o que eles podem fazer. Mas tu não vais voltar para as aulas. Se precisares, vais repetir o ano, mas não voltarás à sala de aula com a cabeça raspada. Vamos para a Europa e, talvez na volta, vamos morar na Argentina. – Disse meu pai, emocionado e muito triste.

●

Duas semanas depois fomos novamente para a Europa Não só por causa da minha prisão, mas também porque meu pai queria se consultar com o médico em Lyon e encontrar-se com Arraes para conversar sobre algumas notícias que o governador de Pernambuco estava ansioso para lhe transmitir a respeito de sua segurança na América Latina.

Prontamente providenciamos as passagens e passamos antes por Buenos Aires para meu pai tomar algumas providências. Lá meu pai instruiu Cláudio Braga a alugar um pequeno apartamento, o primeiro que viemos a ocupar em 1974, no bairro Norte, onde ficamos por um bom período, até nos estabelecermos na Argentina.

●

De Buenos Aires embarcamos para Paris, onde Pedro Toulois nos recebeu novamente. Depois de instalados no Hotel Claridge, meu pai lhe contou o que tinha acontecido comigo e disse que não poderíamos mais permanecer no Uruguai. Pedro disse que ele e os outros exilados gostariam que ele ficasse por lá. Sugeriu deixar todo aquele turbilhão passar e ficar uns tempos na capital francesa. Meu pai disse que iria pensar a respeito.

Pedro o avisou de que Marcio Moreira Alves soube que Jango estava chegando e disse que precisava muito conversar com ele. Meu pai pediu que Pedro ligasse para ele e combinasse um encontro para o dia seguinte.

Depois de ir ao encontro de Marcio Moreira Alves em seu apartamento, fomos ao Louvre, que eu queria conhecer mais de perto, pois nunca tínhamos tempo para esses passeios. Foi ótimo, ficamos vagando por aquele templo da cultura mundial até o almoço em um daqueles cafés de Paris.

De lá fomos novamente à Catedral de Notre-Dame cumprir um ritual de meu pai: acender uma vela em memória de meu avô, o coronel Vicente.

À noite fomos ao encontro do professor Edmundo Moniz, que morava em um pequeno hotel em Saint-Germain-des-Prés. Trocaram um abraço afetuoso na chegada, e meu pai lhe falou que ele precisava voltar ao Brasil, que precisávamos dele escrevendo lá. Jango disse que ele podia primeiro voltar via Uruguai e ficar o tempo que achasse necessário antes de cruzar a fronteira definitivamente. E foi o que Moniz fez. Ele até aparece em várias fotos do SNI no aniversário de meu pai, em 1º de março de 1975, na fazenda El Milagro. Todos os presentes ao churrasco foram numerados e catalogados pelo serviço de informações brasileiro.

Após esses dias em Paris, meu pai queria encontrar-se com Arraes, mas tinha que ser na Suíça, pois ele iria de Argel. De lá iríamos a Madri para um novo encontro com Jorge Antonio, pois meu pai queria relatar a ele as dificuldades que os antigos companheiros peronistas estavam tendo no acesso ao general. Foi também solicitar um encontro com Perón em pessoa lá na Argentina para decidir seu destino definitivamente.

Meu pai sempre viajava na classe econômica, pedia para ser acomodado no corredor do lado direito da aeronave. Muitos lhe perguntavam por que não ia de primeira classe, e ele respondia, em um tom maroto, que viajava de classe econômica não apenas porque era mais barato, mas porque chegava ao destino no mesmo tempo que quem viajava de primeira classe.

•

O voo de Paris para Genebra enfrentou muita turbulência. Ao chegarmos no hotel, meu pai foi tomar um uísque no bar para aliviar a tensão.

Encontramos com o governador Arraes no dia seguinte, no próprio bar do hotel, e a conversa que começou de tarde se estendeu noite adentro.

Arraes mostrou-se muito preocupado com a integridade física de meu pai no exílio.

– Jango, o serviço de informação argelino me avisou que tua segurança no Uruguai está muito comprometida. Existe uma aliança de direita muito pesada nessas ditaduras da América Latina, e tu és uma das peças mais visadas para eliminação. Não podes brincar em serviço – disse Arraes.

– Mas será que a Argélia possui informações tão seguras assim? – perguntou meu pai.

– Sou teu amigo e vim até aqui para te dizer que a coisa é séria, muito séria. Não posso ainda te afirmar de onde partiu essa ordem, mas assim que souber de mais detalhes vou mandar alguém te procurar lá no Uruguai, ou onde estejas, para te dar mais informações pessoalmente – comentou o governador exilado.

Meu pai nunca transmitia esse tipo de temores para a família, sempre fazia de conta que esses boatos não eram sérios. Mas essa foi a primeira vez que tive noção da grande instabilidade que estávamos vivendo no exílio e que colocava em risco a vida de meu pai.

Falaram também sobre a possibilidade de Jango ir direto para o Brasil, em vez de buscar exílio em outro país, provocando uma prisão que sem dúvida aconteceria, mas que poderia internacionalmente provocar uma ação política da ONU exigindo dos militares brasileiros uma abertura mais rápida na já esgotada ditadura brasileira. Mas haveria eleições parlamentares de 1974 e um fato assim poderia diminuir as chances políticas via a vitória estrondosa do MDB.

Depois dessa noite, despediram-se e marcaram de se encontrar novamente no ano seguinte. Arraes queria que meu pai fosse à Argélia, onde seria muito bem recebido. Jango ficou de pensar, mas a viagem não aconteceu.

No dia seguinte pegamos um voo até Madri para encontrar Jorge Antonio e articular os novos passos na Argentina. Meu pai queria uma sinalização de Perón de que seria abrigado com respeito e com documentação pessoal de residente, não queria pedir um novo exílio na Argentina, pois essa condição limitava seus passos e dificultava sua movimentação. Queria a segurança do governo argentino para poder mudar com a família para aquele país.

Não sabíamos, naquele momento, que éramos gaivotas em direção ao condor.

A operação Condor se intensificou na Argentina principalmente a partir de 1974. Nela vários amigos, políticos, companheiros e meu pai foram mortos, sequestrados e assassinados naquele país.

Nossa família era permanentemente monitorada, como viemos a saber pelos documentos, depoimentos, fotos do SNI, documentos desclassificados pelo departamento de Estado americano e pelas operações clandestinas e ilegais das ditaduras brasileira e uruguaia, que atuavam em conjunto. Atribuíram um codinome a meu pai, Gaivota, segundo depoimento de Mário Neira Barreiro incluído na investigação da morte de Jango.

Depois do encontro com Jorge Antonio e muitas conversas sobre a ajuda que meu pai poderia dar na exportação de carne argentina, retornamos ao hotel com a certeza de que na volta ao Uruguai nosso destino seria a Argentina.

De Madri meu pai tinha que voltar a Paris para mais alguns encontros, inclusive bancários, para tratar de algumas exportações de arroz que havia feito do Uruguai através do Banco de Londres e necessitava de uma carta de crédito do banco para mandar a safra de março seguinte para a Europa. Denise Andrieux, diretora do banco em Paris, o aguardava.

Como não estávamos com pressa, fomos para o aeroporto de Barajas de manhã escolher o melhor voo para Paris. Jango escolheu um da Varig, que faria escala em Madri, e comprou duas passagens na classe econômica. No portão de embarque o comandante e parte da tripulação foram cumprimentar meu pai e tirar fotos com ele. O comandante gentilmente nos convidou a ir para a primeira classe, pois havia assentos livres lá, mas meu pai recusou e, desconversando, respondeu que preferia sentar na parte traseira da aeronave, pois era onde havia mais chances de sobrevivência em caso de acidente.

Antes de decolar, quando já estávamos acomodados em nossos lugares, uma senhora muito elegante aproximou-se e se dirigiu a meu pai:

– Com licença, meu presidente Jango, posso sentar aqui um pouquinho antes da decolagem? – perguntou ela.

Meu pai não se lembrava dela e pensou que era mais uma turista brasileira que queria tirar foto com ele.

– Sou Maria Ilná Falcão, Jango. Armando está lá na frente, sem jeito de vir aqui falar contigo – apresentou-se ela.

Era a esposa de Armando Falcão, que poucos meses depois viria a se tornar ministro da Justiça do governo Geisel. Como tinha apoiado o golpe, estava constrangido de ir falar com meu pai.

– Quanto tempo. Como vocês estão? – disse meu pai para descontrair. – Não vejo o Armando desde 1964, que, tu sabes, foi um ano de ruptura entre muitos brasileiros. Mas podes dizer a ele que venha para cá assim que o avião decolar. Passado é passado.

●

Armando Falcão havia perdido as eleições ao governo do Ceará em 1954 e sido eleito deputado federal posteriormente. Foi articulador no Ceará da chapa de 1955 Juscelino–Jango, que saiu vitoriosa, vindo a ocupar o Ministério da Justiça com o aval do PTB no governo de ambos em 1959, já no fim do governo, quando era lançada nacionalmente a chapa Lott-Jango, mantendo a coligação vitoriosa PTB-PSD.

Em 1959, houve um momento em que Brizola quis substituir Lott na chapa presidencial, pois como militar não representava os setores mais à esquerda do PTB, mas essa proposta não teve prosseguimento, uma vez que os ministros militares e Juscelino deviam a Lott a atitude do golpe branco para dar posse a JK em 1956. Juntaram-se em uma ação política coordenada pelo próprio Falcão Odílio Denny, Assis Correa de Mello, Jorge Matos Mais e o ministro do Trabalho para contrapor o PTB com o apoio de Fernando Nóbrega.

Meu pai conhecia bem a figura, mas nunca se negou a conversar com quem quer que seja, até com adversários como Armando Falcão, que o havia vendido em 1964.

Pouco após a decolagem, Armando apareceu e meu pai logo falou:

– Armando, quanto tempo! Não fiques acanhado não, nos conhecemos há muito tempo, só estamos distanciados por enquanto.

Meu pai pediu que eu sentasse em outro lugar, pois queria falar com Armando Falcão em particular. Conversaram até a chegada a Paris.

Voltei para meu assento e perguntei a meu pai se a conversa tinha sido boa. Ele respondeu que sim e que depois me contaria. Recomendou que eu nunca fosse ingrato com ninguém. E comentou que Armando só tinha ido falar com ele por remorso, para tentar limpar a consciência.

•

O Brasil ficava mais longe com mais uma mudança de exílio. Para mim e para Denize, que estávamos em plena adolescência, era mais um sofrimento.

Ao chegar a novos lugares meu pai alimentava a esperança de vencer os novos desafios, mas seus olhos sempre estampavam a melancolia do retorno ao Brasil. Mandava pedir sementes das flores de sua granja no Rio Grande do Sul, como se pudesse fazer florir um canteiro no exílio. Acho que assim ele tinha a sensação de estar um pouco mais perto de sua terra.

•

Os negócios de meu pai continuavam a funcionar, pois ele não queria dar a impressão de que estava indo embora e abandonando o exílio, ficando em uma situação ilegal no país.

Íamos e voltávamos para Buenos Aires e, aos poucos, consolidávamos nossa transferência. Até que certo dia minha mãe foi presa, o que precipitou de vez nossa transferência, no começo de 1974.

Era uma sexta-feira à tarde quando minha mãe decidiu ir de Maldonado para Montevidéu, de modo que pudesse organizar a casa no sábado e domingo antes de Denize retornar às aulas na segunda-feira. Pediu cinco quilos de carne do frigorífico, ovos e ela mesma foi colher alguns legumes da horta de El Milagro.

Quando nos despedimos, meu pai recomendou que ela tivesse atenção e cuidado na estrada com as barreiras montadas pelos militares.

Por volta de nove da noite tocou o telefone da fazenda e era minha mãe, avisando que estava presa e ficaria incomunicável. Haviam permitido que ela desse aquele telefonema por saber que não poderia dar outro até segunda-feira, quando seria levada à presença de um juiz na cidade de Pando, perto de Montevidéu, jurisdição da delegacia do pequeno balneário de La Floresta, onde havia sido presa.

Ainda bem que estávamos na fazenda e meu pai pôde falar com ela e tomar as providências necessárias naquele momento.

Ela explicou a meu pai que fora detida porque os militares revistaram o carro e constataram que ela levava carne no porta-malas. Naquela época havia uma lei que regulava a compra e a venda de carne no Uruguai, semana sim, semana não, de forma a incentivar a exportação desse produto. A verdade era que minha mãe não tinha comprado a tal carne e sim pego no frigorífico de propriedade de seu marido. Além disso, não estava transportando uma tonelada ou duas, mas apenas cinco quilos. Meu pai foi logo ao encontro dela e falou com o policial, perguntou se não havia um juiz de plantão na cidade de Pando e argumentou que aquela prisão era uma arbitrariedade, mas não houve jeito. O policial disse a ele que minha mãe violara uma lei militar e que somente o juiz poderia liberá-la na segunda-feira. Furioso, meu pai retornou a Maldonado, ligou para seus advogados e para Ivo Magalhães e disse que tomaria providências internacionais.

No dia seguinte alguns jornais uruguaios e argentinos repercutiram a prisão da ex-primeira dama do Brasil por ter violado uma lei federal do governo do Uruguai. Meu pai pediu que eu fosse de manhã a Las Flores levar revistas e alguns artigos de primeira necessidade para minha mãe. Cheguei bem cedo, e haviam deixado minha mãe tomar sol em uma cadeira do lado de fora da delegacia, mas em seguida começaram a chegar jornalistas e agentes do serviço secreto das Forças Armadas, que, assustados com a repercussão do caso na imprensa, tinham ido dar "cobertura" aos policiais do interior. Em seguida, eu e o advogado fomos até a cidade tentar convencer o juiz de Pando a fazer a audiência em caráter de emergência, para ver se conseguíamos liberar minha mãe de uma vez a ter de esperar até segunda-feira para a audiência de instrução.

Na casa do juiz, encontramos duas caminhonetes das Forças Armadas do Uruguai, que não nos autorizaram a falar com ele.

Minha mãe só pôde realmente ir ao juizado na segunda à tarde, e ainda conduzida em um camburão da Polícia.

Meu pai passou o fim de semana muito chateado, indignado com o sofrimento pelo qual minha mãe estava passando.

Na audiência, o juiz entendeu que não havia indícios de comercialização e a declarou inocente.

Depois disso, fomos de vez para Buenos Aires. Moramos algumas semanas no Hotel Liberty, um ponto de encontro dos exilados na Argentina. Posteriormente fomos para um pequeno apartamento em Barrio Norte – que Cláudio Braga havai alugado –, onde nos instalamos para a nova jornada de nossas vidas.

•

Nessa nova etapa tivemos que nos adaptar a uma nova sociedade. Os portenhos eram agora nossos mais novos concidadãos, amigos e colegas de aula, de bares e de uma nova convivência. Comecei a estudar no Liceo Manuel Belgrano para terminar o preparatório de ingresso à universidade, mas nessa transferência perdi um ano, pois as equivalências de matérias de um país a outro eram diferentes e tive que cumprir algumas provas extras para completar a grade escolar referente ao grau da Argentina.

Perón subira ao poder e tínhamos obtido residência permanente na Argentina, bem como os outros documentos, como carteira de identidade, de motorista etc. Meu pai tinha conhecido vários companheiros peronistas que estavam sempre presentes nas reuniões políticas, e em algumas comerciais, que meu pai estava implantando na Argentina. Todos eles eram velhos amigos do general Perón, porém estavam sempre esperando que o governo os chamasse para ocupar algum cargo na nova administração federal, o que nunca aconteceu, pois "el brujo" não deu lugar aos velhos e autênticos peronistas, que ficaram afastados do poder.

Major Pablo Vicente, Esteban Marino e até Jorge Antonio perderam influência naqueles dias em que Perón já estava cansado e envelhecido. Na verdade, dizem as más línguas que ele já estava muito dependente de Isabelita e de López Rega, que continuava a morar na residência oficial de Olivos, ao lado do general, ficando assim no controle de todas as decisões governamentais. El Brujo sabia que os velhos amigos de Perón não poderiam ficar por perto, pois assim ele perderia a influência sobre o general.

Depois do retorno do presidente Perón à Argentina, meu pai só esteve com ele mais uma vez em Olivos, pois, a pedido do próprio general, estava reorganizando parte das exportações de carne argentina, que tinha perdido força diante do Mercado Comum Europeu, e redirecionando o excedente para os mercados árabe e africano, que estavam crescendo e apresentando muita demanda de carne bovina e ovina para o mundo muçulmano. A Líbia, por intermédio de Kadafi, comprou um expressivo volume excedente do mercado argentino que havia sido cancelado pela Europa.

Meu pai aproveitou a ocasião e falou dos velhos amigos peronistas que estavam esperando uma chance de contribuir com ele e seu governo, depois de 18 anos de perseguições nas diversas ditaduras ocorridas na ausência do líder.

Perón disse a meu pai que transmitisse ao major Pablo Vicente que logo os chamaria para compor o governo, que ele tivesse paciência. Isso nunca aconteceu. Perón morreu pouco depois, já cercado pela direita peronista. Isabelita assumiu o governo como vice-presidente, e López Rega tornou-se o presidente de fato. O governo Isabelita foi uma prévia da ditadura de Videla, ocorrida em 1976, e sepultou de vez todas as aspirações populares de que o governo Perón pudesse ser uma esperança e abertura para que se tentasse acabar as ditaduras latino-americanas já implantadas.

Foi por isso que a Operação Condor matou tantos líderes latino--americanos em território argentino: Michelini (senador uruguaio), Gutiérrez Ruiz (ex-presidente da Câmara de Deputados do Uruguai), Juan José Torres (ex-presidente da Bolívia), Carlos Prats (ex-chefe das Forças Armadas chilenas e ministro de Allende) e o próprio Jango, cujas investigações da morte prosseguem até hoje.

López Rega tinha conseguido apoio de antigos oficiais da Polícia Federal Argentina (PFA), a simpatia de obter por meio de decreto presidencial, assinado pelo próprio Perón dois meses antes de morrer, o cargo de "comissário", o que o fez subir em um único dia 12 postos na hierarquia da PFA.

Ele já tinha criado a temível Triple A, que primeiro passou a perseguir e matar opositores do peronismo de esquerda que se opunham a ele, oriundos dos sindicatos, como José Ignacio Rucci (secretário-geral da CGT), do clero, como o atuante padre Mujica (líder religioso e defensor das ocupações em favelas pelos sem-teto da Argentina), e de outras classes políticas, para posteriormente perseguir todos os líderes de esquerda latino-americanos que estavam morando na Argentina a convite do próprio Perón.

Desde essa época López Rega já mantinha estreitas relações com Emilio Massera, que viria a dirigir a Argentina posteriormente na Guerra das Malvinas, Leopoldo Fortunato Galtieri e o general Carlos Guillermo Suárez Mason, todos ligados à loja maçônica P2, liderada por Licio Gelli, na Itália.

Essa organização criminosa executou centenas de pessoas na Argentina e deu apoio logístico ao que se chamou posteriormente de "guerra suja", justificativa para os extermínios seletivos dos opositores do governo Videla após a queda de Isabel Perón.

●

Fomos passando cada vez mais tempo em Buenos Aires e aos poucos íamos nos distanciando de Montevidéu.

Meu pai manteve seus negócios no Uruguai e sempre que podíamos voltávamos para rever os amigos. Ao mesmo tempo, íamos estreitando os laços com a comunidade portenha, tão anteriormente criticada por nossos amigos uruguaios.

Meu pai comprou um primeiro carro usado em Buenos Aires e contratou como motorista dom Rubén Cané, que tinha sido um conhecido cantor de tangos na Argentina e era dono de uma grande voz. Rubén era extremamente educado, um verdadeiro cavalheiro portenho. Meu pai gostava muito dele, e, sempre que a situação permitia, pedia que cantasse um tango dos antigos. Perguntava a ele por que havia parado de cantar e pedia que lhe contasse as histórias de Gardel, das diferenças entre o tango argentino e o uruguaio, do novo tango que surgia com Piazzolla.

Enquanto isso, as diversas correntes peronistas – Juventud Peronista, montoneros, descamisados, justicialistas e Nuevo Peronismo – se desentendiam no reencontro com o líder depois de anos lutando por sua volta.

Existia um espírito triunfalista pelo retorno do líder, mas as correntes divergentes não se entendiam. Era grande a tensão entre as facções peronistas que queriam acomodar-se no "pacto nacional" e que não conseguiram, pois o juiz tinha que ser o próprio Perón, que já dava sinais de cansaço e esgotamento físico.

•

Em abril ou maio de 1974, fomos para o Uruguai. Sempre tomávamos rotas diferentes, e dessa vez saímos do aeroporto de dom Torquato para o interior da Argentina. Fomos para Gualeyguachú avaliar uma fazenda que meu pai queria comprar, na província de Entre Ríos, e depois de dois dias fomos para Paso de los Libres, onde pegamos um carro com Bogado, aquele amigo argentino, para visitar umas fazendas em Mercedes, por onde passava o velho rio Uruguai, que separava a Argentina de São Borja, terra natal dele. Em Mercedes acabou comprando a fazenda La Villa, onde dois anos depois se despediu de nós, da família, das lutas, da vida e do Brasil.

Voltamos de carro para Paso de los Libres para pegar o avião pilotado por Hugo Wilkins e prosseguirmos viagem para o Uruguai.

Meu pai queria ir direto para Tacuarembó, para tanto teríamos que passar pela alfândega em Libres, com destino a Rivera, no Uruguai, e cruzar o espaço aéreo brasileiro, por cima de Uruguaiana em direção a Santana do Livramento. Com plano de voo e manifesto de passageiros, a FAB de Santa Maria podia tentar interceptar com seus Mirage o pequeno Cessna do ex-presidente Jango. Mas ele gostava desses desafios e pediu ao piloto que fizesse o plano de voo com bloqueio de sobrevoo em Artigas, o que demorou mais meia hora, e para despistar as autoridades brasileiras, ou para testá-las, passaram direto pelo território do Brasil, e, ao chegar em Rivera, diriam ter adiantado o horário, pois pegaram vento de cauda.

JANGO E EU, MEMÓRIAS DE UM EXÍLIO SEM VOLTA

Ele sorriu para o piloto e disse:

– Viu, Hugo, tu estavas com medo, mas dessa vez não nos pegaram.

Depois de passarmos pelos procedimentos de alfândega e migrações em Rivera, decolamos direto para a fazenda El Rincón de Tacuarembó, onde ficaríamos uns dez dias. Os bois de invernada estavam prontos, os capões para venda tinham que ser apartados, o arroz já tinha sido colhido e estava na cooperativa à espera do fechamento de preço, a entrada do inverno esperava os terneiros serem desmamados.

●

Essa foi a última vez que estive com meu pai no campo, onde ele mais gostava de passar o tempo. Lá, meu pai gostava de comer com os peões, de conversar com eles sobre as condições climáticas e perguntar sobre suas origens: onde haviam nascido e sido criados, como eram suas famílias etc. Parecia viajar com a descrição de cada um de seus empregados, era complacente, solidário e gostava de conhecer suas necessidades.

Tenho saudades desses dias na fazenda, montando a cavalo com ele e aprendendo as lides do campo e campeando vários dias.

Quando fomos revisar a tropa de bois que ele estava preparando para o frigorífico Tacuarembó, notei seu olhar perdido no campo. O cavalo dele parecia entendê-lo, ficava quieto entre a porteira e o passo da boiada perto da cerca. Introspectivo durante a passagem das reses, meu pai não deu uma palavra sequer, só olhou uma a uma. Até que se virou para mim e disse:

– Te lembras, João, daquele boi mocho que na época estava muito magro e havia saído do remate do Valdez? Hoje deve estar com mais de quinhentos quilos e seu espaço na tropa deve já estar consolidado.

Era um boi cruzado de zebu que havia comprado meses antes no leilão de uma fazenda perto de Melo, no Departamento de Cerro Largo. Era um boi que tinha um pequeno cupim, origem de sua cruza.

Naquela época, o Uruguai não permitia importar ou cruzar seu rebanho, na maioria Hereford, com gado de raça zebuína, pois tinha um rebanho bovino de alta qualidade internacional, e o que importava não era somente a balança, o peso que a cruza zebuína dá, mas sim a qualidade da carne.

As invernadas de gado, principalmente de bois, não eram divididas. Boi tinha que estar com boi e nada mais. Alguns criadores e invernadores discutiam sobre o peso de novilhos e o tipo de invernada. Meu pai não gostava nem que os campos de invernada fossem tropeados por muitos peões. Dizia que os bois não gostavam de ser atropelados e tinham que ser observados muito lentamente. Às vezes, quando não estava a cavalo e sim de caminhonete, parava o veículo no alto da coxilha, abria as portas e esperava. Pouco a pouco a boiada, curiosa, ia se aproximando do carro e ele ficava olhando e meditando, muitas vezes com um capim na boca e analisando cada um dos bois, comparando-os com a última vez que os havia visto.

Na volta para a sede, decidiu voltar a cavalo comigo e com os tropeiros. Mandou alguém que tinha vindo conosco voltar com o veículo para a sede. Conversar com os tropeiros era uma coisa que ele adorava, ficava absorto nas histórias de cada um ao tempo em que ia perguntando e se inteirando da vida deles. Ia perguntando detalhes. Garay, o capataz da sede, ia ao seu lado conversando sobre a boiada:

– Garay, quantos dias mais tu achas que podemos tirar a boiada, pois preciso pedir data para o frigorífico? – perguntou ele ao capataz.

– Doutor, já temos novilhos prontos. Quantos o senhor quer tirar da tropa?

– Pelas minhas contas na beira do aramado são 532 animais. Tem alguns ainda abaixo do peso de retorno de carcaça, principalmente aqueles cruzas holandeses que não vão dar rendimento de carcaça. Era bom tu fazeres um refugo. De uns 45 bois menores que não vão atingir os quinhentos quilos, e eu vou já na cidade falar com o Aparício Secco para confirmar a entrega de 480 novilhos Hereford, pois assim atingimos a cota de retorno. Amanhã mesmo aparta esses animais e deixa no potreiro das casas para dar um vermífugo e junta com a outra tropa mais nova que está na invernada do Tacuarembó Chico para uma segunda entrada no frigorífico daqui a uns 45 dias – ordenou meu pai.

Em seguida começamos a cavalgar de volta para a sede da fazenda. Na subida longa de uma coxilha pronunciada, meu pai avistou ao longe uma égua com a cria muito nova, de uns 2 meses, e perguntou em voz alta para mim, Garay e mais dois peões que acompanhavam a caravana:

– Quero ver quem é campeiro mesmo. Estão vendo aquela égua com cria, lá longe, subindo em direção ao lago?

– Sim, doutor, aquela égua lá em cima da coxilha – respondeu Garay.

– Então me digam, qual de vocês sabe se a cria é potrilho ou potranca? – perguntou meu pai com aquele sorriso matreiro, como se dissesse "Agora peguei vocês".

A peonada se entreolhou, todos meios cabreiros, pois estava muito longe e nessa idade os potrilhos ainda não se diferenciam muito, só de muito perto. Nenhum deles quis arriscar um palpite na frente do patrão.

Garay, capataz mais esperto, perguntou:

– Doutor, não é possível dizer olhando daqui. O senhor está de brincadeira, não?

– Não, Garay. Na vida muitas vezes o que vale não é somente a experiência, e sim a observação. Desde moço tenho o costume de observar. A cria que está com aquela égua é um macho – disse Jango.

– Como sabes, doutor? – indagou o capataz.

– Garay, é só observar: quando soltos no campo, o potrilho macho sempre caminha na frente da mãe. A potranca caminha atrás – respondeu meu pai.

Com essas conversas muito sábias meu pai ganhava a admiração dos que trabalhavam com ele, por sua simplicidade e também por sua dedicação em conhecer tudo sobre o campo.

•

Aparício Secco, a quem entregava os bois, era o dono do frigorífico Tacuarembó e muito seu amigo. Os grandes mentirosos de sempre chegavam a dizer que meu pai era o dono do frigorífico, mas na verdade o prêmio por rendimento de carcaças era retornado em ações do frigorífico. Meu pai também se incomodou muito, pois dom Secco foi preso como colaborador do movimento tupamaro e ficou muito tempo detido na unidade militar em Tacuarembó.

●

Depois desses dez dias tropeando e apartando bois para o frigorífico, estava na hora de ir para Maldonado, onde estavam meus amigos e minha namorada, Stella, que eu não encontrava havia mais de um mês. Eram grandes as saudades que eu sentia daquela terra, dos olhos verdes de Stella, das conversas com os amigos.

Não havia nenhum brasileiro visitando aquelas bandas na ocasião, mas ele não queria que eu deixasse de sair com os amigos para ficar com ele.

– Não te preocupes não, João Vicente, eu também vou rever um cobertor de orelha que tenho por aqui! – exclamou ele.

Eu sabia que ele tinha uma namorada fixa, a Eva, que ficava com ele sempre que minha mãe não estava por lá. Nunca me importei com isso, meu pai sempre teve muito magnetismo, e éramos amigos para todas as horas.

Eu me dava bem com a Eva, desde que o respeitasse e cuidasse dele nos momentos difíceis e na solidão do exílio.

Em uma noite dessas, depois de sair com os amigos e Stella, fui encontrar meu pai no cassino para voltarmos para a fazenda.

Cheguei no bar do Farito e lá estava ele jogando fichas na roleta. Fiquei conversando com Eva, que estava no bar tomando uísque.

O diálogo começou a ficar mais áspero, não lembro por quê. Acredito que tinha algo a ver com o âmbito familiar e eu me retirei para o balcão para dar fim à conversa.

Ela se levantou e começou a gritar comigo. Eu respondi com termos inadequados e na mesma hora fui empurrado, perdi o equilíbrio e caí sobre uma das mesas do bar do cassino, quebrando tudo o que havia em cima.

A Polícia não demorou a chegar para saber o que estava acontecendo. Respondi calmamente que havia sido apenas uma discussão sem graves consequências. O policial se dirigiu a Eva, que estava alterada e o xingou. Ele lhe deu voz de prisão e ela o agrediu. Estava formada a confusão. Ainda bem que meu pai não presenciou toda a cena. Por ordem da Polícia fomos imediatamente à delegacia do Porto de Punta del Leste para lavrar a ocorrência.

Ficamos detidos até que o delegado chegasse de manhã para analisar o caso.

Eva chorava na delegacia, lamentando o grande erro cometido por ambos. Estava preocupada com meu pai. De manhã chegou o delegado titular, tomou o depoimento de ambos e me liberou. Mas, lamentavelmente, em razão da agressão cometida contra o policial, não podia liberar Eva. Eu disse a ela que iria até a fazenda para ver o que iríamos fazer, meu pai devia estar muito preocupado.

Ao chegar, encontrei-o na sala, com um copo de uísque na mão, tinha passado a noite em claro. Ele me perguntou o que eu estava fazendo lá e me repreendeu.

– Deixa de ser frouxo, aja como um homem! Não importa que seja desvairada ou qualquer adjetivo que queiras. É uma mulher! Não importa quem errou. Pega meu carro agora e volta lá para a porta da delegacia e não saias de lá até que Eva seja liberada. Se precisar ficar dois dias na porta, tu vais ficar. Tu que vais trazer ela até aqui, tá entendido?

– Sim, meu pai, estou indo.

Nesse momento me dei conta de sua grandeza e de seus valores em qualquer circunstância. Não estou dizendo que ele foi injusto comigo; pelo contrário, ele me ensinou que não se usam subterfúgios. O que vale é a atitude, não o que está escrito no boletim.

Esperei horas em frente à delegacia até que outro comissário chegasse com o policial que havia registrado o boletim por desacato e este retirasse a queixa.

Quando Eva saiu, nos abraçamos, ela chorou e fomos para a fazenda. Eram duas da tarde quando chegamos. Meu pai se levantou do sofá, nos abraçou e disse:

– Vamos ver se isso não acontece mais.

•

Dois ou três dias depois fomos a Montevidéu, onde nos esperava uma longa jornada política. Ficamos só nós dois naquela casa vazia.

Saímos para jantar com alguns amigos fiéis de meu pai para falar sobre a transferência de moradia para a Argentina, fofocas políticas dos milicos que começavam a querer mais poder no Uruguai, futebol, mulheres etc.

Politicamente, os militares uruguaios eram tão perversos que só nos restava lamentar. Condenavam pessoas só por serem simpatizantes da esquerda, muitas vezes por denúncias de alcaguetes que sequer conheciam as atividades que elas praticavam. A disseminação da delação, gratuita, foi tão covarde que muitas vezes as pessoas acusavam outras só por não gostarem delas. Muitas das vítimas eram inocentes e desapareceram. Foram torturadas e assassinadas.

Um desses casos aconteceu muito perto de nossa casa, no Parque de los Aliados. Elena Quinteros era professora e pertencia a um grupo do Movimento de Libertação Nacional – Tupamaros (MLN-T), mas não era líder nem figura central do movimento. Foi presa pelas Forças Armadas em uma operação na estrada entre Montevidéu e a cidade de Colônia. Levada a um quartel onde operava o grupo especial de fuzileiros treinados para o combate urbano ao terrorismo, foi torturada diariamente até que, já não aguentando mais, disse a seus torturadores que teria um encontro marcado com um dirigente do movimento

MLN-T no Parque de los Aliados. Ela então foi solta e vigiada para que eles chegassem a um dos dirigentes maiores do movimento e a outras pessoas envolvidas com a guerrilha urbana do Uruguai.

Quando a soltaram, muito discretamente para não levantar suspeitas dos outros integrantes do MLN-T que se encontrariam com ela, entre duas esquinas do arborizado Parque de los Aliados, ela correu e pulou o muro da embaixada da Venezuela para se proteger e pedir asilo político. Evidentemente não havia encontro algum, e isso despertou a ira do grupo de fuzileiros. Armados, eles invadiram o recinto diplomático e arrancaram a professora Elena de dentro da representação de um território estrangeiro. A operação foi rápida, mas mesmo com a censura dos jornais tornou-se conhecida e gerou um grave incidente diplomático entre os dois países.

Naquele mesmo dia executaram a mulher nos porões das câmaras de tortura de seu quartel, esperando com isso eliminar qualquer vestígio futuro, e ocultaram o cadáver para dizer que ela tinha escapado.

O embaixador da Venezuela comunicou o ocorrido a seu governo e o presidente Andrés Pérez imediatamente mandou retirar todo o corpo diplomático do Uruguai, suspendendo as relações diplomáticas entre os dois países.

Meu pai, que conhecia o embaixador e poucos meses antes havia visitado Caracas em um encontro com Andrés Pérez, juntamente com minha mãe e minha irmã Denize, tentou mediar o diálogo entre a Venezuela e algumas autoridades uruguaias, mas foi em vão. E, pior, os setores de inteligência do Exército uruguaio consideravam João Goulart inimigo das Forças Armadas e simpatizante do movimento tupamaro.

•

Na última noite no Uruguai fomos jantar com dom Alonso Mintegui e Walter Babot, que tinha se aposentado do consulado brasileiro em Montevidéu. Estava sempre alegre e gostava de bons uísques. Brincava com meu pai, quando ele pedia um uísque pouco envelhecido, dizendo que poderia lhe emprestar dinheiro para comprar uma bebida de mais qualidade. No dia seguinte embarcamos para Buenos Aires em um voo da Austral, mais barato do que o da Aerolíneas Argentinas.

•

A Argentina representava para nós uma liberdade ansiada, uma esperança de novos rumos políticos na América Latina. Ao longe uma nuvem escura vinda dos Andes sufocava os ideais de liberdade, pressagiando um árduo e violento caminho.

Se era assim para eles, imagine quão complicado seria para brasileiros, uruguaios, chilenos, bolivianos, colombianos e outros latinos que nos aglomerávamos na pátria argentina em busca de uma alternativa de liberdade e democracia.

Manipulado por López Rega e Isabelita, quase sem ir mais à Casa Rosada, Perón morreu na solidão de Olivos. E com ele sucumbiu também a esperança de todos os que ansiavam por ver, a partir da Argentina, uma América Latina livre.

Lembro-me quando meu pai solicitou a dom Rubén, seu motorista cantador de tangos, que o levasse sozinho à Casa Rosada para se despedir do amigo. Fiquei em casa assistindo às transmissões de TV e vi impressionado a multidão às lágrimas abrindo caminho para a passagem do féretro.

•

Com a morte de Perón, o panorama político argentino começou a se degradar. Isabel assumiu o poder sob o controle de López Rega, mas, por baixo do aparente ar de legalidade, a luta política se acirrou sem seguir os preceitos democráticos determinados pela Constituição. Os comandos de direita começaram a praticar o terrorismo de Estado, primeiramente contra os adversários internos, para exterminar qualquer chance de vitória da ala de esquerda dentro do próprio peronismo, que, já com a chegada de Perón, tinha sido alijada mas continuava atuante. Os montoneros, chamados pelo próprio general de "estúpidos imberbes", que tinham lutado na clandestinidade durante 18 anos para trazer o líder novamente, voltaram para a clandestinidade acusando, como sempre, o carrasco López Rega.

Vários exilados que já estavam na Argentina começaram a se organizar para tentar resistir a um golpe que os próprios militares estavam esperando para acontecer.

O Ejército Revolucionario del Pueblo (ERP) começou a se reorganizar e se preparar para uma luta armada. Os novos dirigentes políticos da Argentina não tinham em mente nenhuma condescendência com os setores de esquerda e assim formavam a aliança anticomunista com as Forças Armadas argentinas, que na verdade almejavam o poder ditatorial, derrubando posteriormente o governo democrático fantoche. Como sempre, os militares usaram Isabelita e López Rega até o limite do tolerável, criaram uma guerra interna – chamada de "guerra suja" – e golpearam a democracia argentina, provocando a morte ou o desaparecimento de mais de 30 mil pessoas, o maior massacre de civis já cometido em nosso continente.

•

Era em meio a esse clima que tentávamos sobreviver na Argentina.

Logo após a morte do general começaram os atentados contra os líderes latino-americanos que, assim como nós, tinham se mudado para a Argentina a convite de Perón e esperavam por uma abertura política. O general Carlos Prats foi o primeiro, depois de ser perseguido pelo regime de Pinochet, que havia golpeado Allende um ano antes, conseguira um emprego na empresa Cincotta e era vigiado permanentemente pela DINA, a Polícia secreta chilena. Em 28 de setembro de 1974, o agente americano Michael Townley – o mesmo que até hoje o Ministério Público investiga, no processo que o Instituto João Goulart move para esclarecer a morte de Jango – entrou na garagem do apartamento de Prats e colocou uma bomba embaixo do Fiat 125 do general. No dia 30, Prats voltou para casa com a esposa, Sofía Cuthbert, e, por controle remoto, Townley detonou a bomba e explodiu o carro, levando o casal a uma morte horrível.

Townley também explodiu e matou Orlando Letelier em uma avenida de Washington a mando da DINA de Pinochet. O conluio do governo americano é tão evidente que, em vez de prendê-lo como terrorista, lhe fornecem documentos falsos e ele vive sob proteção das autoridades americanas.

O terror se instalou na Argentina, em cada esquina presenciavam-se atos de violência. Carros sem placas desfilavam com paramilitares armados, que abusavam de autoridade sem ninguém saber se eram policiais ou delinquentes.

Certa vez, em uma sexta-feira à noite, meu amigo uruguaio Nacho Grieco estava comigo em Buenos Aires e fomos a um bar. Ficamos lá bebendo até quase as três da manhã, quando voltamos a pé para casa, eufóricos, cantando músicas uruguaias pelas ruas quase desertas. De repente surgiu, pela calçada da rua de pedestres, um Ford Falcon sem placas, que parou em nossa frente e do qual desceram três caras de terno e metralhadoras. Aos tapas, eles nos encostaram na parede e gritaram ordens para que ficássemos quietos e colocássemos as mãos na cabeça.

Obedecemos e aguentamos alguns tapas na cabeça enquanto nos revistavam e pediam documentos. Eu estava com minha carteira de motorista argentina, na qual o sobrenome de meu pai aparecia antes do de minha mãe, e Nacho levava sua carteira de identidade uruguaia. Perguntaram se éramos tupamaros do Uruguai. Nacho respondeu que era turista, estava há apenas dois dias na Argentina e ia embora dois dias depois.

Quando perguntaram quem eu era, me deu um estalo e me preparei para não dizer que era filho de exilado político de esquerda, muito menos de João Goulart.

Eu levara algum dinheiro no bolso naquele dia, talvez o equivalente a duzentos dólares hoje, e me fiz passar por *bon-vivant* em visita à Argentina para me divertir. Perguntaram se tinha dinheiro e mostrei as cédulas com satisfação, dizendo que ia gastar.

Dispensaram o Nacho e me colocaram dentro do carro, no banco de trás, e começaram uma espécie de interrogatório. Insistiram em perguntar se eu não tinha nada a ver com política. Eu disse que morava ali perto e que tinha ido do Uruguai para me divertir. Fingi estar mais bêbado do que estava na realidade e os convidei para tomar um trago.

Eles então me levaram para longe dali, deram muitas voltas, mas acabaram me largando na Recoleta. Não sem antes me avisarem para sumir de Buenos Aires com meu amigo, pois naquele dia eu tinha escapado vivo.

Voltei de táxi para o apartamento e encontrei Nacho apavorado, dizendo que aqueles homens iam me sequestrar e torturar.

Até hoje não sei realmente o que aconteceu. Naquela época as pessoas desapareciam por muito menos em Buenos Aires. Dois anos depois, até o pianista Tenório Jr., que acompanhava Vinicius de Moraes em turnê, desapareceu ao sair uma noite e nunca mais foi encontrado.

Um ano depois desse episódio foi desbaratada uma operação de um grupo paramilitar de direita, com documentos achados na cidade de La Plata, onde havia um plano bem arquitetado para sequestrar os filhos do ex-presidente Goulart, o que precipitou a decisão de meu pai de nos mandar para Londres, em janeiro de 1976.

Com o clima de tensão em Buenos Aires, passávamos algum tempo na fazenda La Villa, que meu pai já tinha comprado em Mercedes.

Ele gostava de Buenos Aires para sair, jantar, ir aos shows de tango, mas notava-se que tinha certa aversão de permanecer muito tempo na capital argentina. Comprou um sítio na Província de Buenos Aires, no departamento de Marcos Paz, para eventualmente sair de circuito quando a tensão aumentava na capital. Eu fui duas vezes a esse sítio, para onde ele levou um brasileiro, o Serpa, que depois trabalhou comigo no Brasil, em Camaquã, quando retornei do exílio.

No início de 1975, quando fomos lá, em uma das visitas aconteceu uma coisa típica daqueles anos de violência que eu lembro até hoje, e acho que nem meu pai pensava que veria aquilo acontecer. Acho que foi por isso que se desencantou do lugar.

Marcos Paz era uma localidade de terras extremamente férteis na província de Buenos Aires, e as estradas eram asfaltadas e recebiam um tráfego intenso. Certo dia, enquanto conversávamos com o Serpa no campo, escutamos um barulho alto de hélices acima de nossas cabeças. Então vimos dois helicópteros surgirem por trás da mata e abrirem fogo com suas metralhadoras. Atiraram pelo que parecia uma eternidade. Nós estávamos mais ou menos a uns duzentos metros e entramos na casa até que os tiros parassem.

Muito nervoso, meu pai pediu que eu ficasse deitado no chão. O tiroteio durou pelo menos uns dez minutos, enquanto víamos passar na porteira muitas viaturas do Exército pela estrada, em direção à ponte que transpunha a sanga. Foi um momento horripilante. Assim que os disparos pararam, meu pai nos mandou sair da casa antes que a situação se complicasse ainda mais.

A operação continuou pela estrada contrária ao nosso retorno. Pegamos a picape e retornamos a Buenos Aires.

Como saímos logo, não encontramos nenhuma barreira militar pelo caminho. Só soubemos no outro dia o que havia acontecido. O Exército tinha matado oito integrantes dos montoneros, que, após uma revista em Marcos Paz, foram perseguidos e tentaram fugir pelos campos anexos à cidade. E acabaram sendo emboscados lá no sítio. Na fuga, se ultrapassassem a sanga, talvez se refugiassem na casa velha do sítio e aí, sim, estaríamos todos mortos.

No dia seguinte notei seu olhar perdido enquanto tomava seu chimarrão na varanda do apartamento. Perguntou se eu tinha percebido como estávamos longe do Brasil. Tinha visto tanta injustiça que talvez não acreditasse mais na volta para casa.

•

Meu pai empenhava-se cada vez mais em construir alternativas de negócios, como uma forma de esquecer as saudades e amenizar o desejo de voltar para sua pátria.

Seu amigo Orpheu dos Santos Salles, grande empresário e antigo trabalhista, getulista e janguista, o visitava em Buenos Aires com frequência. Orpheu tinha ganho muito dinheiro com uma empresa de consultoria em acidentes do trabalho no Brasil e propôs a meu pai abrirem uma empresa de importação e exportação na Argentina, que registraram como Cibracex.

Meu pai tinha conhecimento internacional e com essa empresa de exportação de produtos primários poderia ter acesso a vários governos internacionais.

•

Em fins de 1974 o Brasil era governado pelo general Ernesto Geisel. Falava-se em distensão, lenta e gradual. Meu pai não acreditava, mas dava corda, politicamente, para que isso acontecesse. Na Europa havia se encontrado novamente com os exilados, e todos aqueles com quem se reuniu concordavam que era bom testar o que a *troika* brasileira apresentava sobre a figura de Geisel. Havia uma disputa militar interna entre abrir com distensão gradual ou fechar definitivamente para endurecer mais ainda a ditadura. No Brasil, a força de governo era estabelecida pelas estrelas dos generais. Dizia-se que para ser presidente tinha que se ter quatro estrelas no ombro. Geisel tinha oito, quatro suas e quatro de seu irmão, Orlando Beckmann Geisel. Assim tinha sido a eleição no seio militar na sucessão do Médici. Silvio Frota foi derrotado pela soma de estrelas.

Em Paris, em um encontro com Pedro Toulois, Glauber Rocha e Ubirajara Brito, meu pai disse:

– Fui eu quem promovi o Geisel a general de quatro estrelas durante meu governo, contra a opinião de toda a minha Casa Militar. Eu tinha três promoções a fazer, mas uma eu quis fazer por mérito, e quando olhamos a ficha funcional militar dos candidatos, ele era o melhor em tudo, e por isso foi promovido e não caiu na compulsória. Mas, sinceramente, digo a vocês: esse alemão não é um democrata.

Hoje, com as investigações que denunciamos sobre a morte de meu pai, fica muito claro que Geisel, e principalmente seu irmão Orlando, estão envolvidos não só na morte de Jango, mas nas mortes de Herzog, José Ferreira de Almeida, Ângelo Arroyo e tantos outros.

Além disso, a ligação do general Orlando Geisel com o delegado Fleury é conhecida. O que houve foi uma manipulação dos meios controlados de comunicação para propagar a intenção de abertura do governo Geisel, quando na verdade o que se armava, por intermédio do general Golbery do Couto e Silva, o arquiteto e estrategista da ditadura, era uma saída, forçada pelo governo Carter, focada nos direitos humanos, mas sem os líderes civis mais importantes que pudessem, com seu prestígio, vir a ofuscar a tal abertura. Após a anistia em 1979, ainda demorou mais dez anos para a realização de eleições livres no Brasil.

Foi nessas circunstâncias, ainda em setembro de 1974, que meu pai – vendo que o Brasil e a América Latina estavam cada vez mais resistentes em ceder às pressões – tentou, em várias oportunidades, contatos com emissários brasileiros, colocando sua volta como uma possibilidade.

Chamou o general Serafim Vargas, seu amigo de São Borja, para que sondasse sobre seu retorno. Mandou que Percy Penalvo, seu amigo e administrador da fazenda de Tacuarembó, retornasse e se apresentasse aos militares brasileiros do Rio Grande do Sul.

Convocou seu fiel amigo e ajudante de ordens, o coronel Azambuja, para que levasse essas missões adiante. Este levou Percy para se apresentar aos milicos brasileiros, e foi ouvido, liberado e licenciado a retornar ao Uruguai com Jango.

Nesse mesmo mês, depois desses testes, chamou o Azambuja a Buenos Aires para uma conversa.

– Olha, Azambuja, o João Vicente está fazendo 18 anos agora em novembro. Tu sabes que ele, como filho de exilado, tem documentação uruguaia e argentina e não precisa se apresentar para o serviço militar no Brasil. Basta ir ao consulado brasileiro, aqui na Argentina ou no Uruguai, e estará isento de se apresentar, não é?

– Sim, presidente, não tem por que se apresentar no Brasil – respondeu Azambuja prontamente.

– Pois é, Azambuja, estou pensando em pedir que tu o leves a Porto Alegre para ele se apresentar como um cidadão comum em um quartel de recrutamento, pois quero ver a reação que vão ter com ele.

– Não tem problema, presidente, eu volto mês que vem de carro até Maldonado e ele vai comigo para Porto Alegre para se apresentar. Mas, Jango, tu não és mole! Tu queres ver a reação do comandante, não é?

Meu pai deu uma risadinha e disse:

– Bom, então agora vamos conversar com o João Vicente.

Comigo a conversa foi bem direta e objetiva. Meu pai disse:

– Olha, João Vicente, o Azambuja veio até aqui na Argentina e eu quero que tu te apresentes no alistamento militar em Porto Alegre, pois quero ver o modo como vão te tratar, para assim eu ter certeza da situação militar em curso no Brasil. Não te preocupes, que eles não vão te deixar no quartel servindo. É quase certo que vão te dar o certificado de reservista.

– Então tá, pai, pode deixar que eu vou com o Azambuja.

Viajei com Azambuja na semana seguinte, saindo de Maldonado no Corcel com o qual ele tinha ido me buscar no Uruguai.

Em Porto Alegre me alistei com a carteira de identidade e no dia marcado fiz questão de chegar às sete da manhã em ponto, no quartel, e entrar na fila, que era enorme e na qual deviam estar cerca de duzentos alistados.

Depois de preencher as fichas com nome, endereço, atividades, grau de escolaridade, locais de estudo etc., fomos todos para um grande pavilhão, onde um tenente, aos berros, mandava todos tirarem as roupas e formarem uma fila indiana para o exame médico.

Os médicos militares logo começaram as gozações. Eu, que já tinha passado por coisas muito piores quando fui preso na base militar de Laguna del Sauce, fiquei com vontade de rir, mas tirei de letra, pois achei aquela encenação brasileira muito divertida.

No exame de vista, me perguntaram qual meu grau de miopia. Na época eu já tinha uns 4,5 de miopia no olho esquerdo e uns 3,2 no direito, fora o astigmatismo bem acentuado. Recebi o carimbo de "Incapacitado, reservista de terceira".

No final da manhã, estava quietinho na fila para sair quando vi que um oficial cheio de insígnias veio até onde eu estava e me retirou da fila. Naquela hora pensei que estava em apuros.

Mas não, o que ele me disse foi uma das coisas mais bonitas que já escutei de um militar, conscientizando-me de que nem todos os militares eram golpistas. Aquele era janguista! Ele perguntou se eu era filho de Jango e, ao ouvir minha confirmação, pediu que eu dissesse a ele que este país ainda precisava dele, que o nacionalismo de nossa pátria o estava esperando. E disse para eu ter certeza do grande pai que eu tinha.

Quando voltei para Buenos Aires, contei ao meu pai, que sorriu muito candidamente. Não sei o que ele pensou, mas o vi recuperar a esperança.

●

JANGO E EU, MEMÓRIAS DE UM EXÍLIO SEM VOLTA

Com o passar do tempo, a Argentina ia trilhando caminhos cada vez mais obscuros. As perseguições não paravam, e cidadãos comuns, políticos, sindicalistas, padres, estudantes, operários eram assassinados. Um simples protesto por aumento salarial ganhava, nos meios de comunicação, conotações de atos de subversão. As Forças Armadas e a Polícia aumentavam a repressão, em ações conjuntas que ignoravam os direitos individuais e coletivos, e transformavam o judiciário em mero espectador das atrocidades contra a população.

Nas viagens que fazíamos ao Uruguai, alternávamos as rotas e os meios de transporte, mas mesmo assim acabávamos encontrando muitas barreiras militares no caminho, nas quais o respeito por seres humanos era totalmente ignorado.

Certa vez, em meados de 1975, viajávamos pela estrada de Mercedes para Paso de los Libres no Ford Falcon, o carro ideal para percorrer aquelas vias repletas de pedregulhos e terra. O veículo era equipado com uma espécie de grade no para-brisa, que ficava por fora apoiada em uns ganchos com tacos de borracha, para impedir que as pedras quebrassem o para-brisa dianteiro. Já bem perto da cidade havia uma barreira militar argentina, que não vimos à distância. Paramos antes de um trevo para olhar o mapa e saber qual estrada devíamos seguir para ir examinar o gado que meu pai havia marcado com um fazendeiro da região. Ao perceber que do outro lado do trevo havia dois caminhões de militares parados, e vários deles no chão em posição de tiro, vimos que estávamos em uma situação extremamente perigosa. Eu tinha saído do carro para urinar enquanto ele examinava o mapa com Julio, o capataz da fazenda La Villa, em Mercedes, quando ouvi uma voz bem autoritária por um megafone mandando todos os ocupantes do carro saírem com as mãos na cabeça, sem fazer qualquer gesto brusco. Avisou que estávamos sob a mira do Exército nacional e que, se fizéssemos qualquer movimento em falso, eles estavam autorizados a atirar.

Meu pai e Julio estavam dentro do carro sem se darem conta do enorme risco que estávamos correndo. Eu retrocedi um pouco do barranco da estrada e disse bem alto a meu pai:

– Pai, por favor, não te assustes, mas tens que sair com o Julio de dentro do carro. Olha lá à esquerda, a uns setenta ou oitenta metros, do outro lado da estrada. O Exército está apontando armas para nós. Saiam devagar, com as mãos na cabeça. Nem abra o vidro do teu lado, pois podem pensar que estamos armados e atirar em nós.

– João Vicente, caminha devagar até o carro e não entres, coloca os braços em cima da capota que eu vou sair devagar com o Julio – falou ele.

E assim foi, quando estávamos todos do lado de fora, já com os braços na capota, escutamos melhor as instruções pelo megafone. A voz ordenou que a gente não se movesse e avisou que soldados iriam até nós para nos revistar. Nesse momento, uns seis soldados armados que estavam deitados em posições estratégicas no meio do mato começaram a se deslocar em nossa direção, bem devagar, meio agachados e com os fuzis apontados enquanto ouvíamos de longe as instruções do comando ao pelotão.

– Preparem-se para abrir fogo e cuidado com explosivos! – gritou a pessoa ao comando do megafone.

Foi um momento de extrema apreensão e pavor, pois percebemos que poderíamos ter morrido fuzilados, simplesmente por estarmos parados antes da barreira, sem nos dar conta de que havia um procedimento militar em curso.

Os soldados nos revistaram e verificaram todos os cantos do carro, além das sacolas de chimarrão e dos documentos que meu pai sempre levava. Em seguida fizeram um sinal para o major que comandava a operação, avisando que podia vir ao carro checar os documentos e interrogar os passageiros.

Ele se aproximou e nos repreendeu com rispidez. Depois de checar os documentos e saber quem era o motorista, ficou ainda mais nervoso ao cogitar o conflito internacional que poderia resultar de uma tragédia.

JANGO E EU, MEMÓRIAS DE UM EXÍLIO SEM VOLTA

Meu pai também ficou muito nervoso e até precisou tomar um vasodilatador sublingual. Desistiu de ir ver o gado e fomos direto para o hotel onde costumávamos nos hospedar em Paso de los Libres. Lá ficou visivelmente emocionado, talvez tenha refletido pela primeira vez sobre a grave situação argentina. A outra vez foi quando eu já estava em Londres, e ele disse em carta que não permaneceria mais na América Latina, em uma frase mais ou menos assim: "Na América Latina os espaços para aqueles que acreditam na liberdade e na democracia estão se tornando cada vez mais reduzidos, o que me leva a não querer mais permanecer por aqui. Vou reduzir meus negócios e talvez passar o Natal e ano-novo com vocês aí em Londres."

Naquele hotel em Paso de los Libres, Jango me disse que achava bom eu e Denize irmos para a Europa no ano seguinte, pois o episódio daquele dia mostrava o enorme risco que estávamos correndo.

Meu pai queria nos proteger daquela maré de violência da ditadura uruguaia e do regime argentino, que naquela época ainda não era uma ditadura de fato, porque o golpe só foi consumado em março de 1976. E em 1976 estávamos morando em Londres.

•

Mas antes disso, ainda em 1975, fui a Porto Alegre com o Maneco Leães, para comprar uma moto que meu pai queria me dar de presente e tirar a carteira de motorista no Brasil. Queria ter os documentos brasileiros. Fiquei lá uns dez dias e cheguei ao Uruguai com minha Suzuki GT 550, de três cilindros, refrigerada a ar, pela qual era apaixonado. Virei motociclista e, quando não estava viajando com meu pai, gostava de viajar entre Porto Alegre, Montevidéu e Buenos Aires.

Minha mãe, claro, não sabia dessas aventuras; o segredo ficou apenas entre mim e meu pai.

Meu namoro com Stella ia ficando mais sério e a família dela já nos permitia sair sozinhos por alguns dias. Fizemos algumas viagens de moto para as fazendas e para Buenos Aires. Em dezembro eu tinha que prestar os exames livres na Argentina, pois sabia que não iria passar por média. Sendo assim, fiz um acordo com meu pai e pedi a ele para ficar em Maldonado, perto dos amigos e da namorada, preparando-me para as provas com professores particulares, com as matérias do preparatório argentino. Assim eu ficaria um pouco longe de Buenos Aires.

Certa vez fizemos uma viagem até Mercedes e de lá meu pai pediu que fôssemos com ele e com Bogado até a cidade de Posadas. Bijuja, seu procurador de São Borja, havia vendido seu gado e precisava levar esse dinheiro até Assunção, a capital paraguaia. Meu amigo Roberto Ulrich, o Peruano, também estava com a gente e fomos todos juntos e ficamos alguns dias naquela linda cidade à beira do rio Paraná.

Meu pai perguntou se eu e o Peruano poderíamos levar o dinheiro até Assunção. Nós concordamos e saímos em viagem como dois mochileiros com um saco de dinheiro. Posadas não ficava longe de Assunção, mas era preciso atravessar uma fronteira, e com uma sacola de dinheiro isso não era lá tarefa muito fácil para dois guris, de 18 e 20 anos, em uma época de tantas barreiras de militares nas estradas.

Naquela época não havia ponte para atravessar o rio Paraná a partir de Posadas até Encarnación, no Paraguai, a travessia só era possível por uma balsa que transportava carro e pessoas até o outro lado.

Pegamos o dinheiro e fomos verificar as alternativas que tínhamos para cruzar a fronteira sem despertar muita atenção das autoridades aduaneiras. Fomos tomar uma cerveja em Posadas como turistas. Havia alguns bares e restaurantes à beira do rio e perto da aduana, de onde poderíamos ver o movimento da balsa e os horários com mais guardas aduaneiros.

Vimos que levando uma sacola de dinheiro daquele tamanho não conseguiríamos passar como mochileiros, pois inevitavelmente seríamos revistados, senão na saída, na chegada com certeza.

Conversamos com um taxista que tinha um Chevy com porta-malas grande e dissemos a ele que tínhamos que levar uma encomenda para o outro lado. Como bom argentino ele perguntou o que era, e dissemos tratar-se de um dinheiro para levar ao cassino de Encarnación. Ele nos cobrou um preço maior do que para turistas comuns, e avisou que o risco era todo nosso. Caso o dinheiro fosse confiscado, ele nada sabia, era apenas taxista. Combinamos a travessia para o dia seguinte, uma segunda-feira, quando haveria mais gente atravessando a fronteira, e imaginamos que isso diminuiria a chance de sermos revistados.

Compramos duas malas médias e colocamos algumas coisas dentro delas para que ficassem mais pesadas.

O taxista nos pegou no hotel e colocamos as duas malas no porta-malas e levamos a sacola grande para dentro do carro. O Peruano foi na frente com o motorista, no intuito de disfarçar a situação, enquanto eu me sentava no banco de trás para tirar o dinheiro da sacola e guardar embaixo do grande banco dianteiro, inteiriço. O dinheiro coube todo ali embaixo.

Tranquilos, entramos na balsa com outros carros, ocupando os dois lados da embarcação. Só voltaríamos a ficar nervosos ao chegar na outra margem, quando teríamos que passar pela alfândega antes de entrar no território paraguaio.

Conversamos animadamente com o taxista argentino enquanto esperávamos a saída da embarcação, mas o procedimento demorou muito. Perguntamos a ele por que estava levando tanto tempo para a balsa partir, e ele respondeu que aquilo não era normal. Ele foi até a cabine saber o que estava acontecendo, e na volta nos explicou que estavam aguardando a chegada de alguns agentes da inteligência do Exército para revistar um carro suspeito.

Na mesma hora pensei que estávamos encrencados e comecei a suar frio. Não havia o que fazer, a não ser esperar, dentro do carro e no calor, para ver o que iria acontecer.

Meia hora depois vimos dois furgões estacionarem na beira do cais e saírem de dentro deles seis brutamontes armados até os dentes. Eles passaram ao lado de nosso carro e pediram para chamar os ocupantes do carro da frente, um Torino vermelho com placa argentina. Apontando as armas para as pessoas, pediram seus documentos, revistaram-nas e em seguida vasculharam o veículo minuciosamente. Pensei que fariam o mesmo com o táxi em que estávamos, e que estaríamos fritos. Levaram os passageiros para o porto e só retornaram mais de uma hora depois. Por sorte, aquele foi o único carro que queriam revistar. Mas o susto não terminou lá.

Na aduana de Encarnación, eu e o Peruano mostramos as malas aos guardas, que as examinaram e nos liberaram, não sem antes pedir que deixássemos um agrado para a cerveja.

Como não podiam beber em serviço, deixamos pagas vinte cervejas no bar ao lado do posto. Imagino que deviam ter um acordo com o dono do estabelecimento.

Contentes com a liberação, voltamos ao carro, enquanto o taxista obtinha a autorização para entrar com o automóvel no país e nos deixar no centro da cidade, a cerca de dez quilômetros de lá.

Ele voltou e, para nossa surpresa, disse que não poderia nos levar até a cidade, porque seu seguro estava vencido. Falou que não precisávamos ficar preocupados, porque seus amigos taxistas paraguaios nos levariam até o centro sem cobrar nada. Depois de tanta tensão antes de sermos liberados, como poderíamos tirar todo o dinheiro de baixo do banco na frente da aduana paraguaia?

Eu e o Peruano protestamos, dizendo a ele que teríamos que ir de qualquer jeito naquele carro até a cidade. Desci do carro e fui conversar com os despachantes. No começo pensei que era armação, mas paguei mais vinte cervejas para eles e consegui a liberação do táxi.

Depois de sair daquela enrascada, ainda pegamos um ônibus para ir de Encarnación até Assunção. O veículo parava de quilômetro em quilômetro para pegar mais passageiros, e subia gente levando galinhas, gente doente, gente indígena, gente transportando sacos de mandioca na cabine etc.

A viagem durou cerca de oito horas. Fomos direto para o Hotel Guarani, de Toto e Ito Barchini. Era um hotel cinco estrelas, o melhor do Paraguai. Meu pai chegou dois dias depois e contamos a ele como tinha sido a viagem. Perguntou quanto tínhamos gastado ao todo, e disse-lhe que devia ter sido por volta de trezentos dólares. Ele ficou muito satisfeito e disse que iríamos gostar muito do Paraguai. Bogado depois comentou que ele disse que havíamos cumprido a missão muito bem.

•

Em novembro voltei a Buenos Aires para as inscrições nas provas livres que teria que prestar por causa das inúmeras faltas ao longo do ano. Tinha me preparado razoavelmente em Maldonado e combinei que, depois das provas, voltaria ao Uruguai para passar a temporada em Punta del Este com os amigos e com Stella.

Fiz provas orais e escritas das 14 matérias do currículo do primeiro ano de preparatório e consegui passar em 11, ficando a dever três matérias para o ano subsequente.

Dia após dia víamos que nossa permanência na Argentina estava por um triz. Meu pai já não mantinha nenhum contato com o instável governo de Isabelita. Em dezembro de 1975 tinha havido uma tentativa de golpe de Estado pela Força Aérea e já se previa a ruptura do sistema democrático. Naquele mês, a Argentina ainda era a única "democracia do Cone Sul".

Janeiro de 1976 foi o início de uma péssima temporada de verão no Uruguai para os comerciantes e para o turismo. Eu e Stella decidimos passar uns dias no Brasil, para que ela conhecesse algumas tias minhas que moravam no Rio Grande do Sul. Durante um mês viajamos pelo estado e visitamos minha tia Sila, meus primos, a tia Landa e outros parentes.

Acho que foi nessa viagem que ela ficou grávida do Christopher e isso acelerou nosso casamento. Era a primeira vez que vivíamos um grande amor e estávamos apaixonados desde seu aniversário de 15 anos. Ela não teve medo de ficar ao meu lado depois da prisão que sofremos em 1973, e isso nos deu mais força para continuar juntos e construir uma família.

·

Quando descobrimos a gravidez, combinamos que juntos iríamos enfrentar tudo que fosse preciso, independentemente do que acontecesse.

Conversei com meu pai e disse a ele que queria casar. Ele falou que não haveria problema, que as pessoas se apaixonam, mas disse que éramos muito jovens e deveríamos esperar.

Não contei a ele que Stella estava grávida, e não entendi como ele não desconfiou. Tive que conversar com minha mãe, com quem fui bem claro sobre o que estava acontecendo.

Ela disse que falaria com meu pai e foi a primeira a me dar a maior força para continuarmos juntos, e até me cederia, caso fosse necessário, seu campo em São Borja para trabalhar na produção de soja. Então fui para aquele município conversar com meu tio Juarez, irmão de minha mãe, que ocupava o campo, e acertamos que eu talvez iniciasse o plantio naquela área.

Quando eu ainda estava lá, meu pai foi para a fazenda La Villa, em Mercedes, perto de Uruguaiana, e mandou o Arthur Dornelles me levar lá para conversarmos. Fui meio acanhado, mas assim que cheguei meu pai me abraçou e perguntou por que não lhe dei a notícia de que ele ia ser avô. Ela havia achado que a ideia do casamento era apenas fogo de palha de dois jovens apaixonados. Mas ficou muito feliz e quis que organizássemos uma cerimônia religiosa com o bispo de Maldonado e o casamento civil com um juiz de paz, na fazenda El Milagro.

Tenho orgulho de ter escolhido o mais fiel amigo de meu pai, Raul Riff, como meu padrinho de casamento.

·

Em março de 1976, fomos para a Europa. Meu pai ficou em Paris, enquanto fui a Londres por poucos dias ver as possibilidades de lá terminar os estudos. Meu pai não aceitou que eu fosse para São Borja sem ele e sem me formar. Ele já tinha decidido que era hora de sairmos da América do Sul para ampliarmos nossas possibilidades e renovarmos as esperanças de um futuro melhor.

•

Eu e Stella nos casamos em 20 de maio de 1976, envolvidos pelo calor da família em El Milagro.

Meu pai ficou muito contente com a presença das irmãs, não só da tia Sila e da tia Landa, que sempre iam ao Uruguai para visitá-lo, mas também foram a tia Maria e o tio Pombo, que estavam afastados dele havia algum tempo.

Não tivemos lua de mel. Depois da cerimônia ficamos em um hotel e no dia seguinte fomos para Buenos Aires; Londres nos esperava.

E de lá, o Brasil distante se faria presente em sonhos de liberdade e democracia.

19. Londres, a última morada do infindável exílio

Londres era uma cidade nova, principalmente para quem chegasse de uma capital da América Latina passando por um período conturbado, militarizada, sem garantias individuais, cuja sociedade estava acuada, vivendo um medo constante.

Londres nos dava a perspectiva de um novo sonho: viver em liberdade. Sem medo, sem repressão, sem a prepotência do Estado – como cidadãos de fato.

Enquanto esperávamos as equivalências curriculares que estavam tramitando no consulado britânico de Buenos Aires e iriam para Londres após tradução juramentada e despachos entre os ministérios da Educação de ambos os países, tínhamos que começar um curso de inglês, porque qualquer universidade inglesa exigia um certificado de proficiência na língua.

Passamos os dois primeiros dias em um hotel no Soho, um bairro perto do Hyde Park, até nos adaptar às novas condições. Meu primo Vivi já estava morando em Londres havia uns meses e foi a primeira pessoa que encontramos no hotel. Já havíamos morado juntos em Montevidéu e éramos muito amigos. Ele já falava mais ou menos o idioma inglês e morava em uma pousada perto do Holland Park, que foi nosso próximo abrigo depois de dois dias de hotel. Não tínhamos muito dinheiro e não fazíamos ideia de quanto teríamos que guardar para qualquer eventualidade. Tampouco sabíamos os gastos que iríamos ter para nos instalar definitivamente na nova cidade. Pagamos uma semana adiantado na pousada e fizemos contato com o curso de inglês, onde começaríamos um intensivo para aperfeiçoar o idioma e poder entrar, após uma entrevista, em uma universidade.

O curso em que nos matriculamos ficava distante da pousada, por isso tínhamos que sair cedo para pegar o metrô. Como Stella precisava de acompanhamento pré-natal, e só poderíamos usar o sistema público de saúde se tivéssemos um endereço fixo na cidade, começamos a procurar um apartamento nas cercanias do curso, nos intervalos para o almoço.

Encontramos um bom apartamento no último andar, equivalente ao sótão de uma casa grande que havia sido dividida em várias unidades. O dono era um senhor armênio que morava em Londres havia muito tempo.

A partir do segundo mês, meu pai e a família de Stella passaram a nos enviar uma pensão, que chegava a uns 1.300 dólares, o que era suficiente para pagar o aluguel e nos manter na cidade, e ainda sobrava uns trocados no fim do mês.

●

Em Londres, a saudade da família apertou meu coração e, para encurtar a distância que me separava deles, comecei a me corresponder com meu pai. Nossas cartas eram de uma doçura muito grande e estreitaram nossa afinidade como pai, filho e amigos que éramos.

Após minha primeira carta de Londres, meu pai já preocupado com a sua situação na Argentina me escrevia:

JANGO E EU, MEMÓRIAS DE UM EXÍLIO SEM VOLTA

Maldonado 2/5/76
J. Vicente – Meu bom amigo

Comecei uma carta para ti, em Buenos Aires, e ao chegar, vi que tua mãe esqueceu de pôr na maleta, pois pensava terminar em Montevidéu para enviar-te. Estou escrevendo esta, em cima da perna, pois o Pinóchio está no Jaguel [aeroporto internacional de Montevidéu], no aeroporto esperando-me para seguirmos para Tacuarembó. Serão portanto duas cartas; esta, e a que de Buenos Aires te mandarei assim que regresse. Bem, vamos ao que estou sentindo e desejo expressar-te.

Gostei imensamente de tua carta. Emocionou-me muito a tua sinceridade e o orgulho, verdadeiro orgulho que senti como pai. Orgulho que vê que meu filho, e meu amigo, rapidamente está aprendendo a lição que um novo mundo e novas perspectivas sempre nos ensinam. Te asseguro que tua carta para mim representou uma alegria imensa. A alegria de um pai, que exilado de sua pátria há mais de doze anos sente enfim o conforto e o estímulo pela posição e o comportamento de um filho que muito quer.

Sinto uma saudade tua que nem podes imaginar. Porém, em compensação sou feliz, porque sei que vais aproveitar muitíssimo em Londres.

Um mundo novo com novos horizontes, com nova concepção da vida e de seus semelhantes, vai ser utilíssimo para teu futuro. Este é o maior patrimônio que eu poderia te proporcionar!

Educação e formação... formação cultural, política e moral.

Dinheiro que poderia deixar, de nada te adiantaria... o material se perde ou se vai. Tua formação moral e intelectual ninguém te tomará, e nunca poderás perder.

Sou, portanto, João Vicente, um pai feliz.

Linda palavra e mais linda realidade.

Estou convencido de que serás um grande homem, um exemplar chefe de família e que sempre me representarás como filho e brasileiro, com dignidade e muita honra para mim, para tua mãe e Denize. *Bueno*, esteja certo que estou orgulhoso de ti e seguro que os teus estudos e o teu comportamento cada vez tornam-me mais orgulhoso ainda, e claro, mais realizado pelos sacrifícios que passei por ti e por Denize.

Um pouco de notícias que, sei, vão te agradar aí do outro lado do mundo!

Aqui... Maldonado... tudo o mesmo: Punta del Este deserto. Ontem *solamente los perros en las calles*... nada... nada... fui ao Oasis com Peruano e com Julio...O Julio, "pelos canos", sem dinheiro e sem clientela...

No inverno isto aqui é um inferno. A *fabrica de chacinados* vai reativar suas atividades na próxima semana. Tenho a impressão que vai caminhar.

Em Buenos Aires, um clima cada vez mais tenso.

Há dois dias sequestraram do Hotel e de sua residência os nossos amigos senador Michelini e deputado Gutiérrez Ruiz.

Uma monstruosidade que me leva a pensar no meu futuro na Argentina.

Estava com um negócio grande em Entre Ríos, e, em virtude destes lamentáveis acontecimentos, suspendi tudo, e estou quase decidido a não mais ampliar, naquele país minhas atividades comerciais.

Vou começar a pensar de novo.

"Aqui na América do Sul o espaço vai se tornando cada vez menor, para os idealistas que não aceitam a violência e a opressão como forma de governo..." vamos ao corriqueiro...

Tacuarembó tudo bem, Percy no fim deste mês vai se apresentar em Porto Alegre com todas as garantias policiais e militares que Azambuja lhe assegura ter conseguido.

A estância tudo bem – Marcial Terra voltou a insistir na compra... ofereceu 2 milhões de U$ e eu pedi 2 e meio. Creio que em virtude da situação argentina não vou vender. Vou esperar.

Ver o que se passa!

Tajã entreguei para os donos, dentro do programa que tracei de reduzir meus negócios, e tratar de descansar um pouco. Já me sinto velho e um pouco desanimado para novos empreendimentos. Isto ficará para ti no futuro, quando completares teus estudos e te sintas em condições de enfrentar a vida, na sua verdadeira concepção... de trabalho e de luta. Que mais João Vicente?... Outras notícias?

O mais...tudo rotina...

Tua mãe, bem – Denize, muito bem, desejando, e eu aprovo, ir para Londres junto contigo.

E Stella como vai? Estudando?... Gostando de Londres? Boa companheira?

Eu nela deposito muita confiança... me parece uma menina ajuizada e muito responsável. Que mais, João Vicente?

Aqui as mesmas caras – Tito se renegando – Alfredo cada vez mais *mugriento* – João descarregando arroz de Tacuarembó (muito boa colheita)... e falar nisto, em Mercedes, com Mario, colhemos 25 mil sacas, o que surpreendeu a todo mundo – ...e o preço foi fixado em 35 pesos o quilo (um grande negócio).

Peruano, vou levar hoje para Mercedes, e como te disse entregar-lhe a *carnicería*, para que, se puder, enfrente a vida e tente, já que não estudou, ganhar a vida pelo seu trabalho e seu esforço.

João Vicente: isto não é uma carta, apenas anotações que vou escrevendo ao correr do lápis... para atender ao teu desejo de notícias e para sentir o prazer de conversar contigo por escrito, o que nunca fiz com outras pessoas.

Portanto mais uma homenagem ao meu filho e amigo.

Maria Thereza – tenho estimulado muito para que retorne à boutique, pois quando ela não tem o que fazer, como sabes, fica extremamente nervosa.

Ontem lhe passei pelo banco um empréstimo de 12 milhões de pesos novos, para ver se ela se entusiasma e passa a viver mais tranquila. (Agora se pode passar dólar pelo valor livre, para ingresso de capital) Melhorou muito!

Chega de conversa, fica próxima pra outra...

Um abraço muito grande e muito forte de quem muito te quer,

JG

Meu pai achava que estávamos mais seguros em Londres e, no meio do ano, mandaria Denize morar conosco. A tensão e o perigo haviam aumentado na Argentina. No Uruguai o cenário também não era dos melhores. Ele não tinha mais interlocutores entre os militares uruguaios, e Ivo Magalhães, antes seu procurador no país, tinha se aliado aos milicos após a construção da represa El Palmar e abandonou Jango de vez.

Para quem era praticamente um fugitivo da violência do estado de sítio, Londres era o ápice da liberdade. Verdadeiro caldeirão multicultural e multiétnico, a cidade congregava pessoas de várias nacionalidades, estilos e crenças. Lá, roqueiros conviviam com punks e com cavalheiros ingleses vestidos de fraque, sem que isso acirrasse os ânimos de ninguém. Londres nunca deixou de ser uma cidade livre, onde cidadãos podiam circular à vontade com suas diferenças, onde a liberdade sexual era uma conquista de todos.

•

Ainda no começo de nossa estada lá, pedi ajuda a meu primo Vivi para agendar e nos acompanhar no primeiro pré-natal de Stella. Para nossa surpresa, e para constrangimento de Vivi, no meio da consulta ficamos sabendo que estávamos, na verdade, em uma clínica de aborto, que na Inglaterra é permitido por lei. Passado o susto inicial, fomos encaminhados a um obstetra próximo de onde morávamos.

Christopher às vezes me perguntava por que havia escolhido esse nome. Dei a ele o nome do obstetra que fez o parto de Stella, e acrescentei Belchior, o segundo nome de meu pai, em homenagem a ele.

•

Nossa vida ia se consolidando e o Uruguai e a Argentina ficando mais distantes.

Os ingleses, apesar de não serem expansivos como nós, *latin people*, e não gesticularem ao falar, iam ficando um pouco mais simpáticos.

Às vezes a materialização da distância se fazia presente, mesmo tentando superar a frieza dos personagens saxões.

•

A cada dia que passávamos em Londres nos acostumávamos mais àquela vida mais tranquila, tão diferente da que levávamos no exílio. É claro, sentíamos muita saudade da família, mas eu e Stella estávamos encarando bem aquela mudança.

Meu pai tinha prometido nos visitar em julho e levar Denize para morar conosco na Inglaterra. A mãe de Stella, Zulma, também estava preparando as malas para ir acompanhar o nascimento de Christopher.

A quantidade de trabalho não permitiu que meu pai viajasse em julho, mas em agosto ele foi para a Europa com Denize. Ele me ligou de Paris para dizer que já tinha chegado para seu tratamento e pediu que, se eu pudesse, fosse lá vê-lo e conversar sobre a ida de Denize para Londres.

Meu visto de estudante era válido por três meses e estava prestes a vencer. Fiquei preocupado de sair da cidade e ser barrado ao tentar voltar, mas mesmo assim fui encontrar meu pai. Lá, além de me reencontrar com ele e com Denize, revi vários amigos dele, que sempre estavam de passagem por Paris – entre outros, Pedrinho Taulois, Talarico, Jorge Otero, Ubirajara Brito e Tertuliano dos Passos. Passamos quatro dias maravilhosos. Colocamos a conversa em dia e fiquei ciente de seus planos políticos.

Meu pai estava bem. Contente e muito falante, debatendo sobre política e considerando voltar ao Brasil no ano seguinte, 1977, mesmo que resultasse em sua prisão. Ele e os amigos acreditavam que assim obrigariam a ditadura brasileira a se posicionar. Sua cassação de dez anos havia expirado, e entre alguns setores militares já se começava a falar em abertura.

Tertuliano me contou que quando ele e meu pai estavam em Madri, fizeram uma emocionante visita a Puerta de Hierro, a casa onde Perón havia passado seus dezoito anos de exílio, em uma espécie de reconhecimento, deferência e saudade. Tertuliano ficara muito tocado com aquele momento. Disse que meu pai, ao chegar em frente à casa – que estava fechada desde 1974 quando Perón faleceu na presidência da Argentina –, segurou-se nos portões e permaneceu longo tempo em silêncio, quando lhe brotaram algumas lágrimas. Em profunda introspecção disse:

– Pronto, Tertuliano, prestamos nossa homenagem. Agora, daqui em diante, cabe a nós continuarmos a luta pela liberdade democrática em nossos sofridos países latino-americanos.

No bar do velho Hotel Claridge, ele me contou que estava fazendo contatos com pessoas no Brasil. Disse que se não fosse possível voltar ainda naquele ano, ele iria passar um tempo na Europa, em Paris, para aguardar os acontecimentos políticos. Denize ainda iria com ele a Lyon, onde o professor Fremond o esperava para fazer os exames cardiológicos.

Stella e eu estávamos esperando Zulma chegar a Londres, então combinamos que eu esperaria meu pai lá após os exames em Lyon. Minha mãe também chegaria a Paris na semana seguinte e de lá iriam com Denize de carro para a Bélgica visitar um velho amigo e companheiro de lutas, Dirceu di Pasca.

Como eu imaginava, fui abordado pela imigração inglesa na chegada ao aeroporto de Londres. Quando viram que a data de vencimento de meu visto estava próxima, começaram a fazer perguntas de todo o tipo e até revistaram minha bagagem mais detidamente. Eu tinha miopia e na época usava lentes de contato gelatinosas, que deviam ser armazenadas num recipiente com pequenas pastilhas brancas de cloreto de sódio. Ao encontrarem essas pastilhas, ficaram desconfiados e me obrigaram a tirar os sapatos e as roupas para uma revista geral.

Fui liberado, mas assim que cheguei em casa pedi a carta ao curso de inglês e enviei ao departamento do governo para renovação do meu visto e do de Stella.

A viagem de Denize e meu pai se estendeu um pouco mais pela Europa e eles acabaram chegando a Londres no fim de agosto. Não pude ver minha mãe, que teve que retornar antes a Buenos Aires para cuidar do lançamento da nova coleção de sua butique.

A chegada de ambos foi uma festa. Eu e Stella fomos buscá-los em Heathrow, e pegamos um táxi na volta para casa. Meu pai ficaria em um pequeno hotel perto da Mount Avenue, aonde pudéssemos ir a pé e ficar por ali com ele. Ele não gostava nem um pouco de Londres e não ia ficar muito tempo. Mas adorava Paris, para onde voltou antes de retornar a Buenos Aires.

•

Depois de instalado no hotel, fomos para o bar conversar sobre como estavam as coisas no Uruguai, como iam seus projetos e a sua possível vinda para a Europa enquanto não lhe era favorável voltar ao Brasil, a ideia que teve de levar os militares brasileiros a prendê-lo depois do Natal. Falávamos sobre tudo, presente e futuro.

Ele precisava dar alguns telefonemas para tratar dos negócios e, entre outros, ligou para o Claudio Braga, seu procurador na Argentina. O escritório da Cibracex, empresa em que era sócio com seu amigo Orpheu dos Santos Salles, em Buenos Aires, tinha sido invadido por um grupo que entrou à força perguntando por ele. Hoje sabemos que aquela foi uma tentativa de sequestrá-lo.

Depois dos telefonemas, conversamos sobre nossa estada na Inglaterra. Meu pai falou que, apesar de não gostar de Londres, estava feliz de ter ido me visitar. Ele disse que com o tempo estava se tornando menos crítico sobre o jeito de ser dos ingleses e sua política. Comentou a respeito do governo trabalhista, que na época estava no poder, e comparou o trabalhismo de lá com o brasileiro, levando em conta as diferenças existentes entre a sociedade inglesa e a brasileira, em especial quanto à distribuição de renda. E disse que sentia saudades de São Borja, de estar entre os peões, da solidariedade e amizade que existiam entre patrões e empregados na lida diária.

– Tenho esperado muito tempo, filho, para retornar ao Brasil. Depois de tantos anos longe da minha pátria, hoje não tenho mais muita expectativa. Sinto muitas saudades de casa, mas tenha certeza de que estou analisando bem minha situação política e não vou dar aos milicos brasileiros a chance de me humilharem, caso eu decida voltar. Não vou fazer o papel do Juscelino, que se submeteu à humilhação deles após retornar ao Brasil – disse ele.

– Pai, é verdade que o Juscelino, na véspera do golpe de 1964, já apoiava tua saída do governo? Ou seja, seus correligionários até hoje não falam que essa atitude era golpista, mas foi assim mesmo, no final o PSD foi golpista?

– Tem certa hora, filho, que os aliados fogem. Ou por conjecturas políticas, ou por esperarem se beneficiar com as vantagens da crise. E isso vale tanto para os aliados da esquerda quanto para os da direita.

– Como assim, todos fogem? – perguntei.

– Há certos momentos em que cair de pé é melhor do que lutar pela preservação do poder. Eu fiz isso, inclusive na crise dos mísseis, e fui intransigente em defender a posição do Brasil, diante do que pedi ao San Tiago Dantas, na conferência de Punta del Este, que defendesse a autodeterminação dos povos, como já havia defendido na China em 1961 – ele começou a explicar. – Escrevi uma carta ao presidente Kennedy,* explicando nossa posição soberana, autônoma e livre, respeitando sempre o princípio da autodeterminação dos povos, independentemente de suas culturas. Mas nossa política externa desagradou muito os entreguistas da economia, as grandes corporações, os trustes,

---

* A carta pode ser lida na seção Apêndice. (*N. da E.*)

os bancos, os poderosos que dominavam a imprensa nacional por meio de difamações pessoais e incompreensão política, quando se defende os interesses da maioria. E a maior parte do povo brasileiro é pobre, desnutrida, desprotegida, desinformada, analfabeta e sem oportunidades de estudo. Quando surge um governo voltado para a maioria dos brasileiros, fere os privilégios dessa minoria que domina a economia e escraviza nossos trabalhadores. Por isso sempre dei força para que os trabalhadores se organizassem na luta por seus direitos, e por essa razão os militares, apoiados pelas elites nacionais, me perseguem desde quando fui ministro de Getúlio, acusando-me de querer instaurar uma república sindicalista no Brasil.

Meu pai defendia seus princípios com muita convicção. Ele continuou:

– Na política externa também temos que respeitar a soberania dos povos, independentemente de qual seja sua ideologia. A política externa de meu governo foi marcada pela independência e soberania, mas fui criticado por esses "democratas" que só defendem a democracia para manter seus privilégios. Fui tachado de comunista porque quis instituir um comércio bilateral com a China, me criticam porque restabelecemos as relações diplomáticas com a União Soviética e com a Iugoslávia para iniciar um comércio de produtos brasileiros atrás da cortina, votamos na ONU contra o colonialismo, pois é um absurdo a submissão de um povo a outro em pleno século XX.

•

Meu pai estava louco para voltar a Paris. Não que ele não quisesse ficar conosco, mas era clara sua vontade de voltar à beira do Sena, para a calçada iluminada da Ville Lumière. Isso fazia falta a ele. E, definitivamente, Londres não era um dos seus destinos preferidos.

Nos dias em que passou na Inglaterra, meu pai e eu resolvemos pendências diversas e também caminhamos bastante pelas ruas do

Centro de Londres. Andávamos pela movimentada Oxford Street, quando encontramos uma galeria que abrigava comércio diverso e onde havia tendas em que se ofereciam serviços esotéricos.

Meu pai decidiu perambular por ali. Olhava preços e os comparava. Fazia perguntas sobre aquele mercado às pessoas que vendiam bugigangas ou ilusões. Ele falava francês, mas seu inglês era bastante precário, então pedia que eu servisse de intérprete.

Acabamos encontrando a barraca de uma quiromante. Pediu que a mulher dissesse o que via nas linhas de sua mão. Fui traduzindo o que ela falava. Algo que chamou a atenção dele foi que em breve ocorreria uma mudança de casa, uma mudança muito radical. Ele ficou pensando no que aquilo podia significar e até comentou comigo:

— João Vicente, tu achas que essa mudança de casa é algo para me preocupar?

— Claro que não, pai. Só tu mesmo para ficar intrigado e pensando nisso. Tu já não disseste que, dependendo da política, antes de voltar ao Brasil queres alugar um apartamento em Paris? Vai ver que é isso, pai, a mulher acertou em cheio. Vamos ficar todos na Europa, pertinho uns dos outros.

Não demos mais importância ao fato. Já era quase de noite e ele pediu que o levasse para um lugar mais movimentado onde pudesse tomar um uísque.

— Eu não sei onde vou encontrar um lugar do estilo que tu gostas, pai. Esta cidade tem hora para tudo, até para beber.

Sorrindo, ele brincou comigo:

— Tu não sabes de nada, João Vicente. Vou te mostrar que toda essa fleuma inglesa de horário é só para inglês ver. — E tirou da carteira um endereço.

Pegamos um táxi. Meu pai tinha uma amiga brasileira, Dodora, que na época vivia em Paris, mas morara em Londres, e lhe dera o endereço de um clube.

Descemos do táxi ao chegar a um prédio bem antigo, perto do Holland Park. Na entrada, o ascensorista perguntou aonde queríamos ir.

– Ao clube do segundo andar – disse eu.

– É só para sócios – ele respondeu educadamente.

Então meu pai mandou que eu dissesse que ele tinha vindo do Brasil para jogar.

Na mesma hora o porteiro mudou o tom solene e educado e pediu para que nos dirigíssemos até o segundo andar, onde encontraríamos uma moça que conseguiria blazer e gravata para que pudéssemos entrar.

E não é que era mesmo um cassino?! Com mesas de roleta, bacará, pôquer. Havia variados tipos de jogos e muita gente. Homens jogavam e mulheres serviam a eles uísque em xícaras de chá – uma forma de burlar o limite de horário para servir bebida alcóolica, imposto aos bares ingleses.

– Viu, João Vicente? Tenho que vir de lá do Uruguai para mostrar Londres para ti. – E divertia-se, dando aquela risada gostosa de quem está se divertindo com um filho.

Ficamos umas duas horas no tal clube. Ele tomou seus uísques em xícaras de chá, jogou roleta e resolveu:

– Bom, agora vamos embora, senão tua mulher vai dizer que fui eu que te levei para o mau caminho. – E riu novamente.

Depois de três dias, meu pai voltou a Paris, cidade que tanto amava, para mais algumas reuniões com outros exilados brasileiros. Ele me prometeu retornar a Londres no fim de setembro, quando estava previsto o nascimento de meu filho.

Minhas aulas começariam em Guilford no mês de outubro. Meu inglês foi considerado suficiente e fui aprovado na entrevista.

Já haviam se passado dois meses desde que meu pai me visitara e eu aguardava seu retorno quando Christopher nascesse.

Mesmo antes do nascimento, já havíamos recebido a visita de agentes do sistema público de saúde inglês, avaliando as condições em que vivíamos e perguntando se precisaríamos de assistência e se tínhamos recursos para nos sustentar no país. Eles nos indagaram se nossas famílias nos davam ajuda financeira, quais eram nossos hábitos, se usávamos drogas e outras perguntas sobre nosso estilo de vida.

Havia uma lareira elétrica na sala de nosso apartamento para a qual deveríamos providenciar uma grade, a fim de evitar que o bebê tomasse choque. Se não tivéssemos dinheiro para fazê-lo, eles arcariam com o custo do serviço. Isso mostra que as autoridades faziam de tudo para proteger os cidadãos nascidos no país. No entanto, essas medidas não se estendiam aos pais que tivessem outras nacionalidades.

O sistema de saúde inglês também oferecia aulas aos pais que desejassem acompanhar o parto, e comecei a ir à noite a uma das dependências do Hammersmith Hospital para conhecer os procedimentos e me preparar para esse momento tão aguardado sem me assustar.

Minha mãe não pôde ir para Londres aguardar o nascimento de Christopher, mas meu pai chegou de Paris na manhã de 2 de outubro de 1976. Foi muito bom tê-lo conosco nesse momento tão especial em nossa vida. Jango morreria pouco mais de dois meses depois.

Na tarde de 4 de outubro, Stella sentiu fortes dores e chamamos uma ambulância para levá-la ao hospital. Ela foi muito bem atendida pela equipe de médicos e enfermeiras, fez os exames necessários e, como lá só recorrem à cesariana em casos extremos em que o parto normal não pode ser realizado, o obstetra lhe deu alta.

Meu pai, a mãe de Stella e minha irmã aguardavam as notícias no corredor do hospital. Ele estava muito nervoso, achava que já estavam demorando muito para fazer o parto. Mesmo sem falar inglês, ele chegou a interceptar o médico no corredor para questionar a conduta e falar de suas preocupações. Quando lhe falei que ela teria alta, porque ainda não era hora de Christopher nascer, ele disse que ligaria para o primeiro-ministro inglês de tanto nervosismo e ansiedade.

Para que não ficasse mais nervoso e tomasse qualquer atitude descontrolada no hospital, consegui convencê-lo a voltar para o hotel com Denize, enquanto eu e Zulma esperávamos Stella ter alta e retornar ao apartamento.

Nessa noite fui dormir com meu pai no hotel e pedi que Denize me ligasse caso Stella precisasse.

Era pouco mais de três da manhã do dia 6 de outubro quando Denize me ligou no hotel e avisou que a bolsa de Stella tinha estourado e que já haviam chamado uma ambulância. Fui correndo para casa para acompanhá-la ao hospital e lá combinei que ligaria para avisar do nascimento. Como a primeira ida ao hospital tinha deixado todos muito nervosos, eu não queria que isso acontecesse de novo e afetasse a equipe médica.

Já era de manhã quando me paramentei e coloquei a máscara para poder entrar na sala de parto e acompanhar o nascimento de meu filho. Acompanhei tudo ao lado de Stella, segurando sua mão, até a tarde, quando Christopher veio ao mundo.

Já no final, os médicos pediram que eu me retirasse da sala, pois o parto estava difícil e eles precisariam usar o fórceps. Fiquei apenas alguns minutos fora do quarto, e assim que ele chorou pela primeira vez, a enfermeira me chamou de volta para a sala. Nos abraçamos os três e aquele foi o momento mais mágico que já havia vivido.

Com o tempo, a vida, o destino e Deus me deram a dádiva de ter seis filhos para continuar o legado político de meu pai.

Exemplos de dignidade, altruísmo, fé, convicção, amor pelo próximo, lealdade, amor pela liberdade e pela justiça social não faltarão a meus filhos. Muito menos o amor pelo Brasil.

•

Christopher nasceu muito saudável, e no dia seguinte ele e Stella puderam ir para casa. Liguei para o hotel para avisar a meu pai que ele já poderia ir conhecer o neto. Jango estava ansioso, mas esperou Denize chegar do curso e foram os dois juntos.

O momento em que ele chegou para conhecer meu filho foi um dos mais emocionantes da minha vida. Até hoje me lembro, com os olhos cheios d'água, de seu olhar doce para mim e do nosso longo abraço.

Stella levou o Chris à sala e Jango o segurou no colo; seu olhar profundo e amoroso para o neto, como se voltasse ao passado, recordando as emoções de suas lutas e seus desafios, denunciava o novo sentimento de ser avô. Para um homem que teve uma carreira política meteórica e sofria havia 12 anos no exílio depois de ser derrubado da presidência de seu país, tenho certeza de que estar com seu neto no colo, naquele momento, foi uma realização que ainda não tinha vivido.

Aquele dia ficamos até tarde conversando lá em casa. Ele estava muito entusiasmado com a hipótese de passar uma temporada em Paris com minha mãe no fim do ano e talvez até estender sua estada e esperar de lá o desenrolar dos acontecimentos no Brasil.

No dia seguinte, fui cedo encontrá-lo no hotel. Ajudei-o a fazer as ligações para a Argentina, o Uruguai e o Brasil, a ler os jornais em inglês e a marcar sua passagem de volta para Paris dois dias depois.

Antes do embarque ele comentou mais uma vez sobre suas preocupações com o Uruguai e sua vontade de renunciar ao exílio e regressar ao Brasil. Assim ele acreditava que forçaria as autoridades uruguaias a consultar o Brasil, o que, dependendo da reação ou autorização de lhe outorgarem a residência permanente naquele país, lhe serviria de termômetro para sua volta.

Ele planejava voltar à Europa no Natal, pedir uma audiência com o papa, no começo de 1977; falar com o Ted Kennedy, nos Estados Unidos, e mostrar ao regime brasileiro e ao mundo que Jango não era o que a imprensa do Brasil lhe imputava; e de lá, anunciar seu regresso, pegar um avião e desembarcar no aeroporto do Galeão, no Rio de Janeiro. Meu pai queria correr o risco. Sua cassação de dez anos estava superada, não havia nenhuma condenação sobre ele, e com essa atitude forçaria a ditadura a prendê-lo, se fosse o caso, ou o deixariam livre para, já no Brasil, ajudar na abertura política, na anistia e no processo de redemocratização do país.

Antes de passar pelo controle aduaneiro, dei-lhe um longo abraço e pedi que cuidasse da saúde e não fumasse. Disse que o esperaria ansioso e cheio de saudades para reencontrá-lo no Natal. Ele falou para eu não me preocupar, pois já estava até pensando em fazer regime a fim de se preparar para o retorno ao Brasil.

Nós dois nos abraçamos longamente, em uma carinhosa despedida, mas naquele momento não poderia imaginar que aquela seria a última vez que eu o veria.

Depois de já ter passado pelos agentes ingleses, ele deu meia-volta e disse, com a mão no peito:

– João Vicente, meu filho! Não sei por que, mas estou sentindo uma coisa aqui no peito... Não sei por que, mas estou sentindo que não vou mais voltar aqui!

E de fato não voltou.

Aquele adeus ficou para sempre gravado em minha memória.

●

A mãe de Stella foi embora depois de nos ajudar bastante no primeiro mês de vida de Christopher. Aos poucos, fomos retomando a rotina, agora repleta de cuidados com o bebê e com muitas saudades da família e dos amigos que estavam longe.

Eu e meu pai continuamos a nos corresponder por cartas. Eu contei a ele como Christopher estava crescendo e ganhando peso, sobre meus planos para terminar o curso de agronomia e começar um de administração e tentar o ingresso na universidade no ano seguinte.

Na carta de resposta, meu pai me dizia que estava muito orgulhoso por eu me mostrar cada vez mais interessado nos estudos e em me qualificar. Disse que ia aguardar minha definição de ir ou não para lá no fim do ano para saber se ele faria outra viagem para nos visitar em Londres.

•

O dia 6 de dezembro de 1976 é muito triste para nós até hoje. Por volta das nove e meia da manhã, Denize já havia saído para o curso de inglês, quando tocou o telefone lá de casa. Era o Percy Penalvo, amigo e administrador da fazenda de Tacuarembó, ligando-me do Uruguai.

Achei estranho ele me ligar àquela hora, porque com quatro horas de diferença de fuso horário entre Londres e Montevidéu, ainda era muito cedo na capital uruguaia. Sem jeito para dar a notícia, ele foi logo falando:

– João Vicente, o dr. Jango morreu!

Na mesma hora senti o mundo desabar sobre mim e disse em voz alta, já chorando:

– Não, Percy! Não, não pode ser! O que vamos fazer?

– Te prepares que vais ter que vir para cá com Denize, Stella e teu filho!

Eu me lembro ainda de dizer a ele, atônito:

– Não quero que o enterrem no Brasil, não quero! Ele não merece ser enterrado lá com essa ditadura.

Desliguei. Gritei de raiva e de dor e fui para o quarto abraçar meu filho e Stella, que havia acordado e estava muito nervosa, que me abraçou e me deu força para levantar a cabeça. Depois disso recebi várias ligações, de minha tia Sila, de minha tia Odila Maria e de tantas outras pessoas.

Eu não podia ficar paralisado, precisava agir. Uma força interior me fortaleceu e liguei para o curso e pedi a Denize que voltasse para casa imediatamente. Não lhe dei a notícia por telefone, mas senti que ela percebeu que algo muito grave havia acontecido.

JANGO E EU, MEMÓRIAS DE UM EXÍLIO SEM VOLTA

Ainda não tínhamos passagem de volta para o Brasil, e na mesma hora me lembrei da recomendação de meu pai para obter o passaporte para Christopher no consulado brasileiro ou no uruguaio.

Peguei o meu talão de cheques e um de Denize e raspamos nossas contas no Banco de Londres, onde recebíamos nossas mesadas. Raul Riff me ligou do Rio e avisou que o Tito, seu filho e meu amigo que cursava doutorado em Oxford, estava indo para Londres nos ajudar. Enquanto o esperava, peguei o dinheiro e fui direto para o consulado, no centro da cidade, tirar o passaporte de Chris e comprar as passagens para o Brasil. Quanta ironia voltar ao Brasil após a morte de meu pai. Soube depois que a decisão de o levar para nossa terra natal tinha sido de minha mãe e me conformei.

No meio da tarde, recebi a notícia de que a ditadura brasileira não autorizaria o traslado de seu corpo. Embarcamos sem saber se o enterro seria no Brasil ou não.

Meu amigo Tito já estava em nossa casa quando voltei do centro.

Ele atendeu os telefonemas enquanto eu, Denize e Stella, muito emocionados, preparávamos a viagem. De vez em quando as lágrimas caíam e eu olhava para meu filho, buscando nele a força para lutar contra a dor e seguir em frente.

Eu pensava em Christopher, tão pequenininho e inocente, mas já enfrentando circunstâncias adversas para enterrar o avô na pátria onde não pôde nascer.

Não importavam as dificuldades, tínhamos que chegar para uma despedida que ninguém queria, mas que todos tínhamos que enfrentar.

Estávamos prontos: levávamos pouca bagagem, mas o peso da dor pela perda de meu pai era enorme. Chris ia enrolado no colo de Stella, Denize e eu abraçados no silêncio e nos passos tímidos, dávamos o último olhar para aquele que tinha sido nosso lar nos últimos meses.

•

Chegamos cedo para o voo e entrei na capela que havia em um dos corredores. Eu me ajoelhei e pedi a Deus que protegesse meu pai em sua passagem, na ida para sua nova morada. Olhei fixamente para o crucifixo que havia ao fundo e senti um calor no coração, profundamente reconfortante, para seguir minha viagem. Voltei para onde Denize e Stella estavam sentadas e, pela primeira vez, Denize me chamou atenção:

– Olha, João, o Chris está sorrindo!

•

No voo para Madri, a dor que sentíamos algumas vezes transbordava por nossos olhos. Sabíamos que o próximo encontro – e derradeiro – com nosso pai seria muito triste. Como um filme passando em minha cabeça, eu o via acenar e dizer suas últimas palavras quando nos despedimos em Londres dois meses antes, após o nascimento de meu filho. Como se pressentisse o que estava para lhe acontecer, Jango falou que não voltaria mais lá. Relembrei todos os momentos que passamos juntos naqueles últimos anos, a casa de Solymar, o Hotel Columbia, nosso apartamento na Leyenda Patria, as saídas com ele em Maldonado... Então, me dei conta de que estava em um voo para o Brasil para enterrar meu pai depois de 12 anos de exílio.

O avião da British Airways fez conexão em Madri, onde já haviam dois funcionários da Ibéria para nos conduzir imediatamente à aeronave que nos levaria à pátria amada, aonde chegaríamos sem saber o que nos esperava, se haviam ou não autorizado o traslado do corpo de meu pai após 12 anos de saudades, de lutas e de não submissão aos ditadores que o haviam deposto juntamente com a Constituição brasileira em 1964.

•

Na chegada ao aeroporto do Galeão, o agente da Polícia Federal e os encarregados da alfândega nos transmitiram seus pêsames e deram as boas-vindas ao Brasil. Pensei na ironia que era nossa família não poder retornar do exílio e agora ser bem-vinda para enterrar meu pai.

No saguão nos esperavam meu padrinho Riff, dr. Waldir e Darcy Ribeiro. Nós nos abraçamos e começamos a chorar, mas viram o Chris no colo de Stella e foi uma mistura de alegria e tristeza.

Lá já havia um avião fretado esperando para nos levar a São Borja, terra natal de meu pai. O corpo dele por trasladado por terra de Uruguaiana a São Borja, no dia anterior, e aguardavam nossa chegada para o sepultamento no jazigo da família Goulart.

Durante a viagem, fui conversando com Darcy, Riff e o dr. Waldir, e fui me acalmando, me resignando. As sábias palavras daqueles grandes amigos de meu pai, suas lembranças de Jango e o exemplo que ele deixaria para as outras gerações me consolavam. Um brasileiro que amou seu povo, que lutou e morreu por ele, que combateu seus detratores e que se tornou um grande estadista que quis mudar e reformar o Estado brasileiro com um projeto de nação.

Levamos três horas para chegar a São Borja, e o intenso tráfego aéreo na cidade em decorrência da morte de meu pai retardou um pouco nosso pouso.

A primeira pessoa que abracei quando desembarquei foi meu amigo de infância Peruano, que estava trabalhando com meu pai desde que fui morar na Inglaterra. Ele estava na fazenda La Villa, onde Jango morreu, e lhe perguntei se meu pai tinha sofrido. Peruano disse que não, que tinha sido muito rápido.

Depois disso muitas pessoas cercaram o avião e decidimos não ir imediatamente para a igreja. Minha mãe passara a noite toda no velório e estava descansando na casa de seu irmão, Juarez. Fomos até lá para vê-la, pois as saudades e a dor se misturavam e queríamos enfrentar tudo juntos.

Minha mãe nos encontrou na porta da casa de meu tio. Foi lá, ainda dilacerada pela dor de perder o marido, que ela conheceu seu primeiro neto. Num misto de tristeza e alegria, deixou que as lágrimas escorressem por seu rosto e que seu olhar se perdesse na ternura dos olhos de Christopher. Parecia estar longe dali, em algum lugar do passado, talvez no dia em que conheceu meu pai, e toda a vida que construíram juntos desde então: o namoro, o casamento, o nascimento dos filhos, a trajetória política, a presidência, o glamour, o exílio e, agora, a morte de seu fiel companheiro. Suportou lado a lado com Jango o destino que os ditadores lhe impuseram, e com altruísmo e dedicação nunca deixou abalar os princípios que sempre guiaram nossa família: o amor pelo seu povo, a liberdade e a democracia.

Milhares de pessoas foram às ruas se despedir de meu pai; a praça principal de São Borja estava lotada. Mesmo com a censura sobre a notícia da morte e a proibição de imagens, estima-se que havia mais de 30 mil pessoas nas ruas com faixas e lenços brancos para o adeus final ao conterrâneo que voltava do exílio.

Tropas do Exército haviam sido deslocadas a São Borja para reprimir qualquer manifestação. Uma vergonha.

Até poderíamos pensar na ditadura com medo de um cadáver, mas os militares não têm medo de homens, e sim de ideias. Apontam suas armas contra o livre pensamento, contra as transformações e reformas que tentam mudar ou interferir em seus interesses reacionários e entreguistas às elites, ao capital estrangeiro que defendem.

●

Depois de muita confusão, conseguimos passar pela multidão, que começou a cantar o hino nacional e a entoar o nome de Jango ao nos reconhecer. Senti minha força interior, que até então tinha me mantido de pé, fraquejar e uma profunda tristeza começou a tomar conta de mim, trazendo à tona uma profusão de lembranças e imagens antigas de meu pai, os momentos únicos que vivemos juntos, as conversas que me guiaram ao longo do caminho, as atitudes simples do dia a dia.

Seu caixão já estava com a tampa fechada e coberto com uma grande bandeira brasileira. Ele já não tinha condições de responder às enormes dúvidas que me assolavam nem como conseguiríamos viver sem ele dali para a frente. Nossas vidas agora teriam que ser reconstruídas sabendo que tínhamos o desafio de seguir em frente honrando seu nome e sua trajetória.

Essa luta continuou e nunca vai acabar. A família cresceu e Jango hoje teria a esposa, dois filhos, oito netos e cinco bisnetos. Nenhum deles deixou de se orgulhar de seu nome e seguem buscando o ideal que Jango quis para o Brasil, de reforma da sociedade, de país com justiça social, livre dos privilégios das elites dominantes, soberano, independente, solidário, digno, mais igualitário e socialista.

●

Quase sem forças, eu me agarrei ao caixão e, acreditando que ele poderia me ouvir mesmo não estando mais ali, agradeci:

– Pai, obrigado pelo que me ensinaste a respeito dos valores humanos nesses vinte e poucos anos de convivência. Obrigado pela gratidão que sempre cultivaste, principalmente quando te referias ao teu povo, a quem sempre agradeceste por te darem a chance de lutar por eles como brasileiro. Obrigado por transmitires lealdade a todos aqueles que acreditaram em tuas convicções para transformar as condições de vida dos menos favorecidos, tua lealdade com amigos e companheiros que te seguiram. Obrigado por haver inculcado em nossas vidas a importância do coletivo através da inabalável luta pela justiça social, nos mostrando que não existe um mundo justo onde a injustiça conviver com a prepotência da riqueza e dos privilégios. Obrigado por nos mostrar com equilíbrio e sensatez que a tolerância é um dos aspectos fundamentais da vida. Obrigado por nos ensinar e transmitir esse profundo amor que sempre tiveste pela liberdade ante todos os princípios. Obrigado por nos mostrar que se deve lutar até o fim e não se entregar quando os ditadores disseram que podias voltar ao Brasil e ficar confinado, mas ganhando dinheiro em tuas fazendas em São Borja, e não o fizeste pelo amor ao teu povo e a dignidade de tua luta. Obrigado, pai, por tua generosidade e teu desapego, pois foi com tua atitude de partir para o exílio que evitaste uma guerra civil entre teus irmãos brasileiros e, acima de tudo, evitaste com a renúncia do poder a integralidade territorial de nosso país. Obrigado, meu pai, por nos transmitir a solidariedade, conceito ainda pouco compreendido neste mundo. Obrigado por transmitir tua sabedoria e coragem, e com tua morte erguer a bandeira da anistia.

O longo exílio, enfim, terminou para ele, mas não acabava a luta para o Brasil.

E a luta ainda continua. Quarenta anos depois, continuamos a querer as reformas necessárias para nosso desenvolvimento.

Após alguns minutos chorando abraçado ao caixão, Maneco Leães me tirou de lá e me levou até um banco da igreja para que eu me acalmasse e voltasse à realidade.

Depois de preces e cânticos, um carro de bombeiros se posicionou do lado de fora para levar o caixão ao cemitério. Um cordão de isolamento separava o povo do caixão de meu pai. Mas no momento em que o féretro estava sendo retirado da igreja, o povo rompeu o cordão de isolamento e retirou meu pai das mãos dos militares, em uma atitude que até hoje me deixa comovido. E foi assim que o caixão de meu pai foi conduzido à sua derradeira morada: nos braços do povo brasileiro, cercado por faixas com os dizeres "Jango continuará conosco", "Anistia", contrariando a censura imposta pelo regime.

No cemitério, Pedro Simon e Tancredo Neves fizeram os últimos discursos em sua homenagem.

Três anos depois tivemos a anistia.

De meu pai conservo a memória viva de um ser humano notável, de um líder digno de sua passagem pela vida, com suas convicções inabaláveis, de um ser que humildemente venceu com persistência e resignação a prepotência de ditadores e traidores da pátria.

Ninguém que renuncia a si mesmo em nome de uma causa morre de graça. Jango foi um deles: fez da vida um exemplo, e de sua morte, a resistência.

APÊNDICE

Entrevista concedida à *República*
Zagreb, 28 de abril de 1967

Excelência,

Considerando as necessidades do mundo atual e suas tendências para a transformação, a libertação, a prosperidade e a paz, nossa Casa Editorial *Republika* dirige-se a uma centena de personalidades, as mais marcantes – condutores de povos, homens de Estado e políticos –, com o propósito de pedir sua aquiescência em responder às perguntas que dirão da natureza, indulgência e do papel de sua pessoa e servirão para elucidar aspectos do mundo atual. Elas refletirão, igualmente, as tendências de nossa época em seu avanço para o futuro, uma vez que, pessoalmente e pela amplitude de sua ação, vós sois um dos criadores de nosso tempo assim como do porvir.

Nossa editora se dispõe a reunir numa publicação especial as respostas a essas perguntas e divulgá-las nas principais línguas do mundo.

Estamos convencidos de que, dado o nobre caráter desta tarefa, V. Exa. se prontificará a conferir-lhe alta atenção.

Em consequência, nós lhe pedimos a gentileza de fazer chegar suas respostas num prazo de sessenta dias.

Temos a honra de exprimir antecipadamente nossos agradecimentos e nosso reconhecimento mais profundo.

Emanuel Mickovis-Soko/Redator-chefe e redator responsável
À Sua Excelência senhor João Goulart – Montevidéu

1. Em sua opinião, qual é o papel fundamental de uma nação/ no que ela foi no passado, no que é no presente e no que deve ser no futuro?

A nação, como comunidade humana individualizada por sua história comum e por suas aspirações compartilhadas, é um quadro dentro do qual um povo vive seu destino. Seus papéis fundamentais são:

— integrar seu povo num Estado soberano em face de todos os demais e definir um projeto próprio de desenvolvimento que o coloque na vanguarda do progresso humano;
— unificar seu povo numa cultura nacional autêntica que reflita sua experiência do passado e o motive à plena realização de suas potencialidades;
— tornar toda a sua população capaz de fazer-se herdeira do patrimônio intelectual, científico e artístico da humanidade para enriquecê-lo com sua própria criatividade.

2. Qual foi o momento mais dramático e mais determinante de sua vida? Como, quando e onde se deu?

Ano, 1961. Local: Cingapura, a bordo de um avião. Vinha da China, aonde fui em visita oficial como vice-presidente da República, quando recebi, lá, a notícia de que o presidente Jânio Quadros havia renunciado e, portanto, me cumpria assumir imediatamente o governo constitucional do Brasil. Colocado do outro lado do mundo, capacitei-me das responsabilidades que, desde aquela hora, assumia. Veio-me à memória a figura de Getúlio Vargas, o grande líder político que tanta influência exerceu em minha formação. Eu o via morto, após o suicídio, e recordava a carta-testamento que ele me havia confiado horas antes, num envelope fechado. Suas palavras voltaram-me à mente:

> [...] as forças e os interesses contra o povo coordenam-se novamente e se desencadeiam sobre mim. Não acusam, insultam; não me combatem, caluniam.
>
> Precisam sufocar a minha voz e impedir minha ação, para que eu não continue a defender, como sempre defendi, o povo e principalmente os humildes. Sigo o destino que me é imposto.
>
> [...] A campanha subterrânea dos grupos internacionais aliou-se às dos grupos nacionais revoltados contra o regime de garantia do trabalho.
>
> [...] os lucros das empresas estrangeiras alcançavam até 500% ao ano. Nas declarações dos valores do que importávamos existiam fraudes constatadas de mais de cem milhões de dólares ao ano.
>
> [...] Lutei contra a espoliação do Brasil. Lutei contra a espoliação do povo. Tenho lutado de peito aberto. O ódio, a infâmia, a calúnia não abateram meu ânimo. Eu vos dei a minha vida, agora ofereço a minha morte.
>
> [...] Meu sacrifício vos manterá unidos e meu nome será vossa bandeira de luta.
>
> [...] E aos que pensam que me derrotaram, respondo com minha vitória. Era escravo do povo e hoje me liberto para a vida eterna. Mas esse povo de quem fui escravo não mais será escravo de ninguém. Meu sacrifício ficará para sempre em sua alma e meu sangue será o preço de seu resgate.

Senti, então, dramaticamente o peso da responsabilidade de governar o Brasil que recaía sobre mim. No governo me cumpriria levar avante, a qualquer custo, a obra em que ele tanto se empenhara e pela qual fora abatido. Meditei muitas vezes sobre as dificuldades que teria que enfrentar um governo fiel às aspirações do povo brasileiro. Primeiro, libertar o Brasil da espoliação das empresas estrangeiras que sugam os recursos e as energias nacionais e o condenam a uma posição subalterna entre as nações. Segundo, assegurar às camadas assalariadas as condições de defesa de seus salários, degradados pela inflação. Terceiro, integrar ao corpo da nação a metade dela que vive marginalizada, sem condições mínimas de satisfazer suas necessidades mais elementares e de exercer seus direitos de cidadania.

Refleti longamente sobre esses problemas cruciais do Brasil. Cumpria-me, agora, colocar em prática as reformas indispensáveis para lhes dar a devida solução. Ao primeiro problema, estancando a sangria dos recursos nacionais e dos frutos do trabalho do povo brasileiro por parte das empresas estrangeiras, e levando a cabo um programa de desenvolvimento que permitisse ao Brasil realizar as potencialidades de seu enorme patrimônio de recursos naturais e de sua população de 80 milhões de habitantes. Ao segundo, garantindo a liberdade sindical e igualdade de tratamento a patrões e empregados. Ao terceiro, mobilizando a opinião pública nacional para a necessidade imperativa das reformas de base, em especial a agrária, fazendo aumentar o número de proprietários rurais de 2 para 10 milhões e, desse modo, ensejando condições de progresso econômico, de ascensão social e de liberdade às massas camponesas do Brasil.

Voando para a Europa, eu procurava medir a complexidade e a imperatividade desse programa e, também, a soma imensa de interesses investidos que deveria enfrentar. Sabia, entretanto, que essa era a minha missão e só ela justificaria o exercício do poder.

Aquela meditação esteve sempre presente e no curso de minha ação presidencial. Em 1964 perdemos uma batalha contra as forças que lucram com o atraso do Brasil. Mas ainda agora, no exílio, essas mesmas bandeiras é que me motivam para a luta.

3. O que pensa dos movimentos morais, éticos, políticos e das tendências econômico-sociais do mundo atual?

Quatro são, ao meu juízo, os movimentos cruciais de nosso tempo no plano moral, ético, político e socioeconômico.

Primeiro, no plano moral, o movimento ecumênico lançado pelo Santo Padre João XXIII de confraternização da cristandade e de seu congraçamento com todas as comunidades religiosas e espirituais com o objetivo de fazê-las assumir responsabilidades explícitas e militantes na luta contra a guerra, contra a fome, contra a opressão, contra a exploração econômica, contra o obscurantismo e a injustiça.

Segundo, no plano ético, os movimentos inconformistas que reúnem os cidadãos mais lúcidos de cada país em campanhas de solidariedade ativa para com os povos que sofrem agressões por parte dos que insistem em impedir que eles optem pelo caminho que lhes parece mais propício a satisfazer suas aspirações; de apoio aos grupos sociais que lutam por reformas estruturais destinadas a minorar as condições de miséria em que se debatem quatro quintas partes da humanidade; de estímulo e de apoio às minorias raciais que lutam contra todas as formas de dominação e de discriminação.

Terceiro, no plano político, os movimentos renovadores que encarnam a luta das camadas mais humildes contra os sistemas montados para servir a minorias dominantes que, na obsessão de eternizar seus privilégios, condenam seus povos à dependência, ao atraso e à miséria.

Quarto, no plano socioeconômico, a luta dos povos ainda imersos na exploração colonial, contra a sua dominação; e a dos povos submetidos à espoliação neocolonial, como os da América Latina, contra a conjuntura montada internacionalmente para perpetuar sua condição de dependência, para negar-lhes o direito de comandar seu destino e para se apropriarem do produto de seu trabalho e de suas riquezas.

4. Qual deveria ser o aspecto do mundo em que hoje vivemos?

Deveria ser o oposto do que ainda é, com sua bipartição entre povos super-ricos e povos superpobres, em que são os pobres que sustentam os ricos. E o oposto disso será o amadurecimento da nova civilização humana que se anuncia. Ela será não apenas ocidental e nem mesmo policêntrica, mas ecumênica, unificadora e solidária. Será capaz de fazer mais felizes todos os povos e de reunir todos os homens numa comunidade que, embora diversificada, possa ser harmoniosa.

Uma marcha longa e penosa separa esses dois mundos e divide a humanidade em dois campos e pensamentos opostos: as minorias que querem reter o mundo tal como é, porque dele se beneficiam; e as avassaladoras maiorias, que só alcançarão condições mínimas de expressão da dignidade humana na nova civilização. Essas multidões resilientes e passivas já começam a tomar consciência das causas de sua miséria e a agir para combatê-las. À sua frente está uma vanguarda de novo tipo que representa, no mundo moderno, a encarnação dos ideais humanísticos de todos os tempos. Nas nações mais avançadas, essa vanguarda é formada pelos que se salvaram da indiferença e do egoísmo, encontrando um sentido nobre para a existência como a geração destinada a despertar seus povos para a empresa do entendimento e da confraternização humana. Nas áreas subdesenvolvidas, essa vanguarda é representada pelos que não se deixam degradar pelo conformismo nem se corromper por interesses mesquinhos, e se colocam à frente de seus povos como pregadores do inconformismo e como militantes da reordenação social necessária para o desenvolvimento. A luta dessas vanguardas dignifica nossa geração e a aproxima de gerações futuras.

5. Como imagina o futuro do mundo à luz do desenvolvimento científico e técnico?

Estamos vivendo, provavelmente, a antevéspera de uma nova revolução tecnológica que tem poderes ainda maiores de transformação do modo de ser e de viver dos povos do que a Revolução Industrial. Essa nova revolução técnica e científica dará ao homem potencialidades praticamente ilimitadas de destruição, de exercício de despotismo político, de conformação da opinião pública e, até mesmo, de modelar as personalidades humanas e redefinir os valores que os povos cultuam. Mas lhe conferirá potencialidades igualmente ilimitadas de edificação e de fartura, de emancipação política e de florescimento da criatividade humana.

Nos dois últimos séculos, vimos como a Revolução Industrial transfigurou todos os povos do mundo, fazendo-os experimentar enormes progressos, também, virtualidades a interesses particularistas situou no papel de potências superpoderosas, a umas poucas nações, e a todas as outras condenou à condição de áreas de exploração colonial ou neocolonial. Estas últimas só conheceram alguns dos frutos das novas tecnologias e, para obtê-los, foram despojadas de sua autonomia cultural, de sua liberdade e soberania.

A nova revolução tecnológica pode avançar também pelo mesmo caminho "desigualitário" e espoliativo que conduz ao progresso parcial dos povos atrasados e ao superdesenvolvimento dos povos opulentos. Mas pode, por igual, avançar pela via oposta, integrando a humanidade inteira num corpo de uma nova civilização, afinal unificada e solidária, que permitirá a todos os povos participar autonomamente do patrimônio comum do saber e dos produtos de sua aplicação aos processos produtivos, aos serviços sanitários, educacionais e culturais.

Os povos opulentos, que só têm olhos para sua autoafirmação como potências, atuam no sentido de induzir a humanidade ao caminho da modernidade reflexa e parcial, que importará na perpetuação do subdesenvolvimento, da penúria e da opressão. E o fazem mediante a dominação econômica dos povos atrasados, da manutenção do sistema mundial de intercâmbio que só a eles beneficia, do desencadeamento de guerras, da conspiração, do intervencionismo e do estímulo e subsídio aos golpes de Estado.

Atuam no sentido oposto, o do avanço da nova civilização humana, todos os homens e grupos sociais que lutam no terreno sindical contra a exploração econômica; no intelectual, contra o obscurantismo; e no político, contra a opressão e o despotismo. Em sua fraqueza aparente, são eles os construtores do futuro que refarão as bases das relações sociais dentro de cada sociedade e renovarão, no âmbito internacional, as formas de convívio entre os povos. Paradoxalmente, os povos mais explorados do mundo e os setores mais humilhados de cada sociedade são os vanguardeiros da nova civilização que libertará os seus próprios opressores e lhes permitirá fundar sua prosperidade futura, não mais na espoliação e na guerra, mas em novas formas de intercâmbio, mutuamente satisfatórias, com todos os povos.

•

Carta 1 – De Jango ao *Jornal do Brasil*

No exílio, desde 4 de abril de 1964, longe da Pátria, dos que não esqueço, cujos sofrimentos, e lutas, e esperanças acompanho, solidário, em cada um dos dias de meu longo isolamento, atendo, com satisfação, ao convite do *JB*, que, hoje, me quis presente, entre outros, na edição comemorativa da data maior da nacionalidade.

Como chefe da nação e do governo, a noção de independência nacional constituiu, para mim, a preocupação absorvente e, direi mesmo, obsessiva.

Cada pessoa da administração, quando se trata da rotina simples, mas de adoção de medidas e providências essenciais ao progresso econômico e social do Brasil, é um convite obrigatório à reflexão em torno da independência, seu conteúdo real, os compromissos que impõe, os deveres que convoca, a altivez serena mas inarredável que deve nortear-lhe o exercício, a resistência às pressões, na maioria das vezes dissimuladas, e oriundas das forças poderosas externas e internas, e pretenderam limitá-la, esvaziá-la. É bem por isso que a independência efetiva, portanto necessariamente econômica, ainda é a luta enorme do nosso tempo, o desafio grandioso, e sofrido, das gerações de hoje.

Um dia, com o sacrifício da própria vida, em carta-testamento memorável, o presidente Getúlio Vargas denunciou-lhe os inimigos.

E a história, incorporando-o ao rol das grandes figuras da nacionalidade, ainda reserva muitas de suas páginas, neste capítulo da Independência, para todos quantos, inconformados e pertinazes, se dispõem a construir um país livre, próspero, autônomo, generoso da velha e constante aspiração popular.

Independência e emancipação econômica; desenvolvimento; reformas sociais; liberdades democráticas – esses foram, durante todo o meu governo, os objetivos e as ideias que o comandaram.

Em meio às tensões dos conflitos de poderes internacionais, o Brasil se situou, intransigentemente, pela preservação da paz, apoiando a política de coexistência pacífica dos Estados e dos povos, na convicção de que o isolamento físico, ou ideológico, conduziria à guerra, instrumento abominável e, afinal, ultrapassado de afirmação política.

Com efeito, o controle tecnológico das armas atômicas e dos foguetes intercontinentais, pelas duas superpotências do globo, tornara a guerra mundial obsoleta.

Por outro lado, a bipolaridade que ameaçara o mundo, estimulada pela teoria alienada das fronteiras ideológicas, haveria de reservar para todos nós – nações não atômicas – o triste destino de caudatários passivos de chefias externas.

Defendi, assim, a política da coexistência, e a pratiquei, de conhecimento recíproco dos povos, dos contatos seguidos, que não significa abdicação da filosofia de vida ou dos critérios de organização social, política, econômica e jurídica de cada povo.

Dentro desses pressupostos, meu governo decretou o reatamento das relações diplomáticas com a União Soviética e com os Estados do Leste Europeu.

Ficamos contrários à política do isolamento de Cuba e à sua expulsão da Organização dos Estados Americanos.

Quisemos respeito à soberania da nação cubana e sugerimos a negociação de um acordo, que a intransigência dominante recusou, pelo qual, de um lado, respeitar-se-ia Cuba na comunidade interamericana e preservar-se-ia seu território da invasão externa; e de outro lado Cuba não participaria do bloco militar soviético.

Predominou a linha maniqueísta e intolerante, que nos mostra as atuais viagens do presidente Nixon a Pequim e a Moscou.

Pregamos e quisemos o respeito inarredável aos princípios políticos e jurídicos da "não intervenção" de um Estado nos negócios de outro e da defesa da "autodeterminação dos povos".

Queremos princípios que protejam as nações menos ricas, que eliminem o abuso do poder e a hegemonia da força na convivência internacional.

O enfraquecimento da solidariedade e esses princípios permitiu, entre outros, os episódios lamentáveis da invasão da República Dominicana pelos Estados Unidos em 1965, e da Tchecoslováquia pela União Soviética em 1968.

Como política econômica exterior, decidimos abrir os portos do Brasil ao mundo inteiro, vale dizer, ampliar sem restrições o mercado externo, pretendendo identificá-lo com nossos clientes habituais da América do Norte e da Europa, mas alargando-o, corajosa e necessariamente, na direção das nações irmãs da América Latina e, igualmente, dos países socialistas do mundo.

Nesse sentido trocamos missões comerciais com a China continental, visando à potencialidade de seu mercado de setecentos milhões de habitantes.

Durante a Primeira Conferência Internacional de Comércio, da ONU, inaugurada com tantas esperanças, em março de 1964, o Brasil pregou, enquanto durou meu governo, a vigorosa e ativa solidariedade das nações não desenvolvidas, exportadoras predominantemente de produtos primários, e condenou a então, e ainda agora, vigente divisão internacional do trabalho, que beneficia as nações ricas e espolia, incessantemente, a maioria dos povos.

Condenamos, como governo e como nação, por fidelidade e compromissos históricos do Brasil, de ordem ética e, igualmente, de ordem econômica, o colonialismo existente, ostensivo ou mascarado. E por isso, na política de ajuda externa e cooperação internacional, acentuamos nossa preferência pelo instrumento de acordos multilaterais e insistimos na hipótese de convênios bilaterais, pela adoção de regras que preservassem a independência e soberania dos países objeto de ajuda, sobretudo para que eles próprios formulassem seus planos de desenvolvimento, escolhessem o caminho de sua conveniência e controlassem as decisões a tomar.

Na política interna, nossa preocupação fundamental situou-se, de um lado, no compromisso de assegurar o desenvolvimento econômico em benefício de todos os brasileiros e não, absolutamente, das minorias privilegiadas; de outro lado, assegurar o exercício pleno das liberdades democráticas e dos direitos da pessoa humana.

Assumi a presidência ao fim de uma grave crise de ordem constitucional, produzida pela intolerância de poucos, que a firme determinação de muitos dominou, para manter a ordem pública e as aspirações nacionais.

A pressão inflacionária desencadeada; o ritmo dos investimentos públicos reduzidos pelas medidas decretadas, no semestre anterior, que suprimiram a utilização dos recursos oriundos das contas dos ágios exigiam que o presidente controlasse, responsavelmente, os poderes legítimos que a Constituição lhe outorgava.

Entenderam de podá-los, para que a nação os restaurasse, mais de um ano depois, pelo sufrágio popular.

Mantivemos inalterados os propósitos de travar a luta pelo desenvolvimento, em benefício de todos.

Nenhuma nação é grande – pouco importam números estáticos – enquanto a maioria do povo padece na doença, no analfabetismo, na penúria, na fome. O desenvolvimento, nos nossos dias, com a tecnologia de nosso século, se mede, sobretudo, pelos padrões de bem-estar da população, pelo consumo de bens essenciais à vida e ao trabalho, e não dos bens supérfluos e sofisticados acessíveis, apenas, às minorias.

Esses propósitos nos ditaram as duas atitudes políticas essenciais, que eu sabia iriam mobilizar, contra meu governo, forças poderosas de oposição.

A primeira, concentrada na defesa da economia nacional e na preservação do controle nacional das decisões econômicas. O Estado brasileiro, com os trabalhadores, e o empresariado nacional, e as Forças Armadas, e a juventude, e seus intelectuais, e seus políticos, comandaria o desenvolvimento, a partir dos interesses do povo. Decretamos, então, esgotando os poderes de que dispúnhamos, a disciplina dos investimentos de capital estrangeiro e o controle da remessa de lucros para o exterior, de forma a impedir a sangria incessante e crônica do esforço nacional; decretamos, para fortalecer a Petrobras, instrumento fundamental da emancipação econômica, conquistado nas ruas com o povo, o monopólio das importações de óleo, que impediria a fraude em divisas dos sub e sobrefaturamentos e, igualmente, o monopólio do refino, suprimindo privilégios e robustecendo a grande empresa brasileira; no meu governo foi criada a Eletrobras, para dirigir a política de produção e distribuição de energia elétrica e da uniformização do regime de tarifas; decretamos a revogação de concessões, para exploração das riquezas minerais do país, altamente danosas ao interesse nacional. Nenhuma calúnia nessas oportunidades me foi poupada. Era toda uma estratégia visando a assegurar ao Estado brasileiro e às forças econômicas nacionais o comando de seu próprio desenvolvimento.

A segunda identificou-se no programa de "reformas de base", conduzido em meio à polêmica e ao debate, que as liberdades democráticas, respeitadas, estimulam e protegem. O censo de 1960 já nos revelava um grau de desigualdade social no Brasil que nos era humilhante e, ademais, incompatível com o sentimento cristão de justiça social e com o próprio desenvolvimento econômico em longo prazo. Meu governo, garantindo intransigentemente as liberdades e os direitos do homem, assegurava o direito dos trabalhadores de organizar-se, nos seus sindicatos, e de defender o salário real, inclusive pelo instrumento da greve, como nas grandes nações civilizadas do mundo. No meu governo, instituímos o salário-mínimo, como um direito indispensável para nossos trabalhadores brasileiros, não sendo tampouco poupado pelas elites dominantes da calúnia de querer quebrar a economia da nação.

O mercado interno, entretanto, continuava estreito e a indústria de substituições de importações começava a estrangular-se no consumo restrito. Era indispensável incorporar ao mercado brasileiro de bens industriais a população em seu todo, promovida a integração nacional, pela qual todos os brasileiros têm acesso ao trabalho e são, por ele, justamente remunerados, e com o qual o desequilíbrio regional, que angustia e divide a nação, deveria atenuar suas cores infamantes, até encontrar a harmonia relativa que o Plano Trienal do governo indicava.

Em face da realidade rural, anacrônica e antieconômica, propusemos a reforma agrária, sob o princípio de "a ninguém é lícito manter a terra improdutiva, por força do direito de propriedade". Decretamos a desapropriação de latifúndios improdutivos ao longo dos grandes eixos rodoviários e ferroviários; quisemos a desapropriação por interesse social, mediante pagamento de títulos públicos da União, de valor reajustável, resgatáveis em dez anos; e a obrigatoriedade da produção de gêneros alimentícios, em parcelas de terra definidas, inclusive nas áreas ocupadas pela monocultura e com pecuária; e, igualmente, novas regras para o preço do arrendamento, do aforamento, da parceria, ou de qualquer outra forma de locação agrícola, de modo a elevar, com o salário mínimo rural, o poder de compra das populações do campo.

Na defesa da economia urbana, decretamos a limitação dos aluguéis, amparando as famílias mais modestas; o controle dos preços dos remédios, dos tecidos, dos calçados, das matrículas escolares e dos livros didáticos.

Intensificamos, como nunca anteriormente, o ritmo da educação popular, para vencer o analfabetismo esterilizador, difundido por todo o país, os movimentos de educação de base, com o apoio inestimável da Igreja.

Definimos a reforma da universidade, para que se tornasse o grande laboratório do pensamento livre e das pesquisas científicas nacionais, assegurando-lhe a autonomia indispensável e preservando-a da irresponsabilidade das cátedras incompetentes, protegidas pela vitaliciedade.

No processo político da vida nacional, insistimos na participação ativa de todos os brasileiros, pregando a supressão do voto restrito e querendo a instituição do sufrágio universal, direto e secreto, assegurado como direito e como dever aos analfabetos e aos militares.

Propusemos a reforma constitucional da norma de "indelegabilidade" legislativa, inconveniente ao Estado moderno, para consentir na delegação de poderes, e assim fortalecer o Executivo, tornando-o capaz de liderar, sob a vigorosa fiscalização de um Congresso livre, a vida econômica e administrativa da nação.

Pleiteamos, por fim, que nos instantes de impasse político, gerado por antagonismos irredutíveis entre os poderes Legislativo e Executivo, fosse facultado a um, como ao outro, institucionalmente, sem quebra da ordem legal, dirigir-se à nação e, por intermédio do plebiscito, ouvir-lhe a voz decisiva nas questões fundamentais da reforma constitucional.

Mais de oito anos decorridos dessa pregação, e de nossa luta obstinada, a que a história fará justiça, sem nenhum ressentimento, constato, apenas com tristeza, que os grandes problemas nacionais permanecem os do meu tempo, agravados apenas pela circunstância de os ricos, no meu país, se tornaram mais ricos e os pobres, cada vez mais pobres.

Carta 2 – Ao *Jornal do Brasil*

Exilado de minha pátria, não será nesta oportunidade que o *Jornal do Brasil* me propicia que irei opinar sobre o que se fez – ou não se fez – no Brasil, desde que o deixei, há oito anos e meio, em 4 de abril de 1964. Tendo em vista a brevidade deste depoimento, só falarei a respeito das diretrizes gerais percorridas por meu país nos dias em que exerci constitucionalmente a Presidência da República, pela vontade livre do povo.

Neste 7 de setembro do Sesquicentenário, lembro-me com emoção que foi também em um 7 de setembro, em 1961, que fui convocado a assumir a chefia do Estado brasileiro, na véspera do regresso de uma viagem oficial à China continental e à União Soviética. Minha posse ocorreu sob um regime parlamentarista votado às pressas, como saída de emergência para a grave crise em que se debatia o país, gerada pelo então presidente da República.

Recordo que os obstáculos levantados contra minha investidura constitucional tiveram origem, entre outros, principalmente no fato de haver realizado aquelas viagens, que os acontecimentos de hoje revelam sua inspiração percussora. Aceitei assumir com meu mandato mutilado para poupar a nação de dias mais dramáticos e intranquilos, suscetíveis de agredir ainda mais a ordem constitucional. Entendia, então, que a fórmula era inviável, por motivos que apontei ao dirigir--me à nação pela primeira vez como chefe de Estado. Minha convicção tanto se identificava com a realidade nacional que o povo brasileiro, consultado em histórico plebiscito, repudiou a solução engendrada, numa significativa manifestação de maturidade política.

Subi o Palácio da Alvorada, apoiado no povo, empunhando a bandeira nacionalista do imortal presidente Getúlio Vargas. Entendia, como entendo ainda hoje, que o exercício do governo é um ato permanente de afirmação da independência nacional. Dessa forma, condicionando a independência à emancipação econômica, a emancipação econômica ao desenvolvimento, o desenvolvimento às reformas sociais, e estas à manutenção das liberdades democráticas fundaram-se os objetivos e as ideias básicas de meu governo. A história não incluirá meu governo entre os que porventura hajam faltado ao respeito às liberdades fundamentais.

Inspirado nas denúncias da carta-testamento de Vargas, empenhei-me na luta pacífica e democrática para deter o processo de espoliação do país e para a instauração de uma ampla e efetiva política de justiça social. Todas as campanhas que desenvolvi nesse sentido foram realizadas com a lei e com o povo. A soberania e a independência dos poderes da República permaneceram sempre invioladas e invioláveis, mesmo nos momentos mais difíceis. Nunca houve um ato de meu governo que não pudesse ser levado ao exame dos juízes, cujas sentenças e prerrogativas, ao longo de todas as gradações do Poder Judiciário, até o Supremo Tribunal, foram sempre respeitadas e acatadas.

Os direitos do povo foram respeitados em toda a sua plenitude e extensão. Assegurou-se a todos os trabalhadores e empregadores, aos profissionais de todos os níveis, a livre organização de seus sindicatos, na defesa de todos os seus direitos legais. A presença das organizações sindicais nas sociedades democráticas, longe de pôr em risco a segurança nacional, representa a melhor de suas garantias, na medida em que assegura a justiça social e o reajustamento pacífico das disputas entre o capital e o trabalho.

E quero lembrar que minha política de flexível e justa revisão de salários, pela qual me haverão criticado poderosos grupos econômicos sem espírito público e sem sensibilidade patriótica, foi sempre a resultante dos livres debates e acordos alcançados por essas entidades de classe.

Com a manutenção dos poderes institucionais e dos direitos humanos de todos os brasileiros, cuidou-se de dar continuidade à obra administrativa, conforme registram, inclusive, as mensagens ao Congresso Nacional.

Criados o Plano Trienal e o Ministério do Planejamento, iniciou-se o esforço para implantar, em termos nacionais, uma concepção orgânica e estratégica como sistema de governo. A indústria nacional desenvolveu-se em ritmo normal, acelerando-se, particularmente, a fabricação de tratores, máquinas agrícolas e rodoviárias, a siderurgia, a começar por Volta Redonda – obra do presidente Vargas –, recebeu impulso extraordinário, que proporcionou excepcional crescimento da indústria automobilística, beneficiando ainda numerosos outros setores de importância vital no processo de afirmação econômica do país.

O campo da energia elétrica assinalou-se, no meu governo, pela efetiva implantação da Eletrobras, que elevou nossa produção de quilowatts, assegurando os recursos financeiros e a infraestrutura indispensáveis a que o país atingisse, em 1970, a capacidade de 13 milhões e quinhentos mil. Meu governo deixou ultimados com a nobre República do Paraguai, para o aproveitamento do potencial de Sete Quedas, projeto pronto com uma produção de 10 milhões de quilowatts. Foram inauguradas, ampliadas ou consolidadas numerosas hidrelétricas, em todo o país, de Jupiá a Paulo Afonso e Charqueadas, dando continuidade, também, aos programas de governos anteriores.

O Nordeste foi objeto de ação especial do governo, incondicional-mente solidário que sempre fui com mais de 30 milhões de irmãos brasileiros que ali vivem e sofrem. As verbas para a Sudene, de 1962 a 1963, foram quadriplicadas, com o apoio do Congresso Nacional e, muitas vezes, graças às iniciativas dos parlamentares da região. Em relação à dotação do órgão em 1962, a previsão, para o final de meu mandato constitucional, era a de que atingiria um total dez vezes maior. Procurei imprimir homogeneidade ao desenvolvimento nacional, de maneira a evitar concentrações setoriais da renda e do Produto Interno Bruto, responsáveis pelos grandes desníveis que, estes sim, ameaçam a segurança nacional.

Essas distorções, ainda hoje confirmadas pelos recenseamentos oficiais, aprofundam-se cada vez mais, mergulhando a maior parte do povo na doença, no analfabetismo, na penúria e na fome.

Acredito que o desenvolvimento, em nossos dias, se mede sobretudo pelos padrões de bem-estar da população, ou seja, pelo consumo dos bens essenciais à vida e ao trabalho, e não somente pelo volume de suas riquezas (produção, PIB etc.), que cada vez mais enriquecem os grupos econômicos com o empobrecimento cada vez maior de seu povo.

Essas posições ditaram as atitudes políticas fundamentais de meu governo, concentrado no controle nacional das decisões econômicas. Essa política nacionalista e desenvolvimentista desaguaria na Petrobras e na Siderúrgica Nacional, no governo de Vargas, e na Eletrobras e na Embratel, em meu governo. Para efetuá-la e distribuir melhor a riqueza nacional, mobilizaram-se povo e governo, na promoção de reformas das estruturas já superadas e enraizadas em privilégios ou interesses antinacionais, internos e externos.

Nos limites dos poderes de que dispunha, não obstante o pouco tempo em que exerci a presidência da República, meu governo, sem preconceitos aos investimentos externos que realmente colaboram com o desenvolvimento independente, decretou a disciplina dos investimentos de capital estrangeiro e o controle das remessas de lucro para o exterior, de modo a impedir a sangria incessante e crônica do esforço nacional. Essa sangria foi denunciada, em 1964, pelo secretário da Conferência Mundial de Desenvolvimento da ONU, realizada em Genebra, em cujo relatório oficial se declara:

> [...] no período de 1950 a 1961, os capitais estrangeiros investidos na América Latina subiram a 9 bilhões e 600 milhões de dólares, enquanto as somas que dali retornaram aos países emprestadores subiram a 13 bilhões e 400 milhões de dólares. A América Latina, portanto, é que emprestou aos países ricos. A soma desses empréstimos aos países ricos elevou-se a 3 bilhões e 800 milhões de dólares. Acrescentadas as perdas com a diminuição dos preços das matérias-primas, enquanto subiram, paralelamente, os preços dos produtos importados, o prejuízo sofrido, no período, eleva-se a 10 bilhões e 100 milhões de dólares. Assim, verifica-se que, na realidade, a exportação de dólares foi de 13 bilhões e 900 milhões.

A cota mais cruel foi paga pelo Brasil.

Outra preocupação fundamental de meu governo foram as reformas de base, que tantas incompreensões suscitaram nos setores mais radicais da esquerda e da direita. Em face de uma realidade rural anacrônica e antieconômica, foi proposta a reforma agrária, sob o princípio de que "a ninguém é lícito manter a terra improdutiva, por força do direito de propriedade". Foi decretada a desapropriação de latifúndios improdutivos, e por interesse social, mediante pagamento de títulos públicos da União, de valor reajustável, resgatáveis em dez anos. Institui-se a obrigatoriedade de produção de gêneros alimentícios, em parcelas de terra definidas, inclusive nas áreas ocupadas com a monocultura e com a pecuária. Baixaram-se novos critérios para o preço do arrendamento, do aforamento, da parceria ou de qualquer outra forma de locação agrícola, de modo a elevar, com o salário-mínimo rural, o poder de compra das populações do campo. Visando também à consecução desse objetivo, meu governo estimulou a criação de sindicatos rurais, de forma a propiciar aos trabalhadores do campo os meios adequados para a reivindicação dos seus direitos, e estabeleceu-se o controle de preços dos medicamentos.

Na defesa da economia urbana, foi decretada a regulamentação dos aluguéis, amparando as famílias mais modestas, e estabeleceu-se o controle de preços dos medicamentos, dos tecidos populares, dos calçados e das matrículas escolares e dos livros didáticos, medida em defesa das classes médias e pobres.

Dinamizou-se também a instrução pública, deflagrou-se uma campanha de alfabetização com processos hoje adotados em vários países, para a educação de base. As manifestações da arte, do pensamento e da opinião, através da imprensa e das obras de escritores e artistas, foram sempre respeitadas. A universidade foi dignificada, com os instrumentos da liberdade e da cultura, a ponto de nossa Universidade de Brasília ser, então, apontada como um dos protótipos da cultura superior em todo o mundo. Promoveu-se a renovação institucional do país, com a elaboração de anteprojetos do Novo Código do Trabalho, do Código de Execuções Penais, do Código de Processo do Trabalho, do Código Civil e do Código Penal Militar. Foi proposta a reforma constitucional para consentir na delegação de poderes, e visando fortalecer o Executivo, para torná-lo capaz de liderar, sob a fiscalização do Congresso e do Judiciário, a vida econômica e administrativa da nação. Pleiteamos a adoção do instituto do plebiscito, capaz de resolver os impasses porventura surgidos entre o Executivo e o Legislativo.

A política internacional do Brasil, como nação adulta, foi uma projeção desses propósitos. O Brasil que queremos sempre livre, democrático e forte, para que sua presença no mundo seja um reflexo de sua imagem interna. Repeli, por isso, as tentativas de subordinar nossas decisões de nação soberana a preconceitos ideológicos ou a fidelidade a alianças espúrias, que nos reservassem a posição de satélites bem-comportados.

Defendi a participação brasileira nas decisões do mundo, pelo fortalecimento político e econômico da comunidade latino-americana, e pela capacidade, conscientemente exercida, de alargar o campo da iniciativa própria.

Em meio às tensões dos conflitos internacionais, o Brasil se situou, intransigentemente, pela preservação da paz, apoiando a política da coexistência pacífica dos Estados, na convicção de que o isolamento físico ou ideológico conduziria à guerra, instrumento abominável de afirmação política. A bipolaridade que ameaçara o mundo, estimulada pela teoria alienada das fronteiras ideológicas, haveria de reservar para todos nós, que não ingressamos na era das armas atômicas, o triste destino de caudatários passivos de chefias externas.

Defendi também, por isso mesmo, a política de autodeterminação. Pratiquei-a, buscando o conhecimento recíproco dos povos e os contatos seguidos dos governos, o que não significa abdicação da filosofia de vida ou dos critérios de organização social, política, econômica e jurídica de cada nação. Dentro desses pressupostos, em visita a diversos países, inclusive aos Estados Unidos, onde, diante do Congresso Nacional, reunido em sessão solene, reafirmei nossa tradicional amizade, porém em linguagem franca expus o pensamento que defendíamos e os propósitos que nos inspiravam. Meu governo reatou externamente as relações do Brasil com a União Soviética e outros países do Leste Europeu.

Colaborei, assim, na luta contra a linha belicista e intolerante, hoje talvez definitivamente enterrada pelo próprio presidente Nixon, em seus longos entendimentos com Pequim e Moscou. Na Conferência do Desarmamento, em Genebra, pôde a Chancelaria brasileira marcar sua presença por meio de uma cooperação lúcida e franca no sentido de que as grandes potências, como as nações menores, caminhassem para um desarmamento progressivo e geral.

●

Carta 3 – De Jango ao presidente Kennedy em razão da crise dos mísseis

Brasília, outubro de 1962.
Senhor presidente,

Recebi com apreço e meditei com atenção sobre a carta em que Vossa Excelência houve por bem comunicar-me ter sido constatada a presença, em território cubano, de armas ofensivas capazes de constituir ameaça aos países deste hemisfério. Nessa carta, Vossa Excelência também solicitou o apoio do Brasil para as medidas que o seu governo proporia ao Conselho da OEA e ao Conselho de Segurança das Nações Unidas, com fundamento nas disposições do Tratado do Rio de Janeiro e da Carta de São Francisco.

Já é do seu conhecimento o pronunciamento, no primeiro desses Conselhos, do delegado do Brasil. Quero, entretanto, aproveitar o ensejo para declarar à Vossa Excelência, com a franqueza e sinceridade a que não apenas me autorizam, mas me obrigam, meu apreço pessoal e a tradicional amizade entre nossos povos, algumas considerações, tanto sobre a posição brasileira em face do caso de Cuba, como sobre os rumos que recentemente vêm prevalecendo nas decisões da OEA.

Vossa Excelência conhece a fidelidade inalterável do Brasil aos princípios democráticos e aos ideais da civilização ocidental. Dentro dessa fidelidade, nossos países já combateram lado a lado em duas guerras mundiais, que nos custaram o sacrifício de inúmeras vidas e nos impuseram, proporcionalmente e de modo diverso, pesados prejuízos materiais.

Os sentimentos democráticos do povo brasileiro e do seu governo são hoje, porventura, maiores e mais arraigados do que no passado, porque, com o volver dos anos e a aceleração do desenvolvimento econômico, fortaleceram-se e estabilizaram-se nossas instituições políticas, sob o princípio da supremacia da lei.

Era natural que paralelamente ao fortalecimento da democracia se desenvolvesse o sentido de responsabilidade internacional, levando-nos a participar dos acontecimentos e problemas não apenas regionais, mas mundiais, para nos situarmos em face deles à luz dos nossos interesses nacionais e dos ditames de nossa opinião pública.

No discurso que tive a honra de pronunciar perante o Congresso norte-americano em 4 de abril de 1962, procurei resumir e enunciar com clareza os aspectos dominantes de nossa posição nos seguintes termos:

> A ação internacional do Brasil não responde a outro objetivo senão o de favorecer, por todos os meios ao nosso alcance, a preservação e o fortalecimento da paz. Acreditamos que o conflito ideológico entre o Ocidente e o Oriente não poderá e não deverá ser resolvido militar-mente, pois de uma guerra nuclear, se salvássemos nossa vida, não lograríamos salvar, quer vencêssemos, quer fôssemos vencidos, nossa

JANGO E EU, MEMÓRIAS DE UM EXÍLIO SEM VOLTA

> razão de viver. O fim da perigosa emulação armamentista tem de ser encontrado através da convivência e da negociação. O Brasil entende que a convivência entre o mundo democrático e o mundo socialista poderá ser benéfico ao conhecimento e à integração das experiências comuns, e temos a esperança de que esses contatos evidenciem que a democracia representativa é a mais perfeita das formas de governo e a mais compatível com a proteção ao homem e à preservação de sua liberdade.

A defesa do princípio de autodeterminação dos povos, em sua máxima amplitude, tornou-se o ponto crucial da política externa do Brasil, não apenas por motivos de ordem jurídica, mas por nele vermos o requisito indispensável à preservação da independência e das condições próprias sob as quais se processa a evolução de cada povo.

É, pois, compreensível que desagrade profundamente à consciência do povo brasileiro qualquer forma de intervenção em um Estado americano, inspirada na alegação de incompatibilidade com seu regime político, para lhe impor a prática do sistema representativo por meios coercitivos externos, que lhe tiram o cunho democrático e a validade. Por isso, o Brasil, na VIII Consulta de Chanceleres Americanos, se opôs à imposição de sanções ao regime cubano, tanto mais que não eram apontados então, como só agora veio a suceder, fatos concretos em que se pudesse prefigurar a eventualidade de um ataque armado.

Ainda agora, entretanto, senhor presidente, não escondo de Vossa Excelência minha apreensão e a insatisfação do povo brasileiro pelo modo por que foi pleiteada e alcançada a decisão do Conselho da OEA, sem que tivesse preliminarmente realizado, ou pelo menos deliberado, uma investigação *in loco*, e sem que se tivesse tentado através de uma negociação, como a que propusemos em fevereiro do corrente ano, o desarmamento de Cuba, com a garantia recíproca de não invasão.

Receio que nos tenhamos abeirado, sem esgotar todos os recursos para evitá-lo, de um risco que o povo brasileiro teme tanto como o norte-americano: o da guerra nuclear. E é na atuação de Vossa Excelência, no seu espírito declaradamente pacifista, que depositamos a esperança de que não sejam usadas contra Cuba medidas militares capazes de agravar o risco já desmedido da presente situação. Para tudo o que possa significar esforço de preservação da paz, sem quebra do respeito à soberania dos povos, pode Vossa Excelência contar com a colaboração sincera do governo e do povo do Brasil.

Não quero encerrar, porém, esta carta, senhor presidente, sem acrescentar às considerações nela feitas a expressão de meus receios sobre o futuro imediato da OEA. Nos últimos tempos, observo que suas decisões vêm perdendo autoridade à medida que se afastam da correta aplicação das suas próprias normas estatutárias, e que são tomadas por maioria numérica com injustificável precipitação. A isso cabe acrescentar a tendência para transformar a Organização num bloco ideológico intransigente, em que, entretanto, encontram o tratamento mais benigno os regimes de exceção de caráter reacionário.

Permito-me pedir a atenção de Vossa Excelência para a violação do art. 2º da Carta de Bogotá, que se está correndo o risco de cometer para evitar a adesão de novos Estados por motivo de ordem ideológica. Permito-me ainda recordar a aplicação imprópria da Resolução II de Punta del Este sobre vigilância e defesa social, que não autoriza a organização encomendar investigações sobre a situação interna de nenhum país, para evitar que se firam os melindres de Estados soberanos, e que agora se pretende invocar de modo abusivo justamente para a execução de uma investigação dessa natureza. A esses casos acrescento o da criação do Colégio Interamericano de Defesa.

Esse órgão não pode merecer senão nossa simpatia e cooperação, desde que se limite a apreciar problemas técnicos e de segurança externa, mas seus efeitos podem ser negativos se, a título de problemas de segurança interna, ele passar a estudar questões da competência privativa dos Estados sobre as quais convém que os militares recebam uma formação e orientação puramente nacionais.

Estou certo de que Vossa Excelência compreenderá as razões de minha apreensão. O Brasil é um país democrático, em que o povo e o governo condenam e repelem o comunismo internacional, mas onde se fazem sentir ainda perigosas pressões reacionárias, que procuram, sob o disfarce do anticomunismo, defender posições sociais e privilégios econômicos, contrariando, desse modo, o próprio processo democrático de nossa evolução. Acredito que o mesmo se passa em outros países latino-americanos.

E nada seria mais perigoso quanto ver-se a OEA ser transformada em sua índole e no papel que até aqui desempenhou, para passar a servir a fins ao mesmo tempo anticomunistas e antidemocráticos, divorciando-se da opinião pública latino-americana.

Veja, Vossa Excelência, senhor presidente, nestas considerações, que pretendia desenvolver pessoalmente, ao grato ensejo de sua visita ao Brasil, uma expressão do propósito de melhor esclarecimento mútuo sobre as aspirações e as diretrizes do povo brasileiro.

Renovo a Vossa Excelência a certeza de minha melhor estima e apreço.

João Goulart

Agradecimentos

Muitas vezes, quando é necessário dar um mergulho nas profundezas do passado para reviver fatos, momentos, passagens e trazê-los ao tempo presente, nossos agradecimentos são para aquelas pessoas que compuseram essas imagens e que não estão mais neste tempo. São a elas que devo agradecer, pois sem elas não haveria possibilidade de reconstruir o passado e trazê-las de volta ao presente nesse relato.

Agradeço também à minha família: minha irmã Denize pelas trocas de informação quando a memória tinha que ser verificada; aos meus filhos Christopher, Marcos, Alexandre, Vicente, João Marcelo, José e Luiza; às minhas sobrinhas Barbara e Isabela, que me deram incentivo ao demostrarem o quanto queriam ler detidamente as passagens do exílio que não conheceram.

E, por último, agradecer pelo fortalecimento de meu espírito, em nome de todos aqueles que sofreram com a ditadura; aos mortos e desaparecidos, aos bravos da resistência, aos mártires, conhecidos e anônimos que tombaram no difícil caminho da liberdade e da restauração da democracia. Ao povo humilde e desamparado de nosso país, pelo qual Jango tanto lutou: sem a luta deles não haveria resistência.

A todos aqueles que, nem na morte, desistem de persistir com seus exemplos.

E, é claro, a ele, Jango, meu pai.

A primeira edição deste livro foi publicada em novembro de 2016, ano em que se celebram: 40 anos da morte do presidente João Goulart; 52 anos do golpe civil e militar que depôs Jango e deu início ao governo dos generais no Brasil; 28 anos da promulgação da Constituição Cidadã.

O texto foi composto em Sabon, desenho tipográfico de Jan Tschichold, de 1964, baseado nos estudos de Claude Garamond e Jacques Sabon no século XVI, em corpo 10/13.5. Para títulos e destaques foi utilizada a tipografia Frutiger, desenhada por Adrian Frutiger, em 1975.

A impressão se deu sobre papel off-white pelo Sistema Cameron da Divisão Gráfica da Distribuidora Record.